1

LES AVENTURIERS DU XXᵉ SIÈCLE

ILS ONT VU
L'AU-DELÀ

DÉJÀ PARUS
AUX ÉDITIONS ALBIN MICHEL

Instinct mortel
(70 histoires vraies)

Les Génies de l'arnaque
(80 chefs-d'œuvre de l'escroquerie)

Instant crucial
(Les stupéfiants rendez-vous du hasard)

Tragédies à la une
(La Belle Époque des assassins, par Alain Monestier)

Possession
(L'étrange destin des choses)

Issue fatale
(75 histoires inexorables)

Le Carrefour des angoisses
Les Aventuriers du xxᵉ siècle, t. 1
60 récits où la vie ne tient qu'à un fil

PIERRE BELLEMARE
Jean-Marc Épinoux

LES AVENTURIERS DU XXᵉ SIÈCLE

ILS ONT VU L'AU-DELÀ

2. Soixante histoires vraies
et pourtant incroyables

avec la collaboration de Gaëtane Barben
et de Micheline Carron

ALBIN MICHEL

Les faits et les situations dont il est question dans ce livre sont vrais. Cependant, pour des questions de protection et de respect de la vie privée, certains noms de lieux et de personnes ont été changés.

© Éditions Albin Michel S.A., 1997
22, rue Huyghens, 75014 Paris

ISBN 2-226-09558-6

Avertissement

En demandant aux auditeurs de Nostalgie de nous écrire pour nous raconter les aventures qu'ils avaient vécues, nous ne nous attendions certainement pas à recevoir autant de lettres évoquant des phénomènes paranormaux.

Surpris par ce déferlement d'histoires extraordinaires, nous nous sommes efforcés de faire la part de l'excentricité et de la sincérité.

Dans la plupart des récits que vous allez lire, le témoin est seul à ressentir ou à voir ce qu'il voit, il fallait donc que nous soyons sûrs de sa bonne foi. Nous avons pour chaque témoignage mené une enquête, interrogé lorsque c'était possible la famille, contrôlé l'authenticité des lieux. Pour les histoires se situant dans un passé plus lointain, nous avons vérifié les sources et retenu les événements qui avaient été relatés par des journaux d'information générale.

Après avoir accompli ce travail, voici la conclusion à laquelle nous sommes parvenus : les soixante histoires que vous allez découvrir ne sont pas l'œuvre de farceurs ou de déséquilibrés, elles sont arrivées à des gens normaux dans leur vie quotidienne.

Pour le reste, chacun reste libre de se forger sa propre conviction.

Pierre Bellemare

Le scoop

Didier Demangeon est assis devant sa machine à écrire. Une magnifique page blanche est engagée dans le chariot de la machine. Au-dehors, une petite pluie fine tombe sur Le Havre. Un temps à vous flanquer le cafard. Le téléphone sonne. Didier laisse la sonnerie envahir l'appartement. Il n'est pas pressé de répondre car il sait déjà qui l'appelle et pourquoi. Enfin il décroche le combiné :

— Demangeon, j'écoute...

— Ah, c'est toi, Didier ? Ici Nathalie... Tu devines pourquoi je t'appelle ?

— Oui je sais : le père Raguet s'impatiente et attend ma copie. Eh bien je suis désolé, mais je n'ai rien à lui fournir. J'ai beau attendre à l'arrivée de tous les bateaux, pas le moindre écho qui justifie que je noircisse des pages.

— Écoute, il faut que tu nous envoies cent lignes au moins. On boucle demain soir. Trouve n'importe quoi mais écris quelque chose d'intéressant. Raguet est furieux et tu risques de te faire vider si tu ne ponds rien.

— Il est marrant, Raguet. Je ne vais pas inventer n'importe quoi ! En ce moment, c'est le calme plat. Rien de rien. Pas d'assassinat, pas de vol, pas de vedette. Il pleut, un point c'est tout.

— Débrouille-toi. Je suis certaine que tu vas nous téléphoner un truc sensationnel. Voilà Raguet qui arrive, je raccroche, bises.

9

Demangeon repose le combiné :

— Il commence à me les briser, le père Raguet. Quand il ne se passe rien, il ne se passe rien.

Le journaliste enfile son imperméable, met son feutre un peu en arrière et sort à la recherche de « sensationnel ». Mais quand, deux heures plus tard, il revient chez lui, la situation n'a pas évolué d'un centimètre. Calme plat sur toute la ligne. Et, à Paris, le père Raguet, le rédacteur en chef, attend toujours ses cent lignes de sensationnel. La carrière de Didier Demangeon risque d'être très compromise.

— Bon, tu veux de la copie. Eh bien, tu vas en avoir. Aux petits oignons. Allons-y, mon vieux Raguet !

Didier se met devant sa machine et commence à taper, avec deux doigts, comme tout bon journaliste qui se respecte :

« Le Havre, 15 mars 1937. De notre correspondant Didier Demangeon. À l'arrivée du *Ville du Havre* ce matin, deux passagers ont débarqué, arrivant tout droit du Canada. Nous les avons rencontrés au bar du *Sélect* et l'histoire qu'ils nous ont racontée prouve que l'aventure est encore possible en plein XXᵉ siècle. Nos deux voyageurs nous ont demandé de respecter leur anonymat. Mais laissons-leur la parole... »

Demangeon, maintenant, accélère le rythme. La petite sonnerie qui marque le retour du chariot trouble seule le silence de la chambre. Quand Demangeon a terminé ses cent lignes, il relit sa « copie », corrige une ou deux formules. Supprime une répétition et estime qu'il est temps de transmettre par téléphone son article « sensationnel » à la direction de l'hebdomadaire et au père Raguet qui l'attendent à Paris :

— Ah ! tu veux du sensationnel. Je vais t'en faire, du sensationnel !

L'article sort dans le numéro suivant. Dans la rubrique « Ce monde est incroyable ». Pas un mot n'y a été changé. Raguet, le rédacteur en chef, téléphone à Demangeon pour lui dire :

— Superbe, cette histoire des chercheurs d'or. Vous voyez, mon petit Demangeon : il suffit de s'accrocher et on trouve toujours de quoi faire de la bonne copie. Il faut me suivre cette affaire. Ça me semble passionnant.

Demangeon répond :

– Oui, patron. Je vais essayer d'en savoir davantage. Je vous tiens au courant.

Elle est bien bonne celle-là. Demangeon a strictement tout inventé : dans son histoire, deux jeunes chercheurs d'or reviennent du Canada. Là-bas, dans les profondeurs glacées du Yukon, ils ont, un jour, découvert un squelette au pied d'une falaise. Auprès du squelette quelques objets. Au doigt du squelette, une chevalière. Les deux explorateurs ont réussi à se hisser jusqu'en haut de la falaise et, après quelques kilomètres dans la neige, ils ont trouvé une cabane abandonnée. Cette cabane devait être le camp de base du malheureux dont ils ont découvert les restes. Dans la cabane, des sacs de quartz aurifère indiquent que le disparu était un chercheur d'or. Les deux garçons réalisent qu'ils sont au centre d'un « placer ». Ils se rendent à Whitehorse, la ville la plus proche, et se renseignent. On leur dit que personne n'a déposé de demande pour une concession concernant ce territoire. Ils remettent au shérif la chevalière trouvée sur le squelette, et ils en profitent pour faire une demande de concession en leur nom propre. Aujourd'hui, après deux ans d'exploitation, ils reviennent en France, histoire de se refaire une santé...

Demangeon peut être content de lui. Il vient d'inventer une histoire digne des meilleurs romans-feuilletons. De toute manière, dans deux jours, les lecteurs auront tout oublié et personne n'y pensera plus.

C'est là que Demangeon se trompe lourdement...

Deux mois plus tard, le téléphone sonne chez Demangeon :

– Allô, c'est vous, mon petit Didier ? Ici Raguet. Dites donc, il y a du nouveau pour votre histoire. Nous venons de recevoir une lettre d'une certaine Mathilde de Ferrière. Elle a lu votre reportage et elle est persuadée que les deux prospecteurs que vous avez rencontrés ont découvert le squelette de son frère. Il est parti il y a cinq ans dans le Yukon pour y chercher de l'or et il n'a plus jamais donné de nouvelles. Il faudrait demander au shérif de Whitehorse la description de la chevalière. Cela permettrait d'identifier le squelette. Il s'agit, d'après elle, de son frère Thibault de Ferrière.

Demangeon ne sait trop que répondre :

— Ah, ça, c'est formidable ! Oui, ça serait bien si c'était son frère. Enfin je veux dire... ça serait triste. Mais intéressant. C'est fou que cette histoire ait un tel rebondissement !

Pour être fou, on peut dire que ça l'est. Comment cette Mlle de Ferrière a-t-elle pu croire suffisamment au « roman » inventé par Demangeon pour y reconnaître son frère ? Demangeon est un peu inquiet. Mais, après tout, que risque-t-il ? On va contacter le shérif de Whitehorse. Il répondra, Dieu sait dans combien de temps, qu'il n'a aucune trace de chevalière ni de squelette découvert au pied d'une falaise. Et puis tout retombera dans l'oubli. Il y aura mille raisons plausibles pour expliquer qu'on n'aboutisse à rien.

Les semaines passent et Didier Demangeon continue son dur métier de « correspondant exclusif ». Dieu merci, il parvient toujours à fournir de la copie au père Raguet, mais, il faut bien l'avouer, rien n'est aussi excitant que l'aventure du squelette et des chercheurs d'or...

Demangeon sommeille encore quand le téléphone sonne :

— C'est vous, mon petit Demangeon ? Je vous appelle pour l'histoire du « squelette du Yukon ». Ça y est, nous avons reçu une réponse du shérif de Whitehorse et grâce au *Yukon Telegraph* nous avons reçu par bélino une photo de la chevalière...

— Une photo de la chevalière ? Mais quelle chevalière ?

— Mais la chevalière trouvée par les deux chercheurs d'or que vous avez interviewés. Vous n'êtes pas réveillé, mon petit. La chevalière du squelette.

— Le shérif avait la chevalière du squelette. Ça alors ! Mais comment est-ce possible ?

— Qu'est-ce que vous me racontez, « comment est-ce possible » ? Ne me dites pas que vous avez oublié votre propre article...

— Eh bien, patron, c'est que...

Demangeon sent qu'il a la tête en feu. Il ouvre déjà la bouche pour tout avouer au père Raguet. Pour lui dire : « Mais tout ça c'est du bidon. Je n'ai rencontré aucun chercheur d'or. Il n'y a pas de squelette, pas de chevalière, pas de filon aurifère. J'ai tout inventé pour vous fournir vos foutues cent lignes de copie sensationnelle. »

Mais l'instinct de survie professionnelle fait que Demangeon ne dit rien. D'ailleurs, à quoi bon faire des aveux puisque, de toute évidence, « la réalité rattrape la fiction »...

— C'est drôlement intéressant, patron. Et cette chevalière, vous allez la faire voir à Mlle de... comment s'appelle-t-elle ?

— Mlle de Ferrière. Nous l'attendons. Elle nous en avait donné une description précise dès le début. Il n'y a pas de doute, la chevalière remise au shérif de Whitehorse est bien celle de Thibault de Ferrière. Le blason est bien tel que sa sœur nous l'avait décrit. Dès qu'elle a su que nous avions des nouvelles de Whitehorse, elle nous a dit qu'elle sautait dans le train pour venir nous voir. Je vous tiens au courant. Enfin, mon petit Demangeon, je vous félicite encore pour votre interview. C'est devenu une sorte de feuilleton qui passionne les lecteurs. Nous recevons un courrier formidable... Et vous avez vu que cette histoire est passée en première page des derniers numéros.

Mlle de Ferrière, dès qu'elle a en main l'image de la chevalière, transmise par bélino, ne peut retenir ses larmes :

— Mon pauvre Thibault, il n'y a pas de doute, c'est sa chevalière. C'est bien lui.

— Mais, après tout, votre frère aurait pu s'en séparer, la vendre, se la faire voler.

— Jamais de la vie. D'ailleurs, tenez, je porte moi aussi les armes de la famille sur ma chevalière. Vous voyez, le blason est le même. Le shérif de Whitehorse vous a-t-il donné d'autres détails ?

— Eh bien, il nous a communiqué les noms des deux jeunes chercheurs d'or qui ont découvert les restes de votre frère. D'ailleurs, ils sont retournés là-bas et ils ont repris l'exploitation du filon. Le shérif nous a indiqué qu'ils possèdent encore une partie de l'équipement de votre malheureux frère. Si vous pouviez vous rendre sur place, vous pourriez peut-être reconnaître quelques objets personnels.

Mlle de Ferrière hésite un peu et déclare :

— Il est de mon devoir de me rendre à Whitehorse. Je veux m'incliner sur la tombe de mon pauvre Thibault. Et puis, j'aimerais connaître les deux jeunes gens qui m'ont permis de mettre fin à cette attente angoissante...

Mlle de Ferrière a aussi une petite idée derrière la tête. Mais elle n'éprouve pas le besoin, pour l'instant, d'en faire part aux journalistes.

Quelques mois plus tard, Didier Demangeon, de plus en plus perplexe, reçoit un nouveau coup de fil du père Raguet qui lui annonce :

— Vous savez, Mlle de Ferrière... La sœur du squelette. Eh bien, elle s'est rendue au Yukon. Vous parlez d'une expédition pour une vieille fille. Et là-bas elle est allée jusqu'à Whitehorse. Elle a reconnu les objets personnels de son frère. Et elle a rencontré vos deux « chercheurs d'or ». Elle a pris un avocat. Et elle a signé un contrat. Les deux garçons qui sont désormais propriétaires du filon ont consenti à lui céder pour les cinquante ans à venir un tiers de tout ce qu'ils sortiront du « placer » découvert par son frère.

Didier Demangeon, aujourd'hui encore, se demande comment il a pu « inventer » une histoire vraie. À moins que l'esprit du défunt Thibault de Ferrière ne lui ait tout soufflé.

Petit frère

Quand Van Minh et son épouse Maï ont découvert qu'ils allaient avoir un bébé, ils se sont réjouis comme presque tous les parents du monde. Malgré la dureté de la vie, malgré leurs petits revenus. Maï a dit à son mari :

— Allons consulter la vieille Lee Chang. Nous lui demanderons de nous dire quel avenir attend notre enfant. Et tout d'abord nous lui demanderons si elle prévoit que nous ayons une fille ou un garçon.

Van Minh a fait la grimace.

— Pourquoi chercher à connaître l'avenir ? Laissons les choses se faire. Si notre enfant doit être heureux, nous le verrons bien. Si la vieille nous prédit des malheurs, nous allons vivre dans l'angoisse perpétuelle en attendant des catastrophes qui n'arriveront peut-être jamais.

Mais, là-bas comme ici, ce que femme veut...

Les Van Minh se rendent donc chez la vieille sorcière qui vit seule au bout du village. Ils lui apportent un poulet et un sac de riz. La bouche édentée se met à parler :

— Vous allez avoir un fils. Un bel enfant. Mais il est à la fois mort et vivant... Et il se regarde lui-même. On en parle dans les journaux... Il est célèbre... Il a un nom et il n'en a pas... Il a un numéro. C'est tout.

En sortant de chez la vieille, Van Minh et Maï restent perplexes :

— Alors, tu es contente ? Qu'est-ce que ça veut dire ? Il est

15

mort et vivant. Il se regarde lui-même... Il a un nom et un numéro. La vieille devient folle. Ou alors elle a trop bu d'alcool de riz.

Maï doit reconnaître que les prédictions de la vieille lui font une curieuse impression. Et elle est un peu angoissée. Enfin, il ne lui reste plus que quatre mois à attendre... À voir le volume de son ventre, le garçon sera fort, c'est toujours ça!

Vient le moment de la naissance. L'accouchement se passe sans problème majeur. Van Minh en profite pour enfoncer le clou :

— Alors, tu vois, cette pauvre vieille folle a dit n'importe quoi. Tout s'est bien passé et notre fils est en très bonne santé!

C'est vrai : le petit Tchen est un bel enfant. Le teint ambré, les cheveux noirs, les yeux bridés. Ses parents sont heureux et fiers de lui. Ils commencent à faire des projets pour son avenir :

— Si nous avons assez d'argent pour lui payer des études, il pourrait devenir médecin ou ingénieur...

— D'autant plus que l'astrologue du village a prédit, quand il est né, qu'on parlerait de lui dans les journaux!

Quand il atteint ses dix ans, Tchen se plaint de douleurs sourdes au ventre. On est loin de tout hôpital et surtout on ne dispose pas, à l'époque, du matériel sophistiqué que l'on connaît aujourd'hui. Le médecin du village, armé de son stéthoscope, procède à des examens et pose des questions :

— Tu n'as pas mangé de fruits verts?

Tchen fait des grimaces. La douleur l'empêche de parler...

— Tu n'as pas bu quelque chose de bizarre?

Nouvelle grimace. Tchen est un enfant sage. Il boit ce qu'on lui donne.

Le docteur recommande des tisanes et dit :

— Si dans quelques jours ça continue, on verra.

Les douleurs de Tchen continuent, la chose est certaine. L'enfant qui jusque-là aimait partager les jeux et les espiègleries des enfants du village passe de longues heures prostré dans son lit. Sa mère et ses petites sœurs se relaient à son chevet pour éponger son front mouillé de sueur et lui faire boire du thé amer.

Quand le médecin revient quelques jours plus tard, il remarque :

– C'est curieux, on dirait que son ventre est plus gonflé que d'habitude. J'espère qu'il ne fait pas d'occlusion intestinale. Ne lui donnez plus de riz pendant quelques jours, uniquement de la salade et des fibres.

Les parents de Tchen interrogent celui-ci :

– Tu ne t'es pas blessé avec des plantes épineuses ? Tu n'aurais pas été mordu par un serpent ?

Nouvelle dénégation.

On retourne Tchen, on le palpe, on recherche en vain quelque trace de morsure. Les araignées tropicales peuvent être dangereuses.

Tchen subit ces examens avec patience mais il supporte de moins en moins d'être palpé, tourné et retourné.

– C'est bizarre, ce ventre qui gonfle toujours !

Tran, le petit frère de Tchen, remarque en riant :

– Tchen attend peut-être un bébé...

Une bonne taloche le renvoie jouer parmi les poules qui picorent devant la maison. Le médecin y perd son latin et annonce :

– Il faudrait le transporter à l'hôpital d'Hanoi. Là-bas ils auraient peut-être une explication que je suis incapable de donner. De toute manière, si son ventre gonfle ainsi, il faudra l'opérer pour voir quel est l'organe qui augmente de volume.

Les grands-parents de Tchen disent :

– Ça fait des années que notre petit-fils a cette drôle de boule sous le foie. Mais depuis quelques mois, elle ne fait que grossir...

Le père de Tchen pense que son fils est atteint d'une hypertrophie de la rate.

– Ici, le paludisme fait des ravages. Notre cousin Van Ling en a été atteint et sa rate est devenue énorme...

Le médecin fait la moue.

– Non, ce n'est pas la rate. C'est mystérieux...

Tchen part pour Hanoi.

– C'est une tumeur maligne...

Mais d'autres avis éclairés émettent des opinions tout à fait opposées.

– Pas de doute, il faut ouvrir.

Tchen ne réagit pas en apprenant ces nouvelles pourtant peu rassurantes.

Quand les chirurgiens ouvrent l'abdomen du pauvre garçon, la surprise les tient un moment le scalpel en l'air...

– Vous voyez ce que je vois...

Chirurgiens et infirmières restent pantois...

À l'intérieur de la plaie béante, pas le moindre doute : Tchen est « enceint ». Un être humain est là, vivant, palpitant...

Il ne reste plus qu'à procéder comme pour une césarienne. Presque normale.

Au bout de quelques minutes, Tchen est délivré.

– Mais qu'est-ce que c'est que cet embryon ? Tchen est-il hermaphrodite... ?

– Absolument pas. Ce que nous venons de mettre au monde, c'est le jumeau de Tchen. Un jumeau qui a été absorbé par le pauvre Tchen...

Le jumeau est loin d'être béni des dieux... La pauvre créature possède une tête grosse comme un pamplemousse... Il a déjà des dents et une chevelure d'un mètre de long... Le plus surprenant, c'est que le malheureux être inachevé est vivant. Il n'a qu'un seul bras et qu'une seule jambe. Mais il respire. Sa fontanelle bat... Mais sa courte existence ne dure que trente petites minutes...

Les médecins se penchent sur le « jumeau » et l'examinent avec intérêt.

– Il a dû se nourrir en créant des vaisseaux sanguins qui lui ont permis de croître dans l'organisme de Tchen...

Bientôt le « petit frère » de Tchen n'est plus qu'un corps sans vie. Mais il n'est pas question de l'ensevelir. Son cas est trop intéressant pour la science.

Les journalistes gouvernementaux s'intéressent à lui. On vient pour le photographier sous toutes les coutures. Les clichés dépassent même les frontières et provoquent dans le monde entier la curiosité des savants. Il faut publier un rapport détaillé sur toute cette aventure.

Van Minh et Maï, les parents, sont pendant un moment l'objet de toutes les curiosités. Les gens du village les soupçonnent des pires turpitudes :

– S'ils ont eu cet enfant, c'est parce qu'ils se sont livrés à la magie.

– Cette Maï a toujours eu une drôle d'allure.

On accuse même le pauvre Tchen d'avoir « mangé » son frère. Puis les choses se calment. Tchen, enfin délivré du « poids qu'il avait sur l'estomac », se rétablit de la douloureuse opération qu'il a subie. Son ventre cicatrise et il ne reste plus qu'une longue balafre assez banale.

Quant à son « petit frère », on l'a depuis longtemps installé dans un bocal de formol et il a été déposé quelques mois plus tard dans une vitrine du musée d'Hanoi... Avec une étiquette : « N° 2101. Enfant avorté, développement dans le corps de son jumeau pendant plusieurs années. Né le 13 mai 1956. »

Les années passent et Tchen devient adulte. Normal en tous points. Malgré les espoirs de ses parents, il ne devient ni médecin ni ingénieur. Il finit par être employé au Musée des sciences d'Hanoi. Un employé modeste mais apprécié. Il vit dans les locaux mêmes du musée, moitié gardien, moitié homme à tout faire.

Le soir, quand le musée ferme ses portes, Tchen se glisse dans les galeries désertes et entre dans la salle consacrée aux « curiosités de la nature ».

Là, tous les soirs, il s'installe à même le sol devant le bocal qui porte le numéro 2101. Accroupi, il dispose une coupe remplie de riz. Il allume quelques bâtonnets d'encens et il se met en prière... Il prie pour ce petit frère malheureux, cette autre partie de lui-même qui n'a pas eu la chance de connaître la vraie vie... Qui n'a même pas eu droit à un vrai nom...

Mais, pour l'instant, Tchen n'a pas réussi à se marier. On le trouve charmant, aimable mais les jeunes filles, en le regardant, se demandent quel genre d'enfant elles pourraient bien mettre au monde si elles l'épousaient... Et s'il allait ressembler au malheureux numéro 2101 du musée? Ça donne à réfléchir...

Neuvaine

Nous sommes en 1956, au mois d'octobre, et Judith Ferragoste s'ennuie un peu. Elle a dix-neuf ans et ne supporte plus la vie de province, entre papa, officier de gendarmerie, et Nadège, sa belle-mère. Non pas que ses parents soient des monstres. Mais ils ont des idées sur l'éducation des jeunes filles qui datent un peu :

— Non, Judith, tu n'auras pas de chambre à Montpellier. Tu es encore trop jeune pour vivre de manière indépendante. Je regrette. Tu prendras le train le matin et tu rentreras à la maison le soir. J'entends être au courant de tes faits et gestes...

— Mais enfin, papa, tu ne te rends pas compte. À Montpellier, je n'ai pas de cours suivi comme chez les sœurs de l'Assomption. C'est une heure ou deux le matin, une heure ou deux l'après-midi. Qu'est-ce que je fais entre les cours ?

— Eh bien, tu n'as qu'à aller à la bibliothèque.

— À la bibliothèque ? Il y a un monde fou. Quand on veut un bouquin, il est toujours en main...

Nadège, la belle-mère, intervient, pour dire, comme toujours :

— Écoute ton père. Tu sais bien qu'il a raison...

Judith s'enferme dans sa chambre en maugréant :

— J'en ai marre. J'en ai marre.

Ce que ses parents ignorent, c'est que la jolie Judith, à force de s'ennuyer entre les cours, a trouvé une occupation à Montpellier. Malgré ses nattes, ses pull-overs bleu marine et ses socquettes, Judith a un amant. Le premier. Elle est amoureuse. Mais son amant, Clément, un représentant rencontré dans un café fréquenté par les étudiants, n'est pas un mari envisageable. Il a au moins quatorze ans de plus que Judith et aucune intention de se fixer. Tout ça pour dire que Judith n'est plus une oie blanche et que les leçons de conduite que les sœurs de l'Assomption ont tenté de lui inculquer sont loin.

Judith se jette sur son lit et se met à feuilleter *Paris-Match*. En 1956, la télévision n'est encore qu'un luxe réservé à une minorité de Français. L'information leur parvient par la radio. Quant aux images, il faut bien se rabattre sur les magazines hebdomadaires...

« Insurrection à Budapest. »

Judith parcourt le reportage :

« Depuis le 21 octobre des réunions d'étudiants ont eu lieu à Budapest... L'opinion publique réclamait le départ des troupes soviétiques... »

L'insurrection hongroise a marqué des points. Du moins dans les premières semaines. Les Hongrois ivres de liberté règlent leurs comptes. Comme dans toutes les révoltes populaires. Quand ils mettent la main sur leurs compatriotes qui ont commis l'erreur de s'engager dans la milice à la solde des Soviétiques, ils laissent libre cours à leur colère... Judith feuillette le magazine. Une série de photographies racontent un épisode particulièrement tragique de la révolution hongroise. Le journaliste explique :

« Un groupe de miliciens hongrois tombés aux mains des révoltés est fusillé sur place après un jugement sommaire et sans appel. Notre reporter a pu saisir en une série d'instantanés l'exécution des six miliciens. »

Judith, presque machinalement, examine les photographies. Sur la première, on voit le groupe de miliciens bousculés par les révoltés avides de justice. Sur la deuxième, ils sont alignés sommairement le long d'un mur, ils lèvent les mains en l'air pour implorer la pitié de ceux qui tiennent les fusils juste devant eux. Sur la troisième, on voit les miliciens à l'instant même où ils reçoivent la décharge mortelle du peloton d'exécution. Sur la quatrième photographie, ils sont affalés au pied du mur, baignant dans leur sang, dans des poses tragiques et pourtant un peu ridicules...

Judith ne peut s'empêcher de frémir. Même si ces miliciens se sont rendus coupables de crimes envers leurs compatriotes, elle ne peut retenir un frisson en regardant ces instantanés d'hommes qui meurent en proie à la terreur. Quelle saloperie, la guerre ! Mais, après tout, ils ont sans doute mérité leur sort...

« Tiens, c'est dommage. Ce petit blond n'avait pas l'air bien méchant. Il était plutôt mignon. Je crois qu'il m'aurait assez plu. Bah, maintenant, il est mort et enterré. »

Judith referme le magazine. Allongée sur son lit, elle ne peut détacher son esprit de l'image du supplicié : « Comment pouvait-il s'appeler ? Après tout, peut-être n'a-t-il rien fait de terrible. Juste le fait de s'être engagé dans la milice. Peut-être pour profiter de quelques avantages. Pour mieux nourrir ses parents, ses frères, ses sœurs... »

L'esprit de Judith vole, à des centaines de kilomètres de là, vers ce beau milicien inconnu qui est mort à présent. Elle rêve. Elle ouvre à nouveau la revue et regarde une fois encore le visage du beau Hongrois blond. On voit qu'il avait les yeux clairs. Des yeux qui reflètent autant d'innocence que de terreur.

Et, soudain, Judith prend une décision : « Je vais faire une petite prière pour ce milicien. »

Elle est incapable d'expliquer cette idée qui vient de germer dans son esprit. Une prière ? L'éducation intensive des sœurs de l'Assomption l'a bien dégoûtée de la pratique religieuse. Les messes à répétition, les saluts, les vêpres et tout l'appareil de la religion catholique l'ont éloignée de toute pratique. Elle a trop souffert, trop souvent surpris les sœurs en flagrant délit de mesquinerie, de méchanceté, d'étroitesse d'esprit. Judith, à l'âge de la révolte, a décidé d'envoyer son missel par-dessus les moulins. Alors pourquoi, aujourd'hui, se dit-elle : « Je vais faire une petite prière pour ce milicien » ?

Voilà Judith à genoux au pied de son lit. Elle fixe le crucifix qui orne le mur de sa chambre. Un crucifix depuis longtemps dépourvu de sens :

— Notre Père qui êtes aux cieux...

Après le « Notre-Père », Judith, enchaîne sur un « Je vous salue, Marie ». Et, dans un élan de ferveur étonnant, elle continue. Neuf « Je vous salue Marie » à la queue leu leu. Judith comme dans un rêve s'entend dire :

— Vierge Marie, faites que ce milicien hongrois ait survécu à son exécution...

Un fantasme de jeune fille frustrée par l'absence de son amant... À priori, ce ne sont pas les conditions les plus favorables à la réalisation d'un vœu insensé. Bien sûr, on dit que le temps n'est pas vraiment ce qu'on croit. On prétend qu'il serait possible d'aller voir plus loin dans l'avenir. Ou de remonter dans le passé. Les notions de Judith quant à la relativité espace-temps sont plutôt floues. C'est une littéraire et absolument pas une scientifique.

Judith, dont les genoux commencent à devenir douloureux, prend une décision qui n'engage qu'elle-même :

— Je vais faire une neuvaine de prières pour le beau milicien blond.

Elle est à l'âge où les jeunes filles croient qu'un beau garçon ne peut être qu'un ange. Pour elle, les criminels doivent toujours avoir la tête de l'emploi... Elle est complètement désintéressée. Le milicien hongrois est anonyme. Jamais elle n'aura la moindre chance d'en savoir davantage sur ce garçon qui, de toutes les manières, est déjà mort et enterré depuis une semaine au minimum... Alors, pourquoi prier pour lui? Car Judith ne prie pas pour le repos de l'âme du lointain Magyar. Non, bizarrement, elle prie pour que ce mort soit toujours vivant. On comprend pourquoi le père de Judith se demande parfois si sa fille unique n'est pas un peu folle...

Et, pendant les neuf jours suivants Judith, ponctuellement, s'exécute. À genoux sur le carrelage froid de sa chambre, les yeux fixés sur le crucifix, elle récite un « Notre-Père » et dix « Je vous salue, Marie ». Sans exaltation. Simplement. Parce qu'elle l'a décidé. Comme elle ferait des exercices au piano. Parfois elle ouvre *Paris-Match* pour jeter un coup d'œil sur l'exécution des miliciens. Sans émotion excessive :

« C'était vraiment un joli garçon... Quel dommage! Non, pas "quel dommage". Je prie pour lui, donc il faut que j'y croie. Il n'est pas mort. Il s'en est sorti. »

Durant la journée, Judith oublie un peu sa neuvaine et celui qui doit en bénéficier. Elle a ses cours à Montpellier. Elle a même l'occasion de revoir Clément, de passage dans la région. Ils passent des heures exaltantes et secrètes... Judith n'éprouve pas le besoin de mentionner sa « neuvaine » de prières pour le lointain milicien hongrois. Clément, lui, croirait vraiment qu'elle est folle à lier. Il serait un peu jaloux, peut-être...

La fin de la neuvaine arrive. Après ces neuf jours, elle arrête ses prières à genoux. Elle cesse complètement de prier. Ni pour elle, ni pour ses parents, ni pour ses amis. Ni même pour ce milicien hongrois. Elle a dit « une neuvaine », un point c'est tout...

Quinze jours plus tard, un nouveau numéro de *Paris-Match* arrive. Papa Ferragoste est abonné. C'est lui qui a les honneurs de la revue. Après l'avoir feuilletée, il commente l'actualité avec Nadège, son épouse.

Puis, quand *Paris-Match* a séjourné quelques jours sur la table du salon, Judith décide de découvrir à son tour l'actualité internationale de la semaine. La révolution de Budapest tourne court. Les chars russes écrasent l'insurrection. Le président Imre Nagy a beau faire appel à l'aide des Nations unies, c'est la fin...

« Mille chars russes appuyés par l'aviation soviétique investissent de toutes parts la capitale hongroise. L'armée hongroise doit reconnaître son infériorité. La radio insurgée lance un dernier appel au secours : "Aidez la nation hongroise, ses travailleurs, ses paysans et ses intellectuels. À l'aide! À l'aide! À l'aide!" Les populations hongroises fuient en masse vers l'Autriche. Imre Nagy se rend aux Soviétiques sur la promesse d'un sauf-conduit. Nul ne sait ce qu'il est devenu. »

Soudain, l'attention de Judith est attirée par une petite photographie insérée dans un bas de page... Et ce qu'elle lit lui fait dresser les cheveux sur la tête.

« Il y a quelques semaines, nos reporters avaient pu saisir sur le vif le film de l'exécution d'un groupe de miliciens hongrois accusés d'avoir apporté leur soutien aux Russes dans l'oppression de leurs compatriotes. »

Judith reconnaît la photographie. C'est celle où son milicien se recroqueville, l'œil empli de terreur. Celle où ses compagnons et lui vont recevoir l'impact de la salve du peloton d'exécution. Judith remarque que son beau milicien blond est entouré d'un cercle. Elle poursuit la lecture de l'article qui dit :

« Miraculeusement, le milicien qui est signalé dans le cercle a survécu à l'exécution. Laissé pour mort sur le lieu de son supplice, il a été retrouvé vivant le lendemain et transporté à l'hôpital. On sait aujourd'hui que ses jours ne sont plus en danger. La mort n'a pas voulu de lui. »

Judith repose le magazine. Serait-il possible que sa conviction ait modifié un destin? Jamais elle ne le saura. Et, jamais elle ne connaîtra l'homme miraculé.

La vie en double

Nous sommes en 1945, en Angleterre. Les Américains sont installés depuis de longs mois dans la grande île pour préparer le débarquement de Normandie. Les « Américains » ! Pour de nombreuses jeunes filles anglaises, c'est tout un autre univers qui bouleverse leurs vies tranquilles, rythmées par l'heure du thé.

Ulrich Jungfrau, Yankee d'origine allemande, a noué une idylle avec Béatrice Worthing, qui est secrétaire au camp de base des soldats d'outre-Atlantique, à Lambethston, quand la fin de la guerre arrive. Ulrich doit regagner sa patrie : il est affecté au quartier général américain de son corps en Floride avant de pouvoir retourner à la vie civile et rejoindre le fin fond du Wisconsin où on a besoin de lui à la ferme familiale. Les adieux sont tristes. Mais on promet de se revoir bientôt :

– Béatrice chérie, ne t'inquiète pas. Dès que possible, je reviens te chercher. D'ailleurs, pour te tenir compagnie pendant mon absence, je te laisse Dickie. Tu pourras lui lire mes lettres.

Dickie, c'est un bâtard de cocker et de fox-terrier, bien sympathique et typiquement britannique. Il ne comprend pas vraiment que son maître Ulrich s'en va au loin, mais il est un peu inquiet quand même...

27

À peine rentré chez lui, dans les plaines du Middle West, Ulrich reçoit une lettre d'un brave Anglais, un ami fidèle qui habite non noin de chez Béatrice et qui lui écrit :

« Mon cher Ulrich, je sais que ce que je vais t'écrire ne va pas te faire plaisir, mais, depuis ton départ, j'ai le regret de constater que Béatrice néglige absolument ton pauvre Dickie. Je ne sais pas quels étaient vos accords à ce sujet, mais il fait peine à voir. Toujours dehors, pas de niche décente, mal nourri, mal soigné. Je n'aurais jamais cru que Béa le traite comme ça. Au fond peut-être t'en veut-elle de l'avoir laissée en carafe. Ou alors elle n'aime pas les chiens. Enfin voilà, tu es prévenu. »

Ulrich n'est qu'à moitié étonné. Béatrice, une superbe rousse au teint de lis, a toujours été plus préoccupée de sa beauté, d'ailleurs réelle, que des soins à apporter au brave Dickie. Il écrit pour demander des explications. Béa met trois mois à répondre. Pas de doute : leurs amours américano-anglaises ont du plomb dans l'aile. Du coup, Ulrich, dégoûté de l'amour et des femmes, décide de rempiler et cette fois-ci s'engage dans l'armée de l'air américaine. Mais il n'oublie pas Dickie, son chien fidèle. Il profite d'une courte permission pour débarquer tout à trac à Lambethston, au fond du comté de Kent, en Angleterre. Il ne vient pas chercher Béatrice. Il vient chercher son chien dans l'intention de le ramener chez lui. Mais à Lambethston, on ne l'a pas oublié :

— Ce n'est pas possible, c'est vous, Ulrich ! Vous êtes revenu pour épouser Béatrice ?

— Non, pas vraiment. Avec le temps nous nous sommes rendu compte que nos caractères étaient trop différents. Ça ne marcherait pas entre nous. Et d'ailleurs je crois qu'elle a un autre flirt, un Anglais bon teint. Je suis revenu des États-Unis pour récupérer mon chien, mon Dickie. Vous voyez l'allure qu'il a, le pauvre clébard. Je suis arrivé à temps : un mois de plus et il serait mort de faim.

Dans la petite ville anglaise, la nouvelle se répand comme une traînée de poudre. Le journal local, *L'Écho de Lambethston*, publie la photo de Jungfrau et de son chien avec une manchette sensationnelle : « L'Américain qui a traversé l'Atlantique pour récupérer son chien. »

On sait que les Anglais, à part Béatrice évidemment, adorent les animaux. La photo d'Ulrich passe dans la presse nationale anglaise. Puis elle se retrouve dans la presse britannique destinée aux troupes d'occupation en Allemagne. Et elle finit par être publiée dans les journaux de l'Allemagne de l'Ouest.

– *Mein Gott!* Mais c'est mon Ulrich!

Celle qui vient de pousser ce cri en lisant son journal, c'est, dans le petit village bavarois de Kaiserlich, une certaine Wilhelmina Jungfrau, veuve de guerre et bien seule depuis la fin des hostilités. Frau Jungfrau se précipite chez une voisine, le journal à la main :

– Regardez, Frau Müller, Ulrich est retrouvé! Mon Ulrich! Il y a sa photographie dans le journal. Je n'arrive pas à y croire. Pourtant, c'est bien lui.

– Ma pauvre Wilhelmina, c'est incroyable. Comment est-ce possible? Ulrich, alors il est américain maintenant. Qu'est-ce qu'on vous a dit en 1944?

– J'avais reçu un avis officiel de la Wehrmacht. Ils me disaient qu'Ulrich avait disparu pendant l'offensive de von Rundstedt dans les Ardennes. Et un de ses camarades avait précisé qu'il était enterré quelque part en Belgique. Mais je n'ai jamais reçu ses objets personnels : ni montre ni plaque d'identité. Rien. Alors j'ai continué à espérer qu'il s'agissait d'une erreur. Mais je n'ai plus eu aucune nouvelle. Ni confirmation ni démenti. Et le voilà qui réapparaît, en Amérique. Je n'y comprends rien. Il a un peu changé mais c'est normal : maintenant, il mange sans doute à sa faim... Regardez : c'est bien lui. C'est quand même curieux, il a un chien qui s'appelle Dickie. Regardez, Frau Müller, ce chien ne vous rappelle rien?

Frau Müller examine la photo de près :

– Oui, vous avez raison. Ce chien, on dirait le petit Shubish, le chien que votre fils avait avant la guerre. Mais ce n'est pas possible. Votre petit chien, Shubish, est mort depuis longtemps. Je me souviens que vous l'avez enterré au fond du jardin et qu'on avait mis des fleurs sur sa tombe. Dites donc, Frau Jungfrau, le chien, c'est un détail : il a peut-être repris exactement le même... Mais à propos d'Ulrich, qu'est-ce que vous comptez faire, maintenant?

– Je vais me rendre au siège de la Croix-Rouge à Munich. Je leur montrerai toutes les photos d'Ulrich. Et aussi tous les papiers de famille. Enfin, ceux que j'ai pu sauver des bombardements... Et je vais leur demander d'entrer en contact avec mon fils. Je me demande comment il a pu arriver si loin. Quand même, c'est égal, vous avouerez qu'il aurait pu me donner de ses nouvelles depuis toutes ces années. Il m'a laissée complètement dans l'ignorance. Il devait pourtant bien se dire que j'étais folle de douleur. Je ne sais même pas s'il sait que Helmut, son pauvre père, a été tué...

Les responsables de la Croix-Rouge de Munich, contrairement à leur habitude, sont terriblement impressionnés par les photographies et les papiers que détient Frau Jungfrau. Ils comparent longuement la photo d'Ulrich Jungfrau numéro 1, l'Allemand, avec celle d'Ulrich Jungfrau numéro 2, l'Américain. Frau Jungfrau précise :

– Mon fils Ulrich est né le 30 avril 1920, à Kaiserlich. Je suis certaine que vous pourrez vérifier que l'Américain est lui aussi né à cette date-là. S'il n'a pas jugé bon de changer de nom, il n'a certainement pas changé sa date de naissance.

Le responsable de la Croix-Rouge qui a reçu la pauvre Allemande prend des notes, examine les photos qu'elle a apportées avec elle, et admet :

– C'est hallucinant, il n'y pas de doute, c'est absolument lui : la même forme d'arcades sourcilières, la même bouche et la même fossette au menton. Nous allons contacter immédiatement l'ambassade de la RFA à Londres. En principe, si votre fils n'est plus à Lambethston, nous pourrons le contacter par l'US Air Force...

Frau Jungfrau rentre chez elle dans un état d'exaltation compréhensible. Tous les jours, elle guette le courrier. Qui finit par arriver, en provenance de l'ambassade allemande à Londres. La lettre qui lui est adressée la laisse sans voix :

« Chère Frau Jungfrau,

« Suite à la demande d'informations que vous avez faite concernant le brigadier Ulrich Jungfrau de l'US Army, nous avons pu contacter ce militaire qui porte le matricule " 18 943

US Air Force ". Ce militaire a nié formellement être votre fils. Pourtant un certain nombre d'éléments nous semblent troublants : tout d'abord la date de naissance. Le soldat américain Ulrich Jungfrau est né, comme votre fils, le 30 avril 1920. Mais il affirme qu'il a vu le jour à Rhine Lander, dans le Wisconsin, ce dont ses papiers font foi. D'autre part, le soldat Ulrich Jungfrau parle non seulement l'américain mais il parle aussi très couramment l'allemand, ce qu'il a bien volontiers reconnu et qu'il explique par les origines de sa famille et un séjour dans les troupes d'occupation en Allemagne. Il a révélé qu'avant d'émigrer aux États-Unis, sa famille vivait en Bavière... Cependant, il affirme que ses parents sont nés américains. Ce sont ses grands-parents qui étaient originaires d'Allemagne... »

Wilhelmina Jungfrau ne comprend pas ce qu'on lui raconte. Elle maintient son point de vue :

– Ulrich Jungfrau est mon fils, il n'y a pas le moindre doute là-dessus. Je ne comprends pas quelles sont les raisons qui le poussent à me renier...

On pousse plus loin les vérifications nécessaires et on contacte, au fond du Wisconsin, la mère du soldat américain. L'ambassade d'Allemagne à Londres envoie télégramme sur télégramme aux États-Unis. Les réponses sont on ne peut plus nettes :

« Avons vérifié existence mère Ulrich Jungfrau. Aucun doute possible. »

Wilhelmina Jungfrau n'est pas encore au bout de ses surprises. On lui confirme par un courrier ultérieur que l'Ulrich Jungfrau américain est lui aussi le fils d'une veuve. La veuve américaine est âgée de soixante-deux ans, exactement comme la maman allemande. Plus incroyable encore : l'une et l'autre portent le même prénom, Wilhelmina. C'est à devenir fou.

Par ailleurs, l'Ulrich Jungfrau américain est doté d'une sœur plus jeune que lui. L'Ulrich Jungfrau allemand, disparu en pleine bataille, possédait une sœur, elle aussi plus jeune que lui, qui ne vit plus avec sa mère. Mais la sœur américaine se nomme Carolyn tandis que l'Allemande porte le prénom de Frieda.

Wilhelmina Jungfrau la Bavaroise, devant cette multitude de

coïncidences, est renforcée dans sa certitude : l'Ulrich Jungfrau américain ne peut être que son fils. Pourquoi affirme-t-on contre toute évidence qu'il possède une autre mère et une autre sœur au-delà de l'Atlantique ? Mystère. Pourquoi les deux Américaines, la mère et la fille, s'entêtent-elles, elles aussi, à nier l'évidence ?

Pourtant Ulrich Jungfrau, l'Américain, persiste :

— Il ne s'agit que d'une série incroyable de coïncidences dont certaines s'expliquent sans doute par une origine allemande commune à nos deux familles. De là la ressemblance physique, de là les prénoms de nos deux mères. Si Frau Jungfrau veut me recevoir, je serais très heureux de la connaître. Cependant, il faut d'ores et déjà qu'elle renonce à tout espoir de retrouver son fils en moi...

Frau Jungfrau, alors, se mue dans un silence réprobateur. Petit à petit elle transforme l'amour pour son fils disparu en rancune tenace. Ses voisines essayent de lui faire accepter l'inacceptable vérité, mais elle s'obstine désormais à répéter, à longueur de journée : « Pourquoi Ulrich ne veut-il pas reconnaître que je suis sa mère ? Qu'est-ce qu'elles ont de plus que moi, " ses " Américaines ? Comment peut-il me rejeter comme s'il avait honte de moi ? »

La dame d'en face

Marie-Louise Berthollet est satisfaite. Son déménagement s'est bien passé. Elle a réussi à vendre les meubles qui ne pouvaient pas trouver place dans son nouvel appartement. Elle a gardé les tableaux auxquels elle tenait le plus. Son deux-pièces est agréable. Et spacieux. Il donne sur une cour intérieure qui paraît calme à souhait. En bas, des arbres, des fleurs. Et des oiseaux. Elle caresse Mitsou, sa chatte siamoise. Sa seule compagnie depuis que ses deux enfants ont pris leur vol.

— Alors, Mitsou, tu crois que tu vas te plaire ici? On sera bien toutes les deux?

De l'autre côté de la cour, des fenêtres anonymes. Des rideaux. Au bout de quelques mois, Marie-Louise a repéré quelques visages pour la plupart féminins. Mais le bâtiment d'en face est trop loin pour que cela justifie des saluts, même muets...

On frappe à la porte de l'appartement:
— Oui? Qui est là?
— C'est Mme Dubard, la concierge.

Marie-Louise ouvre, sans méfiance. Or une aventure étrange arrive chez elle en même temps que la concierge...

— Voilà, excusez-moi de vous déranger. Mais j'ai un message pour vous.

— Un message? Et de qui donc?

— De la dame qui habite juste en face de chez vous, dans l'autre bâtiment.

— Ah bon? Juste en face... Je ne vois pas de qui il s'agit.

Marie-Louise va jusqu'à sa fenêtre et soulève le voilage. En face, il y a plusieurs fenêtres :

— La fenêtre juste au même étage? Là où il y a un store vénitien?

— Oui, madame Berthollet. Celle-là, où il y a un géranium.

— Il n'a pas bonne mine, ce géranium...

— Bon, eh bien, la dame qui habite là est en train de mourir. Elle voudrait vous voir.

— Pauvre femme... Me voir? Et pourquoi donc? Est-ce que je l'ai jamais vue? Vous a-t-elle dit ce qu'elle me veut?

— Pas vraiment. Vous savez, je ne la connais pas trop. Mais, avec sa concierge, nous nous relayons pour l'aider, lui faire ses courses, son ménage. Elle ne va pas bien du tout...

— Bon, si elle veut me voir, j'irai. Ça ne m'enchante pas spécialement mais si vous pensez que ça peut l'aider en quelque chose. À votre avis, vers quelle heure puis-je y aller?

— Je viendrai vous chercher à cinq heures et demie. Et je vous accompagnerai. Elle se nomme Mlle Subat.

Le soir même, Marie-Louise Berthollet pénètre sur les pas de la concierge chez la pauvre Mlle Subat. Celle-ci est étendue sur son lit, toute vêtue de noir, ce qui accentue la pâleur de son visage. Ses cheveux qui furent sans doutre très bruns sont gris et ses yeux entourés de grands cernes...

— Je vous remercie d'être venue me voir. Je tenais absolument à vous dire combien je regrette...

— Vous regrettez? Et que regrettez-vous?

— Je regrette tout le mal que je vous ai fait.

— Vous m'avez fait du mal? Vous? Et pourquoi? Et quand?

La dame en noir pousse un grand soupir mais ne répond pas. Marie-Louise insiste :

— Excusez-moi, mais quel mal m'avez-vous fait? Je ne me suis aperçue de rien...

L'autre se décide à parler :

— Tout d'abord, il faut que vous sachiez que j'habitais

l'appartement que vous occupez aujourd'hui. J'ai dû le quitter à cause de vous...

– Vous êtes certaine de ce que vous dites ? Quand l'agence m'a proposé cet appartement, ils m'ont bien dit qu'il était entièrement libre depuis au moins trois mois. La preuve, c'est qu'il avait été refait à neuf...

Marie-Louise n'en saura pas plus aujourd'hui. De toute évidence, la dame en noir est épuisée. La concierge intervient :

– Ne vous fatiguez pas. Nous allons vous laisser. Je reviendrai dans une demi-heure et je vous apporterai un bon bouillon et un petit pâté.

En revenant vers l'autre bâtiment, elle précise :

– Cette histoire d'appartement est complètement fausse. Elle a été expulsée parce qu'elle ne payait pas le loyer depuis des mois. Rien à voir avec vous. Mais vous savez, cette demoiselle Subat, c'est un drôle de personnage.

À la visite suivante, Mlle Subat dit à Marie-Louise :

– Moi aussi, je suis voyante. Je tire les cartes. Vous m'avez volé mes clientes. Alors, je vous ai maudite et j'ai maudit vos enfants !

Marie-Louise, qui en effet tire les cartes à ses moments perdus, se raidit :

– Vous avez maudit mes enfants ! Mais de quel droit ? Que vous ont-ils fait ? D'ailleurs, ils ne sont venus me voir que deux fois depuis que j'habite ici !

– Ils m'ont jeté des sorts !

– Vous êtes folle à lier. Mes enfants ? Vous jeter des sorts ? Qu'est-ce que c'est que cette histoire ?

La dame en noir précise :

– Rassurez-vous : je n'ai pas réussi à les atteindre. Pourtant j'ai fait tout ce que j'ai pu. Je suis venue chez vous. Vous ne vous souvenez pas ?

Marie-Louise, encore rouge de colère, éclate :

– Vous ? Chez moi ? Quand ça ? Vous avez gardé la clef ? Vous vous êtes introduite chez moi en mon absence ? Ça alors, c'est le bouquet ! Et que veniez-vous faire chez moi ?

35

— Mais non, pas en votre absence. Vous étiez là. Vous ne vous souvenez pas ?

Marie-Louise a du mal à respirer. Est-ce l'atmosphère de cette chambre mal aérée ? Est-ce le relent de médicaments ? Mlle Subat poursuit, d'une voix un peu éteinte :

— Vous ne vous souvenez pas ? Au printemps ? Une nuit ?

Marie-Louise se souvient soudain d'une visite étrange :

— Au printemps ? Ne me dites pas... La chatte ? C'était vous ?

En posant cette question, Mme Berthollet se remémore en effet un incident étrange : au mois de mars, elle était seule chez elle en compagnie de Mitsou, la chatte siamoise. Soudain, Mitsou s'était dressée sur ses quatre pattes, le poil hérissé et feulant comme une diablesse. Puis elle avait sauté sur le lit et s'était cachée derrière sa maîtresse. Elle ne se comporte jamais ainsi même pas devant un chien, aussi gros soit-il. Sauf si elle voit une autre chatte. La jalousie sans doute. Mais, là, il n'y avait pas de chatte visible... Étrange ! Le lendemain matin, Marie-Louise avait même raconté cet incident à la concierge :

— Vous vous rendez compte ! Mes fenêtres étaient fermées. Et pourtant Mitsou « voyait » une chatte. Elle était terrifiée. Je suis au quatrième étage. Comment un animal pourrait-il arriver chez moi, ne serait-ce que sur le rebord de ma fenêtre ? J'ai ouvert tous mes placards pour voir si une chatte n'était pas cachée à l'intérieur...

Le plus bizarre, c'est que l'incident s'était reproduit trois soirs de suite, à la même heure. Avec Mitsou toujours aussi furieuse et terrifiée devant une chatte... fantôme. Marie-Louise avait fini par brûler de l'encens dans son deux-pièces et l'étrange visite avait cessé. Aujourd'hui, Marie-Louise a un petit frisson rétrospectif en y repensant.

— Répondez-moi ! La chatte ? C'était vous ?

Marie-Louise a entendu parler de ces légendes de femmes qui se transforment en chattes, en louves, en chauves-souris. Mais, quand même, nous sommes au XXe siècle !

Deux jours plus tard, la concierge, Mme Dubard, vient frapper chez Marie-Louise :

— Vous savez, la dame d'en face, Mlle Subat. Eh bien, elle est morte hier.

— Ah, c'est bien triste. Mais je ne peux pas dire que je la regretterai.

Le lendemain, nouvelle visite inattendue. Cette fois-ci c'est une inconnue qui est sur le palier. Immédiatement, Marie-Louise lui trouve une ressemblance avec la voisine d'en face. En effet, elle se présente :

— Je suis la sœur de Mlle Subat, qui vient de mourir. Je vous ai apporté des papiers qu'elle désirait vous remettre.

La dame tient dans ses bras deux tiroirs de bureau pleins à ras bord de papiers en vrac :

— Entrez donc, je vous en prie. Votre sœur désirait me donner des papiers lui appartenant ? À quel titre ?

— Elle désirait vous voir dépositaire d'un héritage, d'une tradition...

La sœur de Mlle Subat prend place et, devant une tasse de thé, raconte une histoire troublante :

— Nous étions trois sœurs, Amélie l'aînée, moi Suzanne et la cadette Aurélie que vous connaissez, bien plus jeune que nous : Suzanne et moi-même nous étions déjà de bonnes élèves, studieuses et ne posant aucun problème alors qu'Aurélie en était encore à l'âge du « b.a. ba ». Nos parents étaient d'honnêtes bourgeois. Nous avions très peu de contacts avec notre grand-mère maternelle, une femme plutôt étrange, qui vivait seule à Poitiers. Un jour, elle arrive chez nous sans se faire annoncer. Mes parents n'appréciaient guère les visites impromptues, mais nous avions un grand appartement boulevard Suchet et donc l'espace suffisant pour la recevoir quelques jours. Un soir, après dîner, notre grand-mère déclare à mes parents :

« — Je suis venue pour emmener Aurélie. Je l'ai choisie. C'est à elle que je dois transmettre l'héritage.

« — L'héritage ?

« — L'héritage spirituel dont je suis détentrice.

« Elle a emmené Aurélie et celle-ci est sortie de notre vie. Je n'ai renoué de contacts avec elle qu'il y a quelques mois à peine. Elle vivait déjà en face. Elle m'avait parlé de vous. Elle me disait : " Je la hais, mais je ne peux rien contre elle. Elle est plus forte que moi car elle donne de l'amour. Moi je ne peux pas. " Voilà pourquoi je vous remets ces papiers. Faites-en ce que vous voudrez !

Une fois la visiteuse repartie, Marie-Louise se met à trier les papiers en question. Elle découvre un rituel de magie intitué *Les Commandements du Maître* et toutes les formules qui permettent de se changer en loup, serpent et chat. Le jour même, Marie-Louise le brûle.

L'échelle sociale

Mme Lonjubeau est une personne pleine de ressources. Elle en a vu dans sa chienne de vie, comme on dit. Demandez à ses meilleures amies, elles sont toutes d'accord.

— Lucienne a toujours su se débrouiller.

— Elle a commencé comme vendeuse à Paris, dans une parfumerie, jusqu'au jour où un monsieur très élégant et très riche est entré dans la boutique pour acheter un flacon de parfum, qu'il destinait à sa mère...

— Dès qu'il a vu Lucienne, ce fut le coup de foudre ! Et pour Lucienne aussi...

— Il faut dire que ce pauvre Raymond était magnifique. En plus, il avait une situation dans l'import-export ! Riche à millions.

— Et intelligent et affectueux !

— Quel dommage qu'il n'ait pas pu résister à l'attrait de l'alcool.

— Et c'est ainsi qu'après vingt ans de liaison sans nuage, cette pauvre Lucienne s'est retrouvée veuve... Enfin, veuve de la main gauche bien sûr. Car jamais la vieille maman n'a voulu consentir au mariage.

— Mais Raymond avait été très correct. Il avait pris ses précautions et Lucienne est restée propriétaire de tout ce qu'il avait installé dans l'appartement qui était à son nom.

Une fois seule, Lucienne Lonjubeau se retrouve un peu perdue. Jusqu'à présent, c'était son amant de cœur, Raymond, qui dirigeait la barque, faisait les placements d'argent. Elle s'occupait uniquement de créer autour de l'homme de sa vie un havre de paix. Sans Raymond, Lucienne est désemparée. Une amie lui conseille :

— Tu devrais aller voir une voyante. J'en connais une extraordinaire : Mme Herbelin. Elle habite près de la porte Saint-Martin.

Et c'est ainsi que Lucienne Lonjubeau franchit le seuil de la pythonisse. Mme Herbelin est une femme charmante, entre deux âges, comme Lucienne. Du genre très bourgeois. Elle contemple la main de Lucienne et bat les tarots.

— Tirez sept cartes sans les retourner.

Lucienne fait ce qu'on lui demande. Elle bout d'impatience mais elle n'ose pas poser de question. La voyante annonce :

— Vous venez de connaître un grand chagrin. Un homme qui a beaucoup compté pour vous. Il vous adorait. Mais il est mort de maladie. On me dit « le foie ».

Lucienne approuve :

— Oui, il est mort d'une cirrhose. C'était son vice...

Mme Herbelin continue à examiner le jeu. Elle demande à Lucienne de tirer d'autres cartes :

— Vous n'avez pas de problèmes d'argent. Je vois que ce monsieur qui vous adorait a pris soin de vous. Mais vous allez devoir vous séparer de beaucoup de choses, pour faire des placements qui rapportent. On me dit « tableaux, tapis, meubles ». Ah ! je vous vois dans un château. Pas très loin de Paris, en Touraine peut-être : c'est ravissant. Vous y serez heureuse...

— Croyez-vous que je puisse rencontrer quelqu'un d'autre ?

— Franchement non ! Vous êtes très entourée. Vous allez ouvrir un commerce, de luxe. Mais vous vivrez avec tout un cercle d'amis, dans le souvenir de... Votre ami se prénommait « Raymond » ?

Décidément, Mme Herbelin est extraordinaire. Bon ! L'avenir, somme toute, s'annonce sinon heureux, du moins confortable : un château en Touraine. Joli prix de consolation...

Effectivement Lucienne Lonjubeau se met en relation avec un commissaire-priseur. On fait l'estimation des tableaux, des tapis, des meubles. De superbes pièces. Le commissaire-priseur, maître Morelat, annonce :

— Chère madame, tout cela doit faire l'objer d'une vente à la galerie Charpentier. Toute la clientèle du faubourg Saint-Honoré sera là.

Lucienne est ravie... Elle téléphone à Mme Herbelin pour lui annoncer la concrétisation de ses prédictions. La voyante, au bout du fil, reste silencieuse pendant un moment :

— Qu'en pensez-vous, chère madame Herbelin ?

— Quelque chose me chiffonne. Le gouvernement va vous mettre des bâtons dans les roues. Vous risquez d'être déçue.

Mauvaise nouvelle mais les choses suivent leur cours. La galerie Charpentier publie un catalogue illustré. La vente est fixée pour une date précise.

Mme Herbelin avait raison. Le jour de la vente arrive. Les salons de Charpentier sont pratiquement déserts. La raison en est simple : le gouvernement vient de sauter. On parle d'une dévaluation du franc. Les acheteurs éventuels sont loin de se bousculer pour acquérir les trésors laissés par Raymond à sa chère Lucienne. Elle n'a pas donné de prix de réserve et tout part pour à peine la moitié du prix qu'il eût été raisonnable d'en attendre.

Après cela, Lucienne Lonjubeau empoche quand même quelques millions. Moins que prévu mais suffisamment pour lui permettre... l'achat d'une ravissante gentilhommière en Touraine. Justement. Avec ce qui lui reste en poche elle peut même s'offrir une petite boutique rue du Faubourg-Saint-Honoré : un commerce de chemiserie pour hommes.

Lucienne embauche pour gérer ce commerce auquel elle ne connaît strictement rien un jeune homme rêveur doté d'un sens artistique hors du commun. Sous son crayon naissent des chemises comme on n'en a jamais vu, des cravates divines, des boutons de manchettes d'une originalité folle. Lucienne Lonjubeau devient une des adresses les plus cotées de Paris. On y croise, malgré l'exiguïté de la boutique, Clark Gable, Marlene Dietrich, Greta Garbo. Lucienne vit un rêve.

Et, tous les week-ends, son gérant, le charmant René Balanchard, accompagné de sa mère, de sa sœur et de ses deux nièces, emmène Lucienne Lonjubeau jusqu'au château où il fait si bon vivre... Lucienne n'a jamais su conduire... Elle ne tarit pas d'éloges sur les dons de voyance de Mme Herbelin :

— Quelle voyante extraordinaire ! Je ne fais plus rien sans la consulter. C'est une perle !

Lors d'une consultation suivante, Lucienne attend le verdict de Mme Herbelin. Celle-ci semble agitée :

— Tirez une carte ! Encore une ! Recouvrez celle-là. Encore une.

— Que voyez-vous ?

— Écoutez : je vous vois en haut de l'échelle. Pas de doute. Vous grimpez. Et vous êtes devant la reine d'Angleterre. Il y a énormément de monde. Vous êtes très contente !

Lucienne Lonjubeau rentre chez elle sur un petit nuage rose. Elle téléphone à ses meilleures amies pour leur répéter la prédiction de Mme Herbelin :

— Elle m'a vue en haut de l'échelle sociale. Je suis en face de la reine d'Angleterre. Tu te rends compte. Mon Dieu, quelle émotion ! Mais si je suis présentée à la reine, comment vais-je faire : je ne parle pas un mot d'anglais. Ce pauvre Raymond le parlait parfaitement. Et puis, il va falloir que je fasse la révérence. Il paraît qu'on risque de se casser la figure... Et puis, je n'ai aucune robe qui puisse convenir à ce genre d'occasion.

Désormais, tout en surveillant le tiroir-caisse de sa chemiserie, Lucienne Lonjubeau, en femme décidée, se prépare à la grande occasion. L'Angleterre a une reine, Élisabeth II, et la France possède une femme, Lucienne, qui entend être à la hauteur des circonstances.

Désormais, deux fois par semaine, elle prend des cours d'anglais accéléré :

— My tailor is rich... My car is red...

Deux fois par semaine aussi, elle se rend chez un professeur de maintien. Lucienne, Parigote de Bourges, a encore quelques manières à policer. La façon de servir le thé. Au cas où elle recevrait la reine dans son château de Touraine. Et surtout la révérence. Il y a pour l'exécuter parfaitement une manière de plier les genoux tout en les croisant qui donne une assise parfaite, sauf si les parquets sont glissants.

Autre problème : la tenue. Lucienne se précipite chez sa couturière et choisit une robe de style princesse en soie sauvage, dans les tons pastel.

Mais les mois passent et rien n'arrive. Pourtant, tout est prêt : la robe à traîne, la révérence mille fois répétée devant le miroir du salon. Lucienne, à quatre heures, ne boit plus que du thé, avec un nuage de lait, à l'anglaise. Elle s'adresse à la bonne dans la langue de Shakespeare.

Un beau jour de printemps, tout Paris est en effervescence. La toute jeune reine Élisabeth d'Angleterre arrive bientôt en visite officielle et elle doit être reçue par le président Coty. Le beau Philippe d'Édimbourg accompagne son épouse et toutes les Parisiennes tombent amoureuses de l'époux de la reine. Lucienne panique un peu :

– Le prince Philippe. Qu'est-ce que je vais lui dire ? Il sera certainement là. Je suppose que je devrai faire la révérence aussi...

Plus les jours passent, plus Lucienne est anxieuse. Chaque matin elle scrute sa boîte à lettres. Rien, pas le moindre carton officiel. Elle reçoit les clients célèbres de sa chemiserie avec un redoublement de sourires. Après tout, l'ambassade d'Angleterre est pratiquement en face. C'est peut-être quelque lord à la recherche de boutons de manchettes qui va l'aider à vivre son rêve...

– Ulysse, dépêchez-vous ! Nous allons êtes en retard ! Quel monde ! Je ne veux pas rater le cortège... Heureusement qu'il fait beau.

Du faubourg Saint-Honoré aux Champs-Élysées il y a peu de distance. Lucienne Lonjubeau en robe printanière se hâte. Derrière elle, Ulysse, le magasinier, transporte sous son bras un escabeau.

— Mettez-le là ! On verra.

« On » verra. En tout cas Lucienne Lonjubeau verra bien le cortège officiel. Elle a à peine le temps de grimper en haut de l'escabeau. Cinq ou six marches et voilà la voiture découverte. La reine Élisabeth fait des signes de la main. Le beau prince Philippe aussi, ainsi que le président Coty accompagné de son épouse. Lucienne agite la main et crie bravo. Et c'est à ce moment-là qu'elle se remémore la prédiction de Mme Herbelin :

— Écoutez : je vous vois en haut de l'échelle. Pas de doute. Vous grimpez. Et vous êtes devant la reine d'Angleterre. Il y a énormément de monde. Vous êtes très contente !

C'était donc ça, « en haut de l'échelle ». Elle aurait pu dire en haut de l'escabeau !

Lucienne Lonjubeau rentre de très mauvaise humeur...

Tatouages

Vladimir Menchkov est un déraciné, un Russe blanc que la révolution de 1917 a chassé hors de Russie. Que faisait-il là-bas?

— J'étais, dit-il, le chauffeur d'un prince. J'avais un uniforme blanc et des bottes de cuir rouge.

Vladimir a traîné sa bosse. La vie n'a pas été drôle pour lui. Arrivé en France, il a connu la prison pour de petits délits. Un jour, il a décidé:

— Je vais entrer dans la Légion.

La Légion étrangère, le refuge des hommes perdus. L'endroit où personne ne vous pose de questions indiscrètes. Le corps d'élite qui fait des malfrats des hommes d'honneur. Le rachat de toutes les erreurs.

Quand on est dans la Légion, on a l'occasion de connaître de grandes amitiés: c'est ainsi que Vladimir, après quelques mois, devient l'inséparable copain d'un certain Valentin. Ils découvrent qu'ils sont nés le même jour:

— On est un peu comme des jumeaux. Il paraît qu'en astrologie c'est très important.

Valentin répond:

— C'est pour ça qu'on s'entend si bien. Des jumeaux, c'est inséparable, ç'a le même destin. Entre nous ça sera sans doute à la vie, à la mort.

Valentin ne croit pas si bien dire...

Quand on est légionnaire, on bénéficie du prestige de l'uni-

45

forme. Vladimir et Valentin, inséparables, sortent souvent ensemble en permission. Ils ne détestent pas aller dans un bal pour faire admirer leurs képis impeccables, leurs chemises aux plis soigneusement repassés. Même si le légionnaire a parfois une tête patibulaire, les filles sont sensibles à l'uniforme.

— Vladimir, t'as vu la blonde, là-bas? Pas mal. J'ai l'impression qu'elle nous regarde. Pour toi ou pour moi?

— Comme tu veux, Valentin. On la fait à pile ou face.

— D'accord.

C'est Vladimir qui tire le bon côté. Il avale une gorgée de bière et se dirige vers la blonde. En s'approchant il se dit : « Ce n'est plus une jeunette mais elle a sans doute plus d'expérience qu'une gamine. »

Vladimir et la blonde, une certaine Josiane, vont valser. Valentin les regarde. Est-il jaloux ou heureux de voir que « les affaires marchent » pour son copain?

Les choses iront plus loin qu'une simple soirée au bal. Vladimir et Josiane s'accordent si bien! On ne fait pas encore de projets mais, il n'y a pas de doute, Vladimir est bien accroché. Valentin se console avec une petite boulotte qui rit tout le temps. Et puis, le temps passe, Vladimir surprend un jour « sa » Josiane dans les bras de Valentin. Aucun doute sur le style de leurs rapports. Il pourrait pardonner mais Josiane lui annonce :

— Bon, puisque tu es au courant, autant te mettre les points sur les « i ». J'aime Valentin. Excuse-moi, Vladimir : toi et moi, c'était une erreur. Ça n'aurait pas marché encore longtemps. Je suppose que tu ne veux pas de détails...

Fin de la belle histoire d'amour du légionnaire slave.

Aujourd'hui, Vladimir a quitté la Légion. Il touche une petite retraite mais il n'a pas réussi à se fixer dans la vie. Pas de femme, pas de foyer. Il va d'hôtel meublé en garni sordide. Parfois, quand il a tout dépensé pour boire, il dort sous les ponts.

— Tiens, voilà Vladimir! Arrive ici, mon pote. Tu veux un coup de rouge?

Vladimir s'avance vers le groupe de pauvres hères qui se

serrent autour d'un feu. Des traverses de chemins de fer font une belle flambée :

— Vladimir, approche, fais-les-nous voir !

Il semble que tout le monde sache de quoi il s'agit :

— Oui, fais-les voir ! Ils sont toujours en place, dis ?

Vladimir s'assied sur le sol.

— D'accord, je vais vous les montrer, mais d'abord, envoyez la bouteille.

Le litre de vin rouge passe de main en main, chacun se sert une rasade au passage. Vladimir finit la bouteille. Puis, il retrousse lentement les deux jambes de son pantalon.

— Défais carrément ton futal, ça ira plus vite !

Mais Vladimir suit le même cérémonial à chaque fois qu'il « les fait voir ». Quand il a roulé le pantalon jusqu'à la hauteur des genoux, il prend un temps qui énerve son public :

— Allez, ne fais pas ton cirque, montre-les !

Vladimir demande :

— Y a plus rien à boire ?

— Ça suffit. Tu as assez bu. Fais-les voir.

Avec les gestes lents d'un artiste de music-hall, Vladimir roule un peu plus la jambe gauche du pantalon. Sur le genou dénudé on voit apparaître un tatouage : un visage de femme. L'artiste qui a fait le tatouage a certainement travaillé d'après une photographie. Le portrait est d'une grande précision : celui d'une blonde un peu vulgaire, avec de grands yeux bleus, une bouche couleur de fraise écrasée. Elle tient entre ses lèvres une cigarette dont la fumée va se perdre dans le pli du genou. Sous le visage un prénom : Josiane. Un des clochards s'écrie :

— Quelle belle môme !

Un autre commente :

— Depuis que Vladimir s'est fait tatouer, elle a dû prendre de la bouteille, comme les copines...

Vladimir proteste :

— Non, j'ai fait ça il y a dix ans. Elle est toujours pareille.

Il ajoute, l'air désabusé :

— Voilà, c'est elle ! J'aurais donné ma vie pour elle ! La vache !

Les hommes du cercle se poussent du coude. Ils attendent la suite : l'autre genou.

Vladimir commence à rouler la jambe droite de son pantalon. Sur le genou droit, un autre tatouage : le visage d'un homme. Un brun à moustache, une mèche sur le front. Les yeux sont noirs, d'un style un peu oriental. Vladmir l'a fait représenter avec un chapeau mou. De toute évidence ce monsieur n'a pas bon genre, le style d'un souteneur des mauvais quartiers. Sous le visage un prénom : Valentin.

Quelqu'un qui ne connaît pas l'histoire demande :

– Qui c'est, celui-là ?

Un autre lui donne une bourrade pour le faire taire. Mais Vladimir, qui a entendu la question, répond sans émotion :

– Celui-là, c'est le salaud qui m'a volé ma femme. Mon meilleur copain. Nous étions comme deux frères. Mais ils ne me connaissent pas. Je peux des choses dont personne ne se doute. Je n'ai qu'un geste à faire. Ce geste, je le fais, et les ennuis dégringolent sur ceux qui m'énervent.

– Quel geste, Vladimir ? Quel geste ?

– Simplement ça !

Doucement, Vladimir commence à frotter ses deux genoux l'un contre l'autre. Doucement mais fortement, comme s'il cherchait à écraser entre ses deux rotules un insecte malfaisant. Un coup de tonnerre fait sursauter la compagnie qui en a pourtant vu d'autres. Un des clochards demande :

– C'est tout ? C'est ça, ton geste ? Ça n'a pas l'air de faire bien mal.

Quelqu'un explique à voix basse :

– Il faut se méfier, Vladimir a été en Afrique. Là-bas, il vivait avec une Congolaise qui lui a appris des trucs africains. De la magie... Moi, je ne m'y fierais pas. J'aime mieux ne pas avoir d'histoire avec Vladimir... Il connaît des méthodes pour tuer à distance, à ce qu'on m'a dit !

À présent, Vladimir a laissé retomber les deux jambes de son pantalon. Il se met debout et s'éloigne sans dire un mot :

– Cette histoire de sa Josiane qui est partie avec son copain Valentin, ça fait dix ans que ça le mine. C'est depuis ce temps qu'il est tombé dans la cloche... Il finira mal.

– Tu en connais parmi nous qui finissent bien ?

Quelques mois plus tard, le commissariat d'Argenteuil est alerté :

– On vient de trouver un cadavre sous le pont. C'est un homme : il a été égorgé.

Le cadavre doit être là depuis plusieurs heures, le corps est déjà raide. Il repose sur le côté, dans la position d'un fœtus. Les agents de police qui viennent avec une civière pour l'emmener ne parviennent pas à l'allonger. Le corps roule à droite et à gauche.

– On n'arrivera pas à le mettre dans la boîte si on le laisse dans cette posture.

Mais les hommes ont beau se mettre à trois pour tirer sur les membres du cadavre, rien à faire :

– Il faut le remettre en bonne position. Pas d'autre moyen que de lui casser les genoux.

Aussitôt dit, aussitôt fait : Vladimir (car c'est lui) est ainsi remis de force à l'horizontale. Au même moment éclate un coup de tonnerre.

À la morgue, les employés remarquent ses tatouages. Ceux qu'il porte sur la poitrine et les deux visages qui ornent ses genoux : Josiane et Valentin. Mais, comme ils ignorent tout de la légende, ils ne s'attardent pas à faire des commentaires.

Le médecin légiste estime que le crime a été commis par un spécialiste qui savait manipuler un poignard et a attaqué par-derrière.

– Sans doute un militaire. Quelqu'un qui a eu une formation de « commando ».

Mais l'enquête succincte menée sur les lieux ne parvient à aucune conclusion certaine. Ni sur la personnalité de l'assassin ni sur les mobiles :

– Une dispute entre clochards. On ne saura jamais pourquoi. Peut-être pour lui voler sa retraite de la Légion. Il venait de la toucher.

C'est ainsi que Vladimir sort de l'histoire. Mais le commissariat qui s'est occupé du crime est aussitôt sollicité pour une autre affaire.

— Un accident. Un double accident même. Un couple qui passait dans une rue. À cause de l'orage sans doute, une corniche d'immeuble s'est détachée et leur a fracassé le crâne. Ils étaient morts quand Police-secours est arrivée.

Quand les corps des deux victimes arrivent à la morgue, un des agents regarde leurs visages. Il semble perplexe :

— T'en fais une tête, Gaston, tu les connais?

— Non, je ne les ai jamais rencontrés. Pourtant, c'est drôle, leurs têtes me disent quelque chose. Une impression de « déjà vu ». Quelle journée!

— Ils sont peut-être venus au commissariat et la femme t'aura tapé dans l'œil.

— Non, pas mon genre, je n'aime pas les fausses blondes. Simplement les petites brunes bien en chair!

Soudain l'agent se frappe sur le front :

— Ça y est, j'y suis! Je sais où j'ai vu ces visages. Enfin, plutôt des visages qui leur ressemblaient drôlement. Sur les genoux du clochard. Tu te souviens, il y avait deux tatouages. À propos, comment ils s'appellent, ces deux-là?

— Attends, on a relevé leur identité : Valentin Derlinguer et elle... Josiane Campin.

— C'est ça, je me souviens maintenant : Josiane et Valentin. C'étaient les prénoms qu'il y avait sur les genoux du gars, sous les portraits tatoués. Ça m'avait frappé parce que ma sœur se nomme aussi Josiane et son mari Valentin, comme ces deux pauvres bougres.

L'albatros

Nous sommes à bord du *Santos*, un des nombreux navires qui ont participé aux expéditions polaires, dans les années 50. On se dirige vers les côtes du Groenland. La mer est chargée de petits icebergs. Il faut naviguer avec beaucoup de prudence.

— Si nous traînons trop par ici, nous risquons de nous faire coincer par les glaces.

— Commandant, avez-vous remarqué tous ces albatros qui nous survolent? À votre avis, ça peut faire combien d'envergure?

— À vue de nez, plus de trois mètres. D'ailleurs demandez au médecin de bord, le docteur Ménigaud. Il est passionné par ces oiseaux et il accumule une documentation sur eux depuis plus de trois ans. Il vous donnera tous les détails.

Justement le docteur Ménigaud arrive sur la passerelle :

— Je crois que ce sont de très beaux spécimens qui nous rendent visite. Regardez ces ailes blanches bordées de noir. Croyez-vous qu'il soit possible d'en capturer un vivant?

— Pourquoi pas?

L'équipage mis au courant se creuse l'esprit pour inventer un piège qui permette de saisir un de ces oiseaux merveilleux. Mais les marins le mettent en œuvre sans enthousiasme. Beaucoup d'entre eux sont bretons et pour eux l'albatros est synonyme de « malchance ».

— Ça y est, commandant, nous en tenons un.

Le commandant Lameyrie jette un coup d'œil par-dessus le

bastingage. En bas, dans les vagues, un albatros de bonne taille se débat en effet dans un filet où les poissons offerts par l'équipage l'ont amené à s'empêtrer.

— Prévenez le docteur et hissez cet oiseau à bord.

Un vieux quartier-maître proteste en mâchonnant sa pipe :

— On ne devrait pas prendre cette bestiole. Il n'en sortira rien de bon.

Et discrètement il fait un signe de croix avant de donner la main pour tirer le filet jusqu'au pont. Ménigaud se précipite pour examiner de plus près le bel oiseau mais il ne peut s'empêcher de marquer sa déception :

— Quel dommage ! Il est blessé. On dirait qu'il a une aile brisée ! Bon, essayez de l'amener jusqu'à ma cabine. Je vais m'occuper de lui.

Pendant quelques jours, Ménigaud prodigue ses soins au géant des mers. Il pose une attelle et lui donne lui-même les trois repas par jour qu'il estime nécessaires à la survie du volatile. Cependant, il est un peu inquiet :

— Cette bestiole m'a l'air de filer un mauvais coton. Il devrait avoir plus d'appétit, normalement. Et ses déjections me semblent bizarres, comme s'il y avait du sang. C'est étrange, une aile cassée n'est pas un accident qui doive mettre sa vie en danger.

Un des officiers du bord remarque en plaisantant :

— Peut-être qu'il fait une dépression nerveuse.

— Arrêtez de dire des âneries. Non, ce que je crains, c'est qu'au moment de la capture il n'ait reçu un choc. Peut-être souffre-t-il d'une hémorragie interne. Ou du moins d'un hématome.

— Vous savez, les albatros sont toujours en mouvement. C'est peut-être tout simplement l'immobilisation forcée qui lui crée des problèmes respiratoires ou digestifs.

Le destin du grand oiseau semble pourtant fixé par les dieux. Un matin, Ménigaud, en rendant visite à son hôte, s'écrie :

— Mais il est mort ! Quelle déception ! Moi qui comptais tellement l'observer vivant.

En effet, l'oiseau ne bouge plus. Peut-être le stress a-t-il provoqué une crise cardiaque? Ménigaud, pendant plusieurs jours, fait l'autopsie de son prisonnier, prend des mesures, des photographies. Il demande à des marins de l'aider en mettant l'albatros dans toutes les positions. Personne ne plaisante en exécutant ces petits travaux.

— Bon, maintenant je ne peux plus rien en faire. Il n'y a qu'à rejeter sa carcasse à la mer. Le Goffic, tu veux bien t'en charger?

— Vous auriez pu choisir quelqu'un d'autre, maugrée l'homme. Enfin, plus vite on sera débarrassé de cet oiseau de malheur, mieux on se portera.

Et voilà, quelques minutes plus tard, la grande carcasse raidie de l'albatros rejetée à la mer. Tous les marins disponibles regardent le corps sans vie flotter un moment au gré des vagues menaçantes. Quelques-uns font encore le signe de croix, à tout hasard. Le soir même on n'y pense plus. Enfin presque plus.

— Commandant, vite, il y a le quartier-maître Manélec qui n'a pas l'air d'aller bien.

— Prévenez le docteur. Qu'est-ce qu'il a exactement?

— Des douleurs dans le ventre. Il transpire et il est d'une drôle de couleur.

— Dès qu'on en saura plus, j'essaierai d'alerter la côte par radio. S'il le faut, ils nous enverront un hélicoptère pour le récupérer.

Ménigaud, penché sur le pauvre Manélec, se sent bien incapable de diagnostiquer une quelconque maladie classique.

— Vous avez peut-être attrapé un virus. Vous étiez où avant de naviguer avec nous?

— J'ai fait le tour du monde avec un céréalier. L'Afrique, l'Australie, le Canada, l'Amérique du Sud. Oh! que j'ai mal. Vite, docteur, faites-moi une piqûre, j'ai trop mal.

Malgré la piqûre administrée par Ménigaud, avant qu'un hélicoptère ait pu être envoyé, Manélec expire.

— Je suis certain que c'est la malédiction de l'albatros, remarque un des marins.

— Allons, Chatrier, on est au XXᵉ siècle! C'est de la superstition pure et simple.

Superstition ou pas, Manélec est bien mort et très rapidement on procède à l'inhumation en mer. Simple cérémonie présidée par l'aumônier du bord. Le corps enveloppé d'un linceul glisse et va se perdre dans les abîmes sans fond d'une mer glacée...

Le bateau cependant continue sa mission. On est là pour ça. Tous les jours, des relevés, des observations météorologiques, des prélèvements de glace. Même les poissons pêchés pour les repas sont examinés attentivement.

— Commandant, le petit Verdier vient de tomber du haut du mât.

— Il y a du dégât?

— Oui, au niveau des jambes et du bassin. Il ne peut plus remuer. C'est qu'il a bien dégringolé de dix mètres.

— Prévenez le docteur mais ne touchez pas Verdier avant qu'il soit arrivé. Une fausse manœuvre et on peut condamner le pauvre gars à la chaise roulante pour le restant de ses jours.

Heureusement, Verdier est traité avec compétence. Pour lui, désormais, le reste de l'expédition se passera sur une couchette de l'infirmerie. Et dès qu'on touchera terre, il lui faudra passer quelques semaines à l'hôpital avant le rapatriement par avion jusqu'à Brest.

Une nouvelle fois, les vieux loups de mer évoquent ce maudit albatros :

— Quelle idée d'aller capturer cet animal du diable! Comme si on ne pouvait pas le laisser libre et lui foutre la paix!

— Chez nous, on dit que chaque albatros est l'âme d'un marin mort en mer. C'est pour ça qu'il ne faut absolument pas en avoir un à bord : c'est la guigne assurée.

Après trois jours de navigation sans histoire, le commandant a de nouveau du pain sur la planche. Il entend une explosion sourde qui provient des fins fonds du navire :

— Qu'est-ce qui se passe en bas? Pourquoi stoppe-t-on d'un seul coup?

Depuis la salle des machines, le responsable lui répond :

— Une des chaudières vient d'exploser !

— C'est grave ?

— Plutôt, ça risque de nous immobiliser au moins trois jours.

— En pleine mer ! C'est un coup à nous faire écraser par les glaces comme une coque de noix. Est-ce que quelqu'un a été blessé ?

— Ledivelec a le bras salement brûlé.

Et voilà le médecin-chef Ménigaud encore obligé d'affronter de nouveaux problèmes. Malgré sa douleur, Ledivelec ne mâche pas ses mots :

— Excusez-moi, mais tout ça est de votre faute.

— De ma faute ? Mais ce n'est tout de même pas moi qui ai fait exploser la chaudière. Enfin : ta vie n'est pas en danger. À ton âge, on récupère.

L'autre suit son idée :

— En tout cas, si vous n'aviez pas eu cette foutue idée d'attraper un albatros... Avez-vous remarqué que tous nos problèmes ont commencé quand on a rejeté sa carcasse à la mer ? Si encore il était resté vivant. Mais tuer un albatros, pour un marin, c'est exactement comme s'il se tirait une balle dans la tête.

— Allons, un peu de calme. C'est simplement une mauvaise passe. Jamais deux sans trois. Dorénavant, tout va aller bien. Je vais te donner un calmant pour dormir... sans rêver d'albatros.

Quelques jours plus tard, le commandant décide de faire escale à Egedesminde, un petit port de la côte occidentale du Groenland. Tout l'équipage est heureux de mettre pied à terre, de pouvoir communiquer avec la France. Et tous, sans le dire, espèrent que cette escale va interrompre le mauvais sort qui semble collé au navire depuis l'incident de l'albatros.

Le commandant Lameyrie, malheureusement, a la désagréable surprise d'apprendre que, là-bas, en France, son épouse vient de perdre le bébé qu'elle portait depuis cinq mois... Lui aussi commence à se laisser impressionner par les superstitions des vieux marins.

Hélas! la série des malheurs n'est pas close : au troisième jour de l'escale groenlandaise, alors que le navire est tranquillement accosté, un incendie éclate dans la cale. Tout l'équipage arrive au triple galop pour sauver ce qui peut l'être :

– C'est invraisemblable. Qu'est-ce qui a pu se passer? Tout était en ordre. Les chaudières éteintes!

Éteintes ou pas, le feu fait rage à l'intérieur du navire. Malgré tous les moyens mis en œuvre pour lutter contre le sinistre, les dégâts sont considérables. Le commandant Lameyrie ne sait plus trop que penser :

– Nous voilà coincés ici pour des semaines. Jamais je n'ai connu de campagne aussi malchanceuse.

Pourtant, le pire reste encore à venir : alors que les travaux indispensables ont commencé depuis deux semaines, une tempête se déchaîne et le port disparaît sous un déluge de neige, de glace propulsées par des vents qui dépassent les cent kilomètres-heure. Toute l'activité du port est paralysée et chaque être humain reste calfeutré dans les constructions basses recouvertes de glace.

Des messages radio inquiétants parviennent d'un chalutier danois, le *Christiansen*, qui a été mis à mal par la tempête, et qui cherche à gagner le port. Le capitaine espère tout de même arriver par ses propres moyens. La capitainerie est en contact permanent avec lui. Soudain, les événements se gâtent :

– Nos machines sont bloquées. Nous dérivons. Nous ne contrôlons plus rien.

Déjà le navire danois est visible depuis la terre. On donne des ordres pour qu'un bateau des gardes-côtes essaye de le prendre en remorque. Et l'amène à bon port.

Malheureusement, les dieux sont contre l'entreprise. À moins que l'âme d'un albatros mort n'intervienne. Le *Christiansen*, bien que le remorqueur soit parvenu à lui jeter un

filin, est soudain soulevé par une lame de fond d'une violence extrême.

Sous le choc de la lame et des multiples icebergs qu'elle
porte, il rompt l'amarre qui était tendue entre le remorqueur
et lui. La masse énorme du navire danois, telle une balle de
fronde de plusieurs centaines de tonnes, pénètre d'un seul
coup dans le petit port et va s'écraser contre la coque du
Santos qui coule immédiatement dans un glouglou sinistre. À
sa place, inexplicablement, on retrouve, flottant sur l'eau... la
carcasse d'un albatros mort.

Le théâtre de l'angoisse

Nous sommes dans les années folles. La Grande Guerre laisse encore ses traces et Paris essaie de s'étourdir pour oublier cette boucherie. L'heure est aux plaisirs, aux fêtes, aux spectacles.

Dans un somptueux hôtel particulier, un banquier mondialement connu reçoit un maître bâtisseur dont il apprécie tout autant les audaces que le savoir-faire :

— Mon cher Sarcoulis, j'ai l'intention de construire un théâtre qui soit un des modèles du genre. J'ai pensé à vous pour en dessiner les plans. Votre prix sera le mien.

L'architecte Sarcoulis se sent flatté par les attentions du baron de R... Le nom seul de cet homme aussi riche que généreux signifie « millions ». En francs-or ! Nous sommes en 1926 et le théâtre ne sera vraiment terminé que trois ans plus tard.

La pose de la première pierre donne lieu à une petite cérémonie présidée par le baron. On fait un discours où l'on prie les muses d'être de bonnes marraines.

— Puisse Euterpe, la muse de la Musique, nous en inspirer de la bonne ! Que Thalie, la Comédie, inspire nos auteurs les plus doués ! Sans oublier Melpomène, la Tragédie, et sa sœur Terpsichore aujourd'hui représentée par les plus belles danseuses de Paris... Érato et Polymnie. Calliope, muse de l'Éloquence !

Lors du spectacle inaugural, l'assistance choisie ne peut que se répandre en commentaires admiratifs :

— Quelle machinerie ! C'est merveilleux ! C'est magique !

– Et les éclairages : je n'ai jamais rien vu d'aussi subtil !
Même à New York...

Une dame à collet de velours pose une question :

– Et qu'y avait-il avant sur cet emplacement ?

– Le poète Scribe a vécu ici. Il a écrit plus de quatre cents pièces, c'est de bon augure pour un nouveau théâtre...

– Avant lui, jusqu'à la Révolution, le terrain avait abrité les maîtresses d'un bon nombre de gentilshommes et d'évêques !

– Des évêques ! Quelle époque !

– Ces petites personnes étaient toutes danseuses ou comédiennes. Cela aussi est de bon augure pour un théâtre !

– Eh bien, alors : longue vie et succès au théâtre Pigalle !

Et les coupes remplies de champagne de s'entrechoquer.

Personne ne se doute que l'on trinque sur un volcan. Ou sur quelque chose d'aussi maléfique.

La pièce qui a inauguré le théâtre ne remporte pas le succès escompté. Pas plus que celle qui suit, d'ailleurs. La compagnie de Gaston Baty loge un moment au théâtre Pigalle. Puis elle part ailleurs. Pourquoi ?

– On dit que ce théâtre porte la poisse aux auteurs qui veulent s'y installer !

– Le baron est du genre opiniâtre ! Il a les moyens ! Il est décidé à tout faire pour que son théâtre remporte du succès.

Mais rien n'y fait, ni la publicité ni la renommée des comédiens. Le public boude. On organise une conférence entre les administrateurs :

– La raison de notre échec est que ce théâtre est trop intellectuel. Cela ne va pas pour le quartier. Ce qu'il nous faut ici, c'est un spectacle vraiment populaire. D'abord, il ne faut plus monter de pièces trop sérieuses. La guerre est encore proche, le public veut rire. Spécialisons le théâtre Pigalle dans le genre comique.

« Faire un four » avec une tragédie est bien triste. Mais avec une comédie, là, c'est plus que vexant. Le public parisien boude les comédies hilarantes et bien parisiennes du théâtre Pigalle.

Nouvelle réunion au sommet :

— Mais bien sûr ! La comédie, ce n'est pas assez. Nous allons nous spécialiser dans l'opérette, dans la comédie musicale. Il nous faut des airs entraînants, des chanteuses pulpeuses.

Rien n'y fait : les chanteuses pulpeuses regagnent tristement leurs loges pour apprendre la mauvaise nouvelle de la bouche du directeur.

— Mes enfants, ça ne marche pas ! Dans une semaine, on arrête !

Nouvelle réunion d'urgence. Nouvelles propositions :

— Ce qui va attirer le public, ce sont des nouveautés techniques, des spectacles jamais vus !

— Oui, parfaitement. Tenez, je suis certain que si nous faisons des spectacles de lumière noire, les gens vont assaillir la « boîte à sel ».

Effectivement, tout est mis en œuvre pour attirer les foules. Mais rien n'y fait : une sorte de malédiction semble barrer la porte du théâtre :

— Mais enfin, bon Dieu ! Qu'est-ce qu'il faut pour les faire venir ? On ne peut pas dire qu'on n'a pas tout essayé. Le plateau tournant et montant : vous en connaissez un autre à Paris ? Je vous demande un peu. Et les changements de décor à vue ! Vous voyez un autre théâtre capable de vous en mettre autant sous le nez ! C'est vraiment donner de la confiture à des cochons !

— Bon, essayons encore une fois quelque chose de nouveau !

La nouveauté choisie devrait être le clou de la saison théâtrale de l'année 1931. Les affiches fleurissent sur les murs de Paris : « Nouveau spectacle au théâtre Pigalle : *La Saison japonaise.* »

Le bouche à oreille parle d'un enchantement qui transportera les spectateurs au pays du Soleil levant. Des indiscrétions savamment orchestrées courent dans Paris :

— Berthomieu a pu jeter un coup d'œil sur les maquettes des décors, ce sera absolument féerique.

— Et les costumes ! Des couleurs inouïes !

— Les danseuses ont un maître de ballet qui arrive directement de Nagasaki.

— La salle sera entièrement décorée de bouquets de chrysanthèmes!

— Des chrysanthèmes! Quelle drôle d'idée! Ça va faire terriblement Père-Lachaise!

— Vous croyez? Mais comment faire autrement : le chrysanthème est la fleur nationale du Japon...

Mais, chrysanthème ou pas, kimonos ou pas, les danses japonaises et les gracieux mouvements d'éventail n'attirent pas le public. Un échec de plus!

Quelle peut être la raison de cette « guigne » perpétuelle?

Certains savants sont attentifs à une théorie scientifique. Selon eux, la présence d'une eau souterraine sous un immeuble est susceptible d'influer sur le destin des habitants. Les radiesthésistes, habiles à détecter la présence des puits dans les lieux les plus arides, sont du même avis :

— De toute manière, les eaux souterraines ne sont jamais neutres. Elles charrient souvent les radiations nocives du sol. Certaines eaux sont radioactives et émettent alors des radiations verticales. Leur action est assez semblable à celle du radium. Et les habitants se trouvent alors logés dans des maisons à « cancer ». Il ne leur reste plus qu'à déménager au plus tôt pour retrouver leur santé et leur joie de vivre.

Les pièces de théâtre peuvent-elles être « cancéreuses »?

En tout cas, en 1956, trente ans après la pose de la première pierre, le théâtre Pigalle est livré à la pioche des démolisseurs.

— Quand on pense à ce que cela a coûté!

— Il paraît que le baron y a englouti 50 millions.

— J'y suis allé une fois, il y a des années. C'était magnifique. Nous avions passé une soirée inoubliable...

— Une seule fois. Pourquoi n'y êtes-vous jamais retournés? Vous habitez presque en face.

— Ma foi, je ne sais pas... On se disait : « Tiens un nouveau spectacle. Ç'a l'air vraiment bien », et puis, au dernier moment, on n'arrivait plus à se décider. Il faisait trop chaud! Ou trop froid. Ou bien on avait un empêchement de dernière minute. On se promettait : « On ira la semaine prochaine », et, quand on allait pour prendre les billets, la pièce était déjà retirée de l'affiche. Le théâtre faisait relâche. Ou bien il était en répétitions pour le spectacle suivant. Alors, on se disait : « Cette fois, on ira », mais on attendait de voir les premières critiques et, au bout du compte, nous n'y sommes allés qu'une seule fois en trente ans ! C'est vraiment dommage !

En tout cas, c'est surtout dommage pour le baron milliardaire.

— Chef ! venez voir. On dirait qu'il y a un puits là-dessous !

Le chef de chantier s'avance vers la pelleteuse qui vient de soulever une plaque de ciment. À l'emplacement du sous-sol du théâtre...

— Ouais ! C'est bien un puits. Rien qu'à voir l'appareillage, ça ne date pas d'hier...

C'est ce que vient confirmer un érudit du quartier, M. Armellot, qui collectionne toutes les anecdotes concernant le IXe et le XVIIIe arrondissement de Paris :

— Autrefois, je vous parle d'il y a deux cents ans, cet endroit était à la campagne... On y construisait des « folies ». C'est-à-dire des petites villas où les riches gentilshommes entretenaient de petites danseuses. Le puits doit dater de cette période, quand tout était rempli de jardins et de fleurs...

Le responsable de la démolition écoute d'une oreille distraite. M. Armellot continue, les yeux perdus dans son rêve du passé :

— Ici, d'après mes recherches, il y avait une maison à deux étages, avec des écuries. L'occupante des lieux se nommait Mlle Dorine. Elle était comédienne et venait d'Italie. Elle passait plus de temps au lit que sur les planches, mais il semble qu'elle avait plus de talent pour la galanterie que pour la comédie.

Un soir, Dorine, lassée par la jalousie d'un de ses amants, le chasse de chez elle avec fracas. Elle lui lance quelque chose dans le genre : « Allez, disparaissez de ma vie ! Je suis lasse de vos querelles ! » La légende raconte que l'homme, un prince grec, serait revenu au cœur de la nuit et se serait introduit discrètement dans le jardin. Il aurait versé dans le puits un élixir destiné à porter malheur...

– Ah bon, monsieur Armellot! Vous croyez à ces sornettes?

– Toujours est-il que depuis ce jour voilà Mlle Dorine qui perd sa chance. Bientôt ses riches amants se font rares. Sa beauté se détériore. Son visage est grêlé par la petite vérole et elle finit misérablement ses jours à Versailles, logée par charité dans les dépendances de l'hôtel particulier d'un de ses anciens amants.

Est-ce à cause de cet ancien puits que le théâtre Pigalle et ses petites danseuses ont connu la malchance? On peut encore se poser la question... Les habitants actuels sont-ils heureux ou malheureux? Il faut en tout cas espérer que le fait d'avoir comblé le puits a interrompu la malédiction du jaloux.

Le corté

Nous sommes en 1954 et Augustin Veminelli est encore sous le charme du Sénégal où il est arrivé il y a six mois pour travailler dans l'exploitation des phosphates. Aujourd'hui, accompagné d'un ami africain, Alassane, il profite de quelques jours de congé pour découvrir l'intérieur du pays...

La Jeep parcourt la savane et Augustin se laisse secouer par les creux et les bosses de la piste. Il est fasciné par les baobabs géants qui sont le symbole du pays. De loin en loin, des termitières grises servent de terrain de jeu à des singes turbulents et criards.

— Où allons-nous, Alassane?

— On va visiter les « fils du caméléon ».

— C'est quoi, les « fils du caméléon »?

— Les Bassaris, au pied du Fouta-Djalon. Tu verras : ça change des gens de la ville. Les filles sont jolies et ils vivent encore pratiquement nus. Demain, il y a une cérémonie d'initiation des jeunes filles. Ça vaut le détour.

Au bout de quelques heures de route, Augustin et Alassane arrivent à la limite d'un village. En y entrant, Augustin remarque un monticule de terre. Plantées dans le monticule, plusieurs flèches dont les pointes sont toutes tournées dans la même direction.

— Alassane, qu'est-ce que c'est cette espèce de monument?

— Ça, ce n'est pas bon.

Augustin sourit. Il manque d'expérience. Fils de rationaliste pur et dur, il ne croit ni à Dieu ni à diable.

— Et ça, là-haut, suspendu dans l'arbre, c'est bon ou pas?
Alassane lève les yeux vers la branche qui intéresse Augustin :
— Ne touche pas à ça, surtout. Tu pourrais attirer le mauvais sort sur toi!

Augustin arrête son geste. Il voulait simplement examiner plus soigneusement ce qui pend de la branche :
— Bon, d'accord! De toute façon, ça n'est pas très ragoûtant!

Ce qui pend de la branche, c'est une corne d'antilope, entourée d'un fil de coton... Rien de particulièrement artistique.

Alassane, de toute évidence, prend la chose au sérieux :
— C'est sûrement un « corté ».
— Un « corté »? C'est quoi?

Alassane ne répond pas. Déjà, sur la place centrale du village, les jeunes filles qui doivent participer à l'initiation se réunissent. Leur peau couleur de chocolat, leurs ceintures brodées de perles multicolores, leurs colliers qui descendent jusqu'aux pagnes minuscules qui sont leur unique vêtement, tout est un enchantement pour l'œil. Les tam-tams ont entamé leur rythme qui agit directement sur les nerfs. Augustin s'assied sur une pierre :
— Raconte-moi ce qu'est un « corté ». On n'est pas à une minute près...

Alassane hésite un peu :
— Eh bien, voilà. Il y a environ un an, le vieil Abdou, un cousin de mon père, est mort, très âgé. Il a laissé toutes ses terres à son neveu Alisintoé, selon la tradition. Mais Alisintoé ne s'intéresse plus à la vie villageoise. Depuis des années, il travaille dans une administration. C'est un homme de la ville. C'est Babacar, le fils d'Abdou, qui cultive le millet au village. Quand il se voit déposséder, il demande à son cousin de le laisser continuer à vivre sur l'exploitation. Mais Alisintoé ne veut rien savoir. Il répond : « Va-t'en. J'ai l'intention de vendre mon héritage. Tu n'as plus rien à faire ici. » Pendant des semaines, Babacar revient à la charge. Avec quoi va-t-il nourrir ses femmes et ses enfants? Rien n'y fait, Alisintoé reste inflexible. Babacar n'a plus qu'une seule chose à faire. Et je crois bien qu'il l'a faite...
— Oui, qu'est-ce qu'il a fait?

— Il est allé voir le sorcier et ils ont fait un « corté ».

— Ça se passe comment ?

— Oh ! je ne sais pas exactement. En tout cas, le sorcier sacrifie un coq roux. Et il suspend la patte du coq à un arbre. Tiens, regarde, là, ce manguier. Tu vois la patte toute desséchée. Et la bouteille qui est accrochée à côté.

Augustin s'approche de la bouteille. À l'intérieur, on voit un liquide rougeâtre qui n'a rien d'appétissant... Alassane examine l'arbre, un manguier. Augustin remarque :

— Il n'est pas en forme ce manguier. C'est drôle, son écorce est pleine de plaques blanchâtres. Et il a perdu toutes ses feuilles. Ce n'est pas normal en cette saison.

— Ce n'est pas normal mais c'est à cause du corté. Le manguier représente la victime choisie par le sorcier. Ce serait le cousin Alisintoé que je n'en serais pas étonné. D'après l'aspect du manguier, Alisintoé doit être plutôt en mauvaise forme...

Augustin fait un petit sourire dubitatif. Ces histoires d'arbres frappés par la malédiction, il ne veut pas trop y croire. Déjà la cérémonie d'initiation bat son plein. Augustin et Alassane se faufilent parmi la foule électrisée par les tam-tams. Les jeunes filles brandissent de longs bâtons, leurs pieds battent en cadence la terre rouge qui se soulève en nuages épais.

Après la fête, Augustin propose :

— Alassane, tu ne vas pas rendre visite à ta famille ?

— Si, je veux savoir où en sont les affaires de Babacar.

Babacar, assis à l'ombre d'une feuille de palmier qui lui sert de parasol, accueille Alassane avec joie. Mais Augustin ne saisit rien à la conversation animée entre les deux hommes. Alassane, par politesse, explique :

— Babacar attend.

— Il attend quoi ?

— Il attend... Je crois qu'il attend la mort d'Alisintoé.

— Pourquoi ? Il est malade ?

— Oui, si tu veux, on peut aller le voir. Tu te rendras compte toi-même.

Les deux hommes remontent dans la Jeep et s'éloignent du village. Dans la direction indiquée par les flèches du monticule magique. Le bruit de la fête diminue et ils parcourent quelques kilomètres pour arriver dans un nouveau village. Là aussi, toute la population du village est rassemblée pour une fête nouvelle mais différente. Alassane explique :

— Ici, c'est l'initiation des garçons qui se prépare. Ils vont être circoncis et ensuite ils vont passer tout le temps de la cicatrisation dans la forêt.

— Au repos ?

— Non, pas au repos ! Pendant des jours et des nuits, ils vont subir toute une série d'épreuves. S'ils résistent, s'ils font preuve de courage, d'endurance et du sens des responsabilités, ils en sortiront transformés en vrais hommes. Alors qu'au départ ce ne sont encore que des enfants.

La Jeep s'arrête auprès d'une case. Deux femmes sont assises près de l'entrée étroite qui s'ouvre dans le mur de terre séchée. Elles ont l'air plutôt abattues et prostrées :

— C'est là qu'Alisintoé habite. Ce sont ses femmes.

Alassane engage la conversation avec les deux épouses d'Alisintoé. Il revient vers Augustin :

— Alisintoé est au plus mal. Si tu veux, tu peux lui rendre visite. Mais attends-toi au pire. Ce n'est pas un spectacle bien agréable. Tu seras étonné.

Augustin hésite un peu. Il ne voudrait pas manquer de discrétion. Mais la curiosité est la plus forte. À l'intérieur de la case, un grand Noir gît sur une sorte de natte. Seul. À côté de lui une gourde. Un peu plus loin, un plat grossier en terre cuite contient des restes de nourriture. Une sorte de bouillie de riz pleine de grumeaux.

— Personne ne s'occupe de lui mieux que ça ?

— Non, tout le monde sait qu'il est victime du corté. Alors ils ont peur de l'approcher. Ils ont peur que le corté ne les touche, eux aussi.

Alisintoé, immobile et muet sur sa couche, fixe un regard mort sur Augustin. Ses yeux sont écarquillés et ses cornées sanguinolentes. Il murmure :

— Tu es un médecin ?

Augustin hésite un moment et répond :

— Oui, je suis médecin. On va te sortir de là.

Rien qu'à l'odeur putride qui remplit la case, une odeur de cadavre, Augustin sait qu'Alisintoé est mal parti. Autant le consoler par un pieux mensonge...

En quittant la case, et en reprenant le chemin qui les ramène à la ville, Augustin et Alassane restent longtemps silencieux. Enfin, Augustin dit :

— C'est curieux. Tu as remarqué : la peau d'Alisintoé, elle est comme celle du manguier auquel était suspendue la patte de coq. Il est couvert de grandes taches blanches. On dirait une sorte de lèpre. Tiens, j'ai une idée : on va s'arrêter au poste sanitaire. Je connais le médecin-chef : François Sabourin. C'est un pays à moi. Nous avons été à l'école ensemble.

Alassane ne dit rien. Il sait que toutes les médecines des Blancs ne peuvent rien contre le corté. Au poste sanitaire, le docteur Sabourin semble revenu de tous les étonnements. Il offre un whisky à Augustin et Alassane et dit en tirant sur sa bouffarde :

— Ah oui, Alisintoé! Je le connais bien. J'ai été le voir dans sa case. Sa maladie est indéfinissable. C'est vrai, on dirait une sorte de lèpre. Mais l'évolution est extrêmement rapide. Je pense d'ailleurs le faire transporter à la léproserie. C'est plutôt pour qu'il ait une fin décente. Car aucun de nos médicaments ne pourra rien y faire.

À partir de ce jour, Augustin, depuis son village en pleine brousse, s'informe régulièrement de la santé d'Alisintoé. Alassane semble toujours au courant de la situation. Comment? Par quel moyen mystérieux? Augustin n'en saura pas plus.

— Alisintoé est mort hier.

Quelques jours plus tard, Augustin et Alassane sont de retour dans le village de Babacar. La première chose qui frappe Augustin en arrivant, c'est l'absence du manguier, de l'arbre qui semblait maudit et lépreux. Celui auquel la patte de poulet et le flacon empli d'un liquide maléfique étaient suspendus.

— Qu'est-ce qui est arrivé au manguier?

— Oh! c'est normal. Sa vie était liée à celle d'Alisintoé. Le lendemain du jour où celui-ci est mort, il y a eu une tornade inattendue. Et le manguier a été déraciné.

Babacar, lui, a repris la culture du lopin de terre de son père. Mais il n'a pas oublié de faire un sacrifice aux âmes des ancêtres. Ceux qui depuis l'au-delà gèrent les affaires des vivants. Pour peu qu'on sache comment leur demander.

L'inconnue

– Guthrie, tu devrais aller te présenter à Winthrop Ames !

– Le grand Winthrop Ames ? Le grand producteur ? Tu parles, pourquoi pas le roi d'Angleterre pendant que tu y es !

– Qui ne tente rien n'a rien !

Guthrie se décide à se présenter aux bureaux de Winthrop Ames. Il est aimablement reçu par la secrétaire qui lui annonce cependant :

– M. Ames est absent. C'est son assistant, M. Platt, qui va vous recevoir.

Mais Guthrie a à peine le temps de se présenter. M. Platt lui annonce froidement et immédiatement :

– Je suis désolé, je n'ai rien pour vous ! Au revoir, monsieur.

Et il tend une main glacée et glaciale au pauvre comédien qui se lève sans trop savoir où il est. En reprenant le chapeau qu'il a posé à terre, Guthrie heurte quelque chose sur le bureau de M. Platt. C'est un magnifique encrier qui se renverse sur les documents qui sont là. Éperdu d'horreur, Guthrie essaie de réparer les dégâts. Il saisit le tampon-buvard et s'affaire. Mais M. Platt l'interrompt brutalement :

– Sortez d'ici ! Sortez immédiatement, vous m'entendez ?

Guthrie se retrouve au-dehors, sous la neige new-yorkaise, la tête vide :

– J'aurais dû lui dire... Mais quel imbécile je suis ! Je n'ai même pas pensé à lui dire que...

Pas de doute possible, Guthrie vient de rater la chance de sa vie. Il se sent empli de honte et de rage. Pour le coup, il lancerait bien un pavé dans la vitre toute proche de l'agence Winthrop Ames.

Guthrie entre alors dans le premier hôtel et, dans le salon, il saisit une feuille du papier à lettres mis à la disposition des clients. Et là, par écrit, il déverse sa bile. Il a des arguments cinglants contre l'agence Winthrop Ames. Il accuse celle-ci de préférer les acteurs britanniques aux américains. Puis il expose, sans modestie, toutes ses propres qualités d'acteur. Qualités qui auraient dû intéresser M. Winthrop Ames. Et enfin, emporté par son élan, il se lance dans une critique féroce du théâtre américain, de ses scléroses et de toutes les réformes qu'il serait bon d'y apporter.

Une fois la lettre écrite, Guthrie se sent mieux. Il la met dans une enveloppe, ferme celle-ci et... la met dans sa poche. Puis il rentre chez lui. Il n'a pas faim et se couche aussitôt après avoir jeté la lettre dans la valise qui contient tout ce qu'il possède. Le lendemain, Guthrie n'a plus qu'une chose à faire : essayer encore de trouver un agent théâtral qui ait un petit rôle, une « panouille » comme on dit, à lui proposer.

La course aux cachets à New York en 1913 est tout à fait comparable à celle que connaissent aujourd'hui les « intermittents du spectacle » qui doivent survivre entre deux rôles. Quelques semaines plus tard, Guthrie rentre chez lui, une fois de plus bredouille, découragé. Il est décidé :

— Bon, j'abandonne le théâtre. Je n'y arriverai jamais. Je vais essayer de trouver un boulot de garçon d'ascenceur, ou de coursier, n'importe quoi !

Et il se met au lit. Mais, quelques minutes plus tard, on frappe à sa porte. Qui cela peut-il bien être ?

— Vous êtes là ? C'est moi, Mme Famann, la propriétaire.

Guthrie hésite à répondre. Il a quinze jours de retard pour le loyer. C'est bien le moment de venir les lui réclamer... Mais Mme Famann insiste :

— Je sais que vous êtes là. Ouvrez-moi : c'est important.

Guthrie enfile son pantalon par-dessus sa chemise de nuit et entrouve la porte. La propriétaire lui déclare :

71

– Voulez-vous descendre ? Le guéridon vous réclame.

Guthrie met un moment avant de comprendre. Mme Famann, la propriétaire, est une fervente spirite. À l'époque, c'est une mode qui fait fureur en Amérique. Elle interroge presque tous les jours les esprits de l'au-delà qui lui répondent, selon leur humeur, par l'intermédiaire d'un vieux guéridon.

– Prenez un crayon et un papier.

Une fois chez Mme Famann, Guthrie la voit qui pose les mains sur le vieux guéridon à trois pieds. Il attend et, au bout de quelques instants, sans aucun doute, le guéridon se soulève. Bientôt, il ne reste qu'un seul des trois pieds qui soit encore en contact avec le sol. Mme Famann dit, dans un murmure :

– Récitez les lettres de l'alphabet.

Guthrie commence :

– A, B, C, D...

Quand il arrive à la lettre E le guéridon retombe lourdement sur le sol. Puis il se relève. Les mains de Mme Famann l'effleurent doucement. Après le E, c'est le N qui provoque un coup de guéridon. La méthode est un peu longue mais Guthrie finit par aligner toute une série de lettres. Il ne comprend pas tout de suite. Mais si on découpe correctement la série, on obtient une phrase très claire : « Envoyez la lettre que vous avez écrite. Tout votre avenir en dépend. »

– La lettre ? Quelle lettre ? Ah ! la lettre que j'ai écrite pour Winthrop Ames.

Aussitôt, en pleine nuit, Guthrie court poster la lettre. Il n'a eu qu'à coller un timbre sur l'enveloppe.

Trois jours plus tard, Guthrie a la surprise de recevoir une réponse de l'Agence Ames. Winthrop Ames lui-même l'invite à lui rendre visite. Hélas, une fois à destination, une déception l'attend. La secrétaire lui annonce :

– M. Ames est souffrant. Il est resté chez lui. Revenez demain.

Le lendemain, nouvelle déception. L'état de santé de Winthrop Ames ne s'est pas amélioré. Il est toujours absent. Et de même le lendemain. Est-ce qu'on se paierait sa tête ?

Enfin, le quatrième jour, la secrétaire annonce :

— M. Winthrop Ames a beaucoup aimé votre lettre. Il n'est pas en état de vous recevoir mais il vous propose le poste d'assistant metteur en scène pour la nouvelle pièce qu'il va monter. Avec un salaire de vingt-cinq dollars par semaine. Si cela vous convient, évidemment.

Comment vingt-cinq dollars par semaine pourraient-ils ne pas convenir à Guthrie ? Avec ça, il est sauvé. D'autant que, pour travailler avec le grand Winthrop Ames, il aurait renoncé à tout salaire s'il avait fallu. Le seul problème c'est qu'en acceptant cet emploi, Guthrie va se retrouver sous les ordres de M. Platt, dont il a renversé l'encrier quelques jours plus tôt.

Mais les dieux du théâtre veillent sur Guthrie : M. Platt a retrouvé son calme.

Quant à Winthrop Ames, il faudra attendre huit mois avant que Guthrie le rencontre enfin.

Et, à l'occasion de cette entrevue, Guthrie se voit proposer le poste d'assistant personnel du grand homme. Et la responsabilité d'une mise en scène. Quatorze mois après avoir renversé l'encrier, Guthrie s'assied derrière le bureau qu'il a lui-même taché d'encre. L'année suivante, on lui propose un contrat « à l'année » et non plus « à la pièce ». Dix ans plus tard, Guthrie se voit proposer un nouvel accord par Winthrop Ames :

— Il est temps que vous voliez de vos propres ailes. Si vous voulez, je peux vous aider financièrement à monter votre propre maison de production. À condition bien sûr qu'il y ait une pièce que vous ayez envie de monter personnellement.

— Oui, je suis tenté. J'aimerais monter *La Route de Douvres*.

Et *La Route de Douvres* devient le premier brillant succès de Guthrie. Le guéridon avait donc bien eu raison de l'inciter à expédier la lettre écrite dans un moment de rage et de fustration. Mais l'histoire ne s'arrête pas là.

Guthrie, occupé par sa toute nouvelle carrière, continuellement en voyage, n'oublie pas Mme Famann, la propriétaire médium. Il lui rend parfois visite, lui fait parvenir des places de théâtre.

Un jour, la presse annonce son nouveau projet : monter *Jézabel* avec, en vedette, la grande, l'irréristible Tallulah Bankhead. Mme Famann se manifeste par une petite lettre : « Renoncez à *Jézabel* ! Miss Bankhead ne jouera jamais votre pièce. »

Guthrie se dit : « Elle est bien gentille, Mme Famann, mais là elle exagère un peu. »

Deux jours plus tard, Tallulah Bankhead tombe malade. Impossible pour elle de jouer le rôle principal de *Jézabel.* Guthrie ne veut pas renoncer. Aussitôt, il engage une autre grande vedette de Broadway, Myriam Hopkins. C'est le « four » le plus noir de sa toute jeune carrière... Mme Famann avait raison. Quand Guthrie veut la contacter pour la remercier, elle est introuvable : elle est partie sans laisser d'adresse.

Mais Guthrie a du talent. Un échec peut l'abattre. Cela ne suffit pas à briser sa carrière. Il continue à monter des spectacles, à connaître des succès. Il épouse Kitty, une grande comédienne qui triomphe à Broadway. Le couple est heureux. Un jour, on apporte une nouvelle pièce à Guthrie : *Les Barrett de Wimpole Street.* Cette pièce, tirée du roman de l'Anglais Rudolf Bezier, a été proposée à vingt-sept producteurs. Qui l'ont tous refusée comme un seul homme. Kitty lit *Les Barrett* et trouve cela excellent :

— Tu devrais monter cette pièce. Et je pourrais jouer le rôle principal.

Le projet prend corps. Non sans difficultés. Kitty n'est pas tout à fait le personnage, mais elle est séduite par l'idée de travailler dans la même production que son époux. Cependant les choses tournent mal. Les répétitions sont l'occasion de nombreuses frictions entre les comédiens principaux. Guthrie tombe malade et doit rester huit jours au lit. Quand il réapparaît au théâtre, Kitty est découragée :

— Je renonce, chéri ! Trouve quelqu'un d'autre.

Guthrie est lui aussi à bout de nerfs :

– Kitty, si tu abandonnes, tout tombe à l'eau. Ce sont nos deux noms sur la même affiche qui attireront le public.

C'est à ce moment que la secrétaire de Guthrie intervient :

– Monsieur, une dame vous demande au téléphone. Elle dit qu'elle est une amie et que c'est très important.

– Une amie ? Quelle amie ? Elle tombe bien, celle-là ! Qu'est-ce qu'elle me veut ?

Au bout du fil, la voix féminine lui dit, sans même avoir la politesse de se présenter :

– Guthrie, le projet que vous avez en cours est très important. Ne lâchez pas. Ce sera le plus grand succès de votre carrière !

– Madame Famann. Mais comment avez-vous eu mon numéro personnel ?

Elle a raccroché. Guthrie reste un moment songeur au téléphone. Et il lance :

– Allez, au travail. On est dans *Les Barrett*. On va jouer *Les Barrett*.

Les Barrett de Wimpole Street sont donc montés, avec Kitty dans le rôle principal. Et c'est un énorme succès. La troupe, après Broadway, parcourt les États-Unis dans tous les sens. Puis, pendant la seconde guerre mondiale, *Les Barrett* sont joués en France, en Italie, en Hollande pour les troupes américaines. La tournée, prévue pour huit semaines, se prolonge huit mois. Guthrie Mc Clintic connaît le plus grand triomphe de sa carrière avec Kitty son épouse, plus connue sous le nom de Katharine Cornell, l'équivalent américain de notre grande Edwige Feuillère.

Mais Mme Famann ne s'est plus jamais manifestée...

Le stylo

En ce jour ensoleillé de juin 1996, Christiane se sent d'humeur pour des grands changements de printemps. Elle profite du calme du dimanche pour faire des projets. Sylvestre, son compagnon, est plongé dans la lecture de la presse sportive. Christiane feuillette le catalogue d'une grande maison de meubles :

— Dis donc, Sylvestre, et si on s'offrait un canapé en cuir? Ça fait des années que j'en ai envie. Tu as vu le catalogue de « Meublarama », ils font des promotions tout à fait intéressantes. Cuir de vachette, pleine peau. Il y en a un vert qui ferait très bien dans le salon.

Sylvestre n'écoute pas vraiment. Il est passionné par un article sur les changements prévus dans l'équipe de l'Olympique de Marseille. Ça, c'est de l'information. Les histoires de canapé... Christiane attrape un stylo qui est là, tout près dans un pot de Vallauris. Elle saisit un bloc de papier quadrillé et commence à aligner les chiffres...

— Bon : 15 790 francs pour le canapé. Deux fauteuils à 3 980 francs pièce, ça ferait...

Christiane a commencé ses additions. Elle refait les calculs :

— Et si on ne prenait qu'un fauteuil au lieu de deux...

Matinée tranquille comme tant d'autres. Sylvestre est loin, parti avec l'OM.

— Sylvestre! Sylvestre! Viens voir ce qui arrive!

Sylvestre ne lève même pas l'œil de son journal :

– Oui, qu'est-ce qui arrive?

– Le stylo de papa. Il écrit!

– Oui, le stylo de ton père écrit. Et alors? Un stylo c'est fait pour écrire...

– Non, mais il écrit... tout seul.

– Il écrit tout seul? Tu te sens bien, Cricri?

– Mais oui, viens vite, regarde. Le stylo de papa, c'est lui qui guide ma main... Regarde, il écrit des mots tout seul sur la page.

Pour le coup, Sylvestre abandonne le destin de l'OM. Il regarde, interloqué, en direction de la jeune femme :

– Tu n'as pas pris un coup de soleil sur la carafe ce matin, en faisant les courses? Tu m'as l'air bien rouge tout d'un coup...

Mais Christiane, Cricri pour les intimes, ne dit plus rien. Elle est là, devant la table, et elle continue d'écrire, fascinée. Sylvestre se lève, poussé par la curiosité. Il vient à côté de Christiane. Et il regarde par-dessus l'épaule de la jeune femme :

– Qu'est-ce que tu écris?

– Mais je n'écris pas, c'est le stylo qui écrit. C'est lui qui pousse ma main... C'est incroyable... Regarde ce qu'il dit : « Mes chers enfants, c'est moi, c'est papa... »

Sylvestre connaît le caractère enjoué de Christiane. Il se refuse à croire à ce qu'elle dit :

– Hé, tu me blagues, Cricri! C'est toi qui me fais une blague...

Mais Christiane cramponnée au stylo continue d'écrire :

– ... n'ayez pas peur. Je suis bien. Je vous protège...

La main de Christiane continue de courir sur le papier en suivant les lignes du quadrillage. Sylvestre remarque :

– C'est marrant. On dirait bien l'écriture de ton père...

En définitive, au bout d'une demi-heure de cet exercice, Christiane, un peu pâle, interrompt la séance. Le stylo l'a conduite jusqu'au bas de la page quadrillée :

– Il s'est arrêté. Je ne sens plus rien. Ça ne marche plus...

– Normal. Regarde, il a dit au revoir.

En effet, le texte tracé par le stylo se termine par « Au revoir, mes enfants ».

Christiane est un peu essoufflée :

— Je ne me sens pas bien dans mon assiette. C'est fou. Je t'assure que le stylo bougeait tout seul. Chéri, je boirais bien un petit pastis pour me remettre...

Sylvestre lui aussi sent le besoin d'un remontant :

— Tu me jures que tu ne me montes pas un bateau. Que c'est bien le stylo qui a conduit ta main... C'est fou, ça...

— Oui, je suis toute retournée. Tu te rends compte : le stylo de papa. Je crois que c'est maman qui lui avait offert pour ses soixante ans...

— Ben, ça alors. Ça m'en bouche un coin. C'est vraiment bizarre.

Quelques jours plus tard, Christiane n'y tient plus :

— J'ai envie d'essayer encore...

— D'essayer quoi ?

— J'ai envie d'essayer d'écrire avec le stylo de papa. Qu'est-ce que tu en penses ? On ne sait jamais, il a peut-être encore des choses à nous dire...

Christiane s'installe sur la table de la salle à manger. Elle met une nouvelle cartouche d'encre dans le stylo. Elle saisit le bloc-notes. Elle n'a pas encore osé en détacher le « message » qu'elle a reçu la dernière fois.

— Tu crois que je dois commencer à écrire quelque chose, Sylvestre ?

Sylvestre n'a pas d'idée sur la question. Christiane met le stylo en position pour écrire. Elle se contente d'inscrire un point d'encre en haut de la nouvelle page encore vierge. Rien ne se passe... Alors, elle se lance dans une sorte d'invocation à haute voix :

— Papa, mon papa chéri. Si tu m'entends, si tu veux communiquer, je suis prête, tu peux y aller. As-tu quelque chose à dire ?

Un long moment passe. Sylvestre s'est installé sur une chaise à côté de sa compagne. Il fixe désespérément la main un peu crispée de la jeune femme et le point d'encre qui grossit un peu en haut de la page.

— Ça bouge ! Je le sens ! Regarde, je sens le stylo qui me pousse la main...

Sylvestre ne parvient pas à croire vraiment ce qu'il voit. Le stylo, ou Christiane, commence à écrire, doucement, comme s'il rassemblait son énergie :

« Mes chers enfants, tout va bien. Je viendrai souvent pour vous parler. Conservez ces écrits. Ils vous porteront bonheur... »

Au bout d'une demi-heure, la page une fois remplie, le stylo se refuse à en écrire davantage. Ça semble être son « calibre » : une page et une demi-heure.

Cette fois, Christiane subit le contrecoup de cette séance d'« écriture ». Elle a un malaise et Sylvestre doit lui mettre un tampon d'eau de toilette sous le nez. Quand elle revient à elle, elle dit, d'une voix un peu faible :

— J'ai comme une crampe dans le bras...

— Eh bien, tu m'as fait peur. J'ai cru que tu allais encore avoir une crise de spasmophilie...

Rien de grave, mais ces communications perturbent considérablement Christiane et Sylvestre. Ils ne sont pas habitués aux phénomènes médiumniques et ils commencent à avoir un peu peur. Et si tout ça, c'était des diableries... Sylvestre dit :

— On ne peut pas garder ça pour nous. Il faut qu'on se renseigne... Je vais aller en parler à qui ? Tiens, je vais aller en parler... aux gendarmes !

Drôle d'idée ! Pourtant, cela fait avancer le problème, si problème il y a. À la brigade de gendarmerie, un adjudant, mis au courant, prend les choses avec bonhomie et philosophie :

— Ah oui ! J'ai déjà entendu parler de trucs comme ça. Vous savez, nous ici, on en voit de toutes les couleurs. Même dans le domaine du spiritisme et de la parapsychologie... Ce que vous me racontez là, ça s'appelle de l'« écriture automatique ». C'est plus courant que vous ne le pensez. Ça voudrait dire que votre femme est « médium ». Rien de grave en principe. Mais c'est à manipuler avec précaution, comme la dynamite !

L'adjudant a raison. Pas de doute, depuis qu'elle communique avec son défunt papa, Christiane semble avoir acquis une sensibilité à fleur de peau. Elle croit avoir des intuitions, des prémonitions. Et, surtout, elle est devenue complètement « accro » du vieux stylo de son père. Sylvestre, qui est un bon garçon, ne voit pas d'inconvénient à ces séances presque quotidiennes d'« écriture automatique », mais enfin, il ne faut pas exagérer...

Jour après jour, les feuillets s'accumulent, remplis régulièrement des communications de l'au-delà... Sylvestre, qui est décidément un homme organisé, suit le phénomène de près. Un jour, il propose :

— Et si on allait voir un psychiatre ? On ne sait jamais. Il pourrait peut-être t'aider... Tu te rends compte : si ton père décidait d'écrire pendant des années, ça pourrait te taper sur le ciboulot !

Christiane accepte la rencontre avec le psychiatre. Sylvestre est présent. Le couple expose tous les détails de son expérience insolite. Le psychiatre, un homme charmant, les encourage :

— Je ne saurais trop vous recommander de revenir me voir très régulièrement. Cela vous aidera à mieux intégrer ce phénomène. Faites-moi confiance, je vais vous aider...

— Merci beaucoup, docteur. On vous doit combien ?

— Deux cent cinquante francs.

À quatre séances par mois, cela fait mille francs qui s'en vont. Les lettres du cher papa reviennent un peu cher. Même s'il n'y a pas de « port dû » à payer.

Christiane et Sylvestre se montrent très discrets vis-à-vis de leur entourage. Pas question d'aller raconter les communications de papa à n'importe qui. Pour qu'on les traite de fadas dans tout le quartier ! Et puis, on ne sait jamais, les voisins qui y croiraient pourraient les envahir pour poser des questions personnelles à « ce cher papa ».

Au bout de quelques semaines, pourtant, un changement se fait dans les messages qui parviennent de l'au-delà. Le stylo change d'écriture, comme si le correspondant qui vient de l'éther changeait de personnalité.

Et les messages changent aussi : on dirait que « papa » a cédé la place à d'autres esprits, des entités qui profitent de la médiumnité toute fraîche de Christiane pour communiquer. À présent, les messages sont signés de noms prestigieux. Apparemment, ces nouveaux venus savent qu'ils étaient appréciés de Christiane et Sylvestre. Les messages sont signés de Mike Brant, de Claude François. De quoi faire pâlir de jalousie des milliers de fans. Mais Christiane et Sylvestre ne veulent pas publier ces messages. Ils feront une seule exception et contacteront le fils d'un grand acteur disparu. Celui-ci, qui les reçoit, reste songeur. Il dit :

— Pour l'instant, je vous demande de ne pas révéler l'identité de celui qui dit être mon père !

La vie de Christiane et de Sylvestre a changé, grâce à ces messages de l'au-delà : Christiane n'a plus aucune crise de spasmophilie. Et d'un ! Et, après dix ans de concubinage, sur les conseils de « papa », ils se sont décidés à passer devant M. le maire. Et de deux !

Désordre dans la pharmacie

M. Sainte-Croix, l'apothicaire de Châteaunoir, est occupé dans son laboratoire. C'est l'heure où il prépare les poudres « magistrales » commandées par ses clients. Comme la pharmacie est ancienne et comme nous sommes en décembre 1929, le poêle ronronne doucement. Soudain, un fracas détourne l'attention de M. Sainte-Croix.

— Tiens voilà le tuyau du poêle qui fiche le camp ! C'est bien le moment. Juste quand je suis dans les préparations !

M. Sainte-Croix, délaissant un instant ses dosages, saisit le tuyau de tôle qui a roulé sur le sol de tommettes anciennes et le remet en place... Puis il retourne à ses balances de précision.

Dans les dix minutes qui suivent, un nouveau fracas le fait se retourner. Le même morceau de tuyau du poêle est encore tombé à terre :

— Mais qu'est-ce qui lui arrive, à celui-là ? Ça fait vingt ans qu'il est en place et le voilà qui se met à jouer les filles de l'air !

M. Sainte-Croix, pour la seconde fois, replace l'élément de tuyau.

Cinq minutes plus tard, le même élément, pourtant solidement enclenché dans deux autres, retombe au sol. Du coup, M. Sainte-Croix, agacé, prend l'élément rebelle et le pose sur un meuble tout proche. Puis il reprend ses occupations. En tout cas, il essaie car, une fois sur le meuble, le tuyau, Dieu sait comment, retombe une nouvelle fois. M. Sainte-Croix, avec un petit « ah ! » agacé, le remet sur le meuble. Mais non, décidément, pour une raison mystérieuse, le tuyau ne veut pas tenir en place. Ni au-dessus du poêle où il résidait depuis si longtemps, ni sur le meuble pourtant parfaitement plan.

Gertrude, la jeune bonne de M. Sainte-Croix, arrive et demande à son patron à quelle heure il désire que le dîner soit servi :

— Comme je vois que vous êtes lancé dans vos préparations, si jamais c'est un peu long... nous sommes mardi, j'ai fait des endives au gratin !

— À huit heures, comme d'habitude. Merci, Gertrude !

Gertrude sort du laboratoire. En sortant elle claque la porte, une habitude que M. Sainte-Croix n'est jamais parvenu à lui faire abandonner :

— Gertrude, ne claquez pas les portes comme ça. Je vous l'ai dit cent fois !

Ce soir, c'est le bouquet. Gertrude n'y est pas allée de main-morte. Toute une série de boîtes de pastilles se retrouvent par terre. À côté du tuyau du poêle qui semblait n'attendre que ça. M. Sainte-Croix, de plus en plus énervé, interrompt ses dosages pour remettre tout en place, les boîtes et le tuyau. Il n'est pas au bout de ses peines : avant que ne sonnent à l'horloge les huit coups qui annoncent le dîner, les mêmes boîtes de médicament vont encore sauter à terre. Littéralement. Et toujours en compagnie du tuyau de poêle.

Nous ne sommes pas à l'époque où de gros camions ébranlent les maisons en passant sur les routes toutes proches. M. Sainte-Croix n'envisage même pas qu'un léger séisme puisse ébranler sa pharmacie : ce n'est pas le genre de la région. Alors, il remet tout en place une dernière fois et il n'y pense pas davantage. Jusqu'au jeudi, deux jours plus tard.

— Ah ben, ça alors, c'est un peu fort !

Alors qu'il est dans son laboratoire, deux bocaux à pharmacie (deux bocaux anciens ornés de titres latins en lettres dorées) tombent sur le carrelage et se brisent. Gertrude, appelée à la res-cousse, vient balayer les morceaux et en profite pour dire, un peu acide :

— Monsieur ne pourra pas dire que c'est moi qui ai claqué les portes. J'étais partie au marché !

Le lendemain vendredi, ce sont six nouveaux bocaux qui se fracassent au sol. Heureusement, ils étaient vides. Mais quand même, c'est incompréhensible !

— Est-ce que c'est la maison qui se met de guingois ? Ça, c'est plus fort que de jouer au bouchon !

M. Sainte-Croix remet en place les bocaux qui restent. De temps en temps, il jette vers eux un regard soupçonneux. L'un d'entre eux, le plus gros, est au fond d'une sorte de niche assez profonde.

— Mais je rêve ou quoi ? Qu'est-ce qui se passe ?

Le gros bocal, il n'y a pas de doute, s'est avancé hors de sa niche, jusqu'au bord du meuble. Il est déjà en équilibre instable, à moitié dans le vide. Le pharmacien n'a que le temps de l'attraper au vol : déjà, il s'apprêtait à tomber sur le carrelage.

Le mardi suivant, les bocaux « dégringoleurs » semblent pris de folie. Ils se mettent à tomber à tout moment. Même un bocal pesant plus de deux kilos et contenant, entre autres, des boules de camphre. Plus fort encore : sous les yeux incrédules de M. Sainte-Croix et de Gertrude, un bocal tombe à terre mais, avant de se fracasser, il décrit une sorte d'arc de cercle autour du meuble et va toucher le sol à plus d'un mètre de l'endroit où il aurait dû aboutir. À présent ce sont différents récipients posés à même le sol qui semblent pris de la danse de Saint-Guy. Ils sautent littéralement en l'air avant de retomber, brisés en mille morceaux. Gertrude, claquant des dents et multipliant les signes de croix, déclare :

— Monsieur m'excusera mais je ne comprends rien à toutes ces diableries. Je ne veux plus entrer dans le laboratoire. Si j'étais monsieur j'irais demander au curé de venir jeter un peu d'eau bénite sur la pharmacie !

M. Sainte-Croix, en bon pharmacien libre penseur, se ferait couper les moustaches plutôt que d'aller demander l'aide du curé !

À partir de cette date, les bocaux, les fioles, les flacons de la pharmacie Sainte-Croix semblent pétillants d'initiative.

M. Sainte-Croix remarque néanmoins qu'ils ont l'air particulièrement intéressés par la présence de Gertrude. Dorénavant, non contents de tomber à terre, ils tentent des sorties vers la boutique de l'apothicaire. Quand la porte qui donne sur le laboratoire est fermée, toute une foule de pots et de bocaux viennent se fracasser sur le lourd panneau de chêne.

M. Sainte-Croix remarque autre chose :

— Mais c'est invraisemblable ! Le bocal de boules de camphre que j'ai mis ce matin sur l'étagère se retrouve à présent en haut de la bibliothèque... ! Et le mortier, comment a-t-il fait pour se renverser ?

Le lourd mortier de marbre et son pilon doivent peser plus de vingt kilos. À présent ils sont de travers. Le pharmacien a du mal à les remettre debout.

Au village, on commence à jaser :

— Les gens disent que la bonne, Gertrude Hamelin, a été envoûtée. Ils disent même que l'envoûteuse serait une autre jeune femme de la commune. Une certaine Annie Bourgnon, âgée de vingt ans. On l'aurait trouvée en train de lire des livres de magie.

Telle est la rumeur publique. Qui monte, qui enfle, qui rebondit de maison en maison. Annie Bourgnon, désignée par la voix du peuple comme une sorcière redoutable, voit sa vie empoisonnée. Elle décide de porter plainte pour « diffamation ». M. Sainte-Croix, à défaut de curé, reçoit la visite des gendarmes. Et ceux-ci, tout d'abord un peu étonnés, consignent scrupuleusement les faits. Ils interrogent aussi Gertrude qui confirme les dires de son patron. Comme les flacons sauteurs ne se gênent plus, même en présence de témoins, clients ou parents de M. Sainte-Croix, ceux-ci peuvent aussi apporter leur témoignage :

— L'autre jour, nous étions assis dans la salle à manger. Un litre est arrivé à toute vitesse. Eh bien, vous le croirez si vous le voulez : il y avait un sac de cinq kilos de lactina sur son passage. Nous avons vu le sac se soulever juste à temps pour laisser passer le litre qui est venu se briser devant moi. Puis le sac de lactina est redescendu, doucement, comme si une main invisible le déposait délicatement sur le sol. Il y a de quoi devenir fou !

Mis en appétit par des prouesses chaque jour plus étonnantes, ce ne sont plus simplement les ustensiles de la pharmacie qui se lancent dans une sarabande effrénée : les meubles s'en mêlent, particulièrement les chaises qui semblent apprécier les sauts en l'air et les promenades au niveau du plafond.

Les témoins précisent avec un bel ensemble qu'ils ont vu, de leurs yeux vu, les portes des placards, « fermées au loquet », s'ouvrir comme mues par des mains invisibles. Une fois les placards ouverts, les fioles, les entonnoirs de verre, les cornues les plus rares se sont « envolés » pour aller se fracasser. Et toujours en direction de la jeune Gertrude ou du moins en direction de la pièce où elle se trouvait au même moment. Les tiroirs du buffet de la salle à manger, remplis d'argenterie, sortent du meuble et se renversent sur le sol.

Après les meubles, ce sont les vêtements qui se lancent dans la sarabande infernale : les chapeaux volent, les manteaux quittent les patères pour aller se poser sur les meubles. Mais tous ces objets paraissent d'autant plus en train que la bonne, la petite Gertrude, est à proximité. Alors, M. Sainte-Croix décide d'éloigner son employée :

— Vous allez partir quelque temps chez ma mère. Histoire de voir si, en votre absence, les choses se calment un peu !

Effectivement, une fois la petite Gertrude exilée chez Mme Sainte-Croix mère, la pharmacie retrouve son calme.

Pendant ce temps, MM. les gendarmes, qui sont venus pour interroger, constater et consigner, continuent leur travail. Il doit exister une explication logique et rationnelle à tout cela. Ne serait-ce qu'un mauvais plaisantin. Si c'est le cas, il faudrait, tout en admirant le talent du farceur — et en en profitant pour apprendre les merveilleux secrets de ses tours de magie —, l'inculper, peut-être, d' « outrage à agent de la force publique ». Pourtant, même chez les pandores, une certaine inquiétude persiste. Le brigadier n'hésite pas à dire :

— Moi, je me méfie. Nous sommes en plein pays de rebouteux, de sorciers et de jeteurs de sort. Ça n'est pas la première fois qu'on raconte des histoires d'objets qui se déplacent tout seuls.

Il n'y a que le capitaine, qui vient de Paris, à faire une moue de scepticisme.

Quand, au bout de trois mois, le pharmacien Sainte-Croix demande à Gertrude, à contrecœur, si elle veut reprendre du service à la pharmacie, elle lui répond par la négative.

— En définitive, Mme votre mère se trouve bien de mes services et elle me propose de demeurer chez elle, loin du village. Je crois que j'aurais trop peur de revenir chez vous si les bocaux recommencent à sauter partout.

M. Sainte-Croix découvre une autre domestique, d'âge canonique. Celle-ci ne déchaîne aucune force infernale, et Anne Bourgnon, soupçonnée de pratiques diaboliques, retrouve sa réputation. On finit par classer l'affaire. Il ne reste plus qu'à faire l'inventaire de tous les bocaux, fioles, litres qui ont été détruits dans la pharmacie et à les remplacer, ce qui coûte à M. Sainte-Croix une véritable petite fortune...

Visites

Gilbert Chassignon est un ouvrier des plus modestes. Mais Rosine est heureuse avec lui. Ils ont quatre enfants, trois filles et un garçon, et elle doit parfois faire des prodiges pour arriver à équilibrer son budget. Or des miracles, si l'on peut dire, elle va montrer qu'elle est capable d'en faire.

— Mais qu'est-ce qu'il peut bien fabriquer? Voilà au moins une heure et demie qu'il devrait être là?

Gilbert revient de l'usine sur son vélo. Et, bien sûr, les Chassignon n'ont pas le téléphone. À l'époque, juste avant la guerre, cela n'a rien d'étonnant. Alors, en cas de problème, impossible de prévenir. À moins qu'un voisin rencontré par hasard ne puisse faire la commission...

Rosine se dit :

« Peut-être bien qu'il a crevé. Évidemment, le temps de réparer. À condition de trouver ce qu'il faut. Ou bien, s'il n'a pas pu réparer, le temps de revenir à pied... Dix kilomètres, ça fait pratiquement deux heures de marche. Avec ce temps de cochon, sous la pluie... Pourvu qu'il n'aille pas prendre froid! »

Un quart d'heure plus tard, Rosine se remet à agiter des pensées sinistres :

« Et s'il avait eu un accident? Si une voiture l'avait renversé? Comme Raoul Gibault, l'année dernière. S'il était blessé? S'il était tombé dans le fossé? À moins qu'il n'ait fait une crise, comme ça lui est déjà arrivé? »

Rosine irait bien demander à Évelyne, son aînée, de prendre

sa bicyclette et d'aller jusqu'à l'usine, à la rencontre de son père. Mais elle ne peut s'y résoudre. Déjà qu'elle est à moitié morte d'angoisse pour Gilbert. Si Évelyne s'absente elle aussi, ça sera pire...

Rosine se sent mal, soudain. Comme une gigantesque poussée de migraine. Elle a juste le temps de murmurer :

— Ah ben, qu'est-ce qui m'arrive ?

Et elle s'écroule. Heureusement, avant de perdre conscience, elle a eu le réflexe de se laisser tomber dans l'unique fauteuil de la maison, celui de Gilbert. Les trois filles et le gamin regardent leur mère, sans savoir que faire. Évelyne va jusqu'à l'évier pour mouiller un gant de toilette et elle commence à tamponner le front de sa mère :

— Maman, qu'est-ce que tu as ? Réponds-moi !

Rosine respire d'une manière bizarre, en gémissant un peu. Comme si elle était en train de se noyer. Au bout d'un quart d'heure, elle ouvre les yeux et regarde autour d'elle comme si elle sortait d'un rêve :

— Papa va rentrer. Je l'ai vu. Tout va bien. Il va arriver dans quelques minutes.

Les filles ne comprennent pas vraiment ce que cela veut dire. Cinq minutes plus tard, tout le monde entend la clef tourner dans la serrure de la porte d'entrée. Gilbert Chassignon entre, trempé de pluie :

— Excuse-moi, la mère. Nous avons eu un pépin à l'usine. Une courroie de transmission qui a claqué. Il a fallu réparer pour que l'équipe de nuit puisse prendre la suite...

Rosine répond :

— Oui, je sais, j'y suis allée. Même que Lonbillard est tombé assis par terre dans une flaque d'huile...

Gilbert ne comprend pas :

— Mais comment tu sais ça, toi ?

— Je ne sais pas. J'ai perdu connaissance et je me suis mise à rêver. C'est comme si j'étais allée à l'usine. J'ai tout vu !

Gilbert reste silencieux. Il ne sait ce qu'il faut penser de cette histoire. D'autant plus que, dans les jours qui suivent, Rosine s'évanouit à nouveau. Et, à chaque fois, elle revient à elle pour annoncer qu'elle est allée quelque part, dans un lieu éloigné et qu'elle a assisté à une scène inattendue. Et, à chaque fois, vérification faite, il s'avère que Rosine a bien « vu » ce qui s'était passé loin de chez elle. Parfois à plus de cent cinquante kilomètres. Gilbert intervient :

— On va aller voir le docteur Marolle. Lui saura peut-être ce qui t'arrive. J'aimerais pas trop que tu deviennes folle, la mère.

Le docteur Marolle examine Rosine. Il lui pose de multiples questions, sur elle, sur son enfance, sur sa famille, sur ses croyances religieuses. Puis il dit :

— Il semblerait que votre épouse, mon bon Chassignon, soit dotée de pouvoirs psychiques hors du commun. C'est un don du ciel, semble-t-il.

— Des pouvoirs comment ?

— Des pouvoirs psychiques. Son esprit parvient à accomplir des choses que, normalement, nous sommes incapables de réaliser. D'ailleurs, nous allons faire un petit essai. Ma chère Rosine, asseyez-vous le dos à la fenêtre. Et maintenant, essayez de me décrire les gens qui passent dans la rue.

Rosine s'exécute. Elle se concentre et fronce les sourcils :

— Je vois une dame avec un chapeau vert et un parapluie. Elle donne le bras à un militaire. Et je vois deux bonnes sœurs. Il y a un marchand de tapis qui porte un tapis rouge sur l'épaule gauche... Voilà un grand chien noir et derrière lui un plus petit, tout blanc.

Gilbert Chassignon, qui regarde par la fenêtre à côté du médecin, est bien forcé d'admettre que tout cela est parfaitement exact. À partir de ce jour, le docteur Marolle s'intéresse passionnément (et gratuitement) à Rosine.

— C'est curieux. J'ai tenu le compte rendu exact de toutes les expériences de « bilocation » de Rosine — c'est ainsi qu'on nomme le pouvoir de se trouver dans deux endroits en même temps. De toute évidence, avec le temps, elle parvient à se transporter par l'esprit de plus en plus loin. Rendez-vous compte, la semaine dernière, elle s'est retrouvée au Canada.

— Oui, mais elle m'a dit qu'elle était très fatiguée en rentrant. Elle préfère nettement rester de ce côté de l'océan.

Désormais, la vie des Chassignon est complètement bouleversée. Tous les jours, le facteur dépose chez eux un très nombreux courrier. Évelyne aide sa mère à le dépouiller mais il a
fallu mobiliser deux ou trois personnes du quartier pour aider à
répondre aux lettres. Et tout ça coûte cher. Il faut payer le
papier, les enveloppes, l'encre et surtout les timbres... Heureusement que quelques dames aisées de la commune pour-
voient à ces frais. Car Rosine ne veut rien demander en paiement de ses services :

— On ne vend pas un don de Dieu.

Aujourd'hui, Rosine a reçu une demande concernant un
homme qui habite dans le Midi et qui ne donne plus de ses
nouvelles depuis longtemps. On lui a remis un morceau de
papier avec le nom et l'adresse de cette personne. Rosine se
concentre. Puis elle entre en transe. À présent, elle n'a plus
besoin de s'écrouler dans le fauteuil. On la voit qui commence à
mimer son voyage. Comme si elle se rendait à pied à l'adresse
indiquée. Ses bras se balancent dans le vide comme ceux de
quelqu'un qui marche d'un bon pas. Les témoins qui se
pressent dans la salle à manger des Chassignon commentent :

— Regardez, elle s'arrête. On dirait qu'elle tire une sonnette.
Elle dit bonjour à quelqu'un. Regardez! Qu'est-ce qu'elle fait?
On dirait qu'elle ausculte quelqu'un. Comme le docteur
Marolle. Et là, qu'est-ce qui lui arrive? Elle marche un peu tor-
due. Avec la tête de travers.

La personne qui a demandé à Rosine de faire ce voyage
s'écrie :

— Ah oui, c'est bien lui. C'est tout à fait la manière de se
tenir de mon cousin Philipon. Regardez! Qu'est-ce qu'elle fait?
Elle conduit une voiture. Ah!

Rosine vient de porter ses mains à sa tête comme si elle était
sous le coup d'une terreur soudaine. À présent, elle se tient le
crâne, gémit... Puis elle sort de sa transe et se retrouve parmi les
siens. Elle dit :

— Votre cousin a eu un accident de voiture. Il a eu une frac-
ture du crâne mais il est sorti d'affaire. Il est à l'hôpital de Marseille. Ne craignez rien. Il va se rétablir.

À présent, presque tous les jours, sauf le dimanche, jour du Seigneur, Rosine effectue des « voyages » dans l'espace et revient donner des nouvelles fraîches. Parfois, ces nouvelles sont surprenantes mais positives :

— Votre neveu va guérir. Les médecins l'ont condamné mais ils se trompent. Il va mieux. Même si ce n'est pas encore évident.

L'avenir lui donne bientôt raison.

Devant ces prédictions incroyables, Rosine devient un « cas » qui intéresse les milieux médicaux. On ne peut rien lui reprocher. Elle n'exerce pas la médecine : elle se contente de voir. L'Église aussi s'intéresse à cette femme. On la convoque pour qu'elle puisse rencontrer un évêque assisté de trois prêtres qui se sont déplacés pour l'interroger. Rosine ne fait aucune difficulté pour leur répondre. Un des évêques demande :

— Pourriez-vous rendre visite, par l'esprit s'entend, au très Saint-Père ?

Rosine accepte de se transporter par l'esprit auprès du pape. À l'époque, il s'agit de Pie XII. Quand elle « revient », elle annonce :

— Le pape a des problèmes intestinaux. Il faut surveiller ça de près.

En définitive, les hommes d'Église l'autorisent à effectuer ses « voyages » étonnants. Elle ne fait de mal à personne et ne semble utiliser aucun procédé magique ni diabolique.

Mais, à force de voyager par l'esprit, Rosine est amenée à quitter réellement sa province pour se rendre à Paris. Elle est invitée par un général fort connu qui lui offre de l'héberger pendant quelques jours chez lui, avenue de Latour-Maubourg, en échange de quelques « voyages » concernant des personnes qui l'intéressent. Durant ce séjour parisien, Rosine reçoit une proposition « professionnelle ». Une grande clinique privée du XVIe arrondissement lui propose de devenir « consultante » pour les clients de la clinique. Le salaire qu'on lui offre est tel que Rosine n'a jamais rêvé d'autant d'argent. Elle hésite un peu :

« Avec tout cet argent, Gilbert pourrait s'arrêter de travailler. Mais il faudrait que toute la famille vienne s'installer à Paris. Et ça me fait peur. Évelyne, Pauline, Fernande et François... à Paris. Ils seraient déracinés. Et je ne suis pas certaine que ça soit bon pour eux. »

En définitive, Rosine retourne dans sa province. Et elle reprend ses « voyages » pour ceux qui en ont besoin. Avec les années, elle préfère quand même de plus en plus les « courtes distances ». On lui dit que les personnes qu'elle visite éprouvent souvent, au moment où elle est près d'eux, un sentiment de gêne suivi d'une sensation de soulagement.

Sauf Mme Letilleux. Rosine est revenue de sa « visite » très rapidement et dans un état d'agitation bien compréhensible. Mme Letilleux était déjà morte quand Rosine est arrivée près d'elle, dans le caveau de famille.

Le billet

— Micheline! Je te présente mon copain Franjié Vukovitch. Il a embarqué avec nous pour notre dernier voyage et on est devenus inséparables.

Micheline Formentier accueille le copain de son mari avec un sourire chaleureux :

— Les amis de mon mari sont mes amis. Vous êtes ici chez vous.

— Franjié est yougoslave, de Croatie. Tu verras, c'est un gars absolument étonnant!

— J'en suis certaine, mon chéri. Si tu l'invites à la maison, c'est qu'il s'agit de quelqu'un de bien.

— Merci beaucoup, chère madame. Et excusez-moi de vous envahir. Je voulais trouver une chambre à l'hôtel mais Emmanuel a insisté pour que je vienne loger chez vous pour nos quelques jours d'escale.

Emmanuel Formentier est ravi. Avec Micheline, il n'y a jamais aucun problème. Elle est toujours d'accord. Il faut dire qu'en quinze ans de mariage, ils ont eu le temps de se connaître.

L'ami d'Emmanuel est un homme de quarante-cinq ans, sportif, un peu grisonnant, souriant, le regard direct et l'œil bleu-vert. Une fois qu'ils se sont installés autour d'un verre, Micheline Formentier en apprend davantage. Emmanuel ne tarit pas d'éloges sur son nouveau collègue :

— Tu vois comme il parle bien le français. Eh bien, figure-toi que Franjié, qui n'est au départ qu'un fils de paysan, l'a appris tout seul. Et non seulement le français mais l'italien, l'allemand et l'espagnol. Pour l'espagnol, c'est plus facile ; il est divorcé et vit à Bilbao avec une Espagnole qui a l'air bien sympathique.

Franjié se révèle plus étonnant encore sur d'autres plans : il est passionné par la Renaissance française et pourrait donner des cours magistraux sur ce sujet. Plus fort encore, si l'on peut dire : à l'occasion d'une baignade Micheline découvre que le marin yougoslave possède trois tétons sur la poitrine et un orteil supplémentaire. En rougissant, Franjié explique :

— Il paraît que c'est un signe de primitivisme. Nous descendrions de lignées... préhistoriques. Autrefois, on nous aurait brûlés comme sorciers pour ce petit détail.

À la fin du séjour chez les Formentier, Franjié propose :

— Puisque cet été nous mettons sac à terre en même temps, pourquoi ne viendriez-vous pas chez moi, dans l'île de Rab, en Yougoslavie ? C'est un ravissant village dans le style vénitien. En août, ça vous irait ?

— Pourquoi pas ?

Et c'est ainsi que les Formentier arrivent dans l'île de Rab après un long voyage et un petit trajet en ferry. Franjié et sa sœur attendent le couple français à la descente du bateau. Franjié et Emmanuel se précipitent l'un vers l'autre pour une embrassade chaleureuse. Mais Micheline remarque quelque chose d'étrange dans l'attitude d'Emmanuel. Elle attend un moment pour lui demander discrètement :

— Qu'est-ce qui s'est passé ? Quand Franjié t'a ouvert les bras, je t'ai vu nettement reculer, pendant l'espace d'une seconde. Comme si tu avais eu peur ?

— Micheline, tu ne vas pas me croire. J'ai eu comme une vision, un flash. Quand Franjié s'est approché de moi, sa tête a disparu et... pendant deux secondes...

— Quoi, pendant deux secondes ?

— Pendant deux secondes, c'est la Mort qui me parlait. Sa tête a disparu et c'est une tête de mort qui m'a embrassé.

— Mon pauvre chéri. Tu n'aurais pas dû rester au soleil sur le bateau. Tu es certain de ne pas me faire une insolation?

— C'était horrible, Micheline. Tu sais, je n'aime pas ça. C'est comme si Franjié allait bientôt mourir.

Le reste du séjour se passe le mieux du monde. La plage, le petit marché, les cafés à musique le soir. Les Formentier rentrent à Paris en disant :

— Pour la prochaine escale c'est vous qui venez chez nous...

Au mois de décembre, Emmanuel Formentier reçoit une lettre de son ami yougoslave. Il l'ouvre avec impatience mais son visage pâlit. Micheline demande :

— Qu'est-ce qu'il raconte, notre marin?

— Il dit qu'il est gravement malade et demande si nous pourrions l'héberger pour qu'il puisse consulter des spécialistes français.

— Gravement malade? Il te dit ce qu'il a?

Emmanuel hésite :

— Il dit qu'il a le sida!

— Le sida? Quelle horreur! Mais comment a-t-il pu attraper ça?

— Tu sais, il est divorcé. Et toute l'année à faire le tour du monde. L'Australie un jour, l'Afrique du Sud, les États-Unis, le Brésil... Va-t'en savoir. Le pauvre. Qu'est-ce qu'on lui dit?

— Tu lui envoies un télégramme et tu mets : ta chambre est prête.

Quelques jours plus tard, Franjié arrive de Bilbao. Les Formentier lui réservent un accueil chaleureux :

— Tu as une très bonne mine. Il faut t'accrocher. Je t'ai pris un rendez-vous avec le professeur Finkelkraus, pour la semaine prochaine... Tu vas voir, tu vas t'en sortir.

Franjié semble assez abattu :

— Non, ma vie est foutue. Je sais que je ne m'en sortirai pas. Depuis mon divorce, je ne pense qu'à mourir.

Franjié ouvre son portefeuille et en sort un billet de cinq cents francs :

— Tiens! Je veux absolument participer aux frais de mon séjour chez vous.

— Mais tu es fou ou quoi? Pas question d'argent entre nous...

Franjié insiste et Emmanuel range le billet en grommelant :

— À quoi ça sert, les amis? Ce n'est pas parce que tu vas manger la soupe avec nous...

Mais, dès le lendemain, Emmanuel demande à Micheline :

— Tu n'as pas vu où j'ai rangé le billet de cinq cents francs de Franjié? Impossible de le retrouver. Il me semble bien que je l'ai mis dans ma poche revolver. Il n'y est pas... Ce n'est pas pour la somme, mais c'est idiot. J'ai fouillé partout, même dans la corbeille à papiers.

Le billet demeure introuvable...

Franjié, quant à lui, ne va pas mieux. Au contraire. Au bout de quelques semaines, son état s'aggrave. Il souffre énormément. Il faut l'hospitaliser. Il s'est montré si sympathique que tous ceux qui ont fait sa connaissance se relaient pour lui rendre visite sur son lit de douleur. Jusqu'au jour où l'hôpital Lariboisière appelle :

— Madame Formentier? C'est pour vous dire que M. Vukovitch est décédé cette nuit.

Micheline ne peut retenir ses larmes. Emmanuel non plus.

— Et maintenant, qu'allons-nous faire?

— Nous allons téléphoner à sa sœur à Rab. La meilleure solution serait de le faire incinérer et de lui rapporter les cendres l'été prochain.

La sœur de Franjié, quand on lui annonce la nouvelle tragique et les projets d'incinération, répond négativement. Un ami yougoslave des Formentier sert d'interprète :

— Elle dit que Franjié, conscient de la gravité de son état, a bien précisé qu'il ne voulait pas être incinéré. Il veut être enterré à côté de son père, au milieu des Vukovitch, à Rab.

Les Formentier se mettent en rapport avec les Pompes funèbres. Qui leur disent :

— Nous nous chargeons de tout. Cela coûtera quinze mille francs.

— Bien, la famille Vukovitch va vous les envoyer.

Les formalités, très longues, durent trois mois. Ce n'est qu'alors qu'on procède enfin à la mise en bière et qu'on décide du vol qui doit transporter le cercueil vers Rijeka.

Pendant ces trois mois, Emmanuel a régulièrement examiné chaque recoin de la maison en disant :

— Je suis certain que le billet de cinq cents francs de Franjié est dans la maison. Mais où ? J'ai tout retourné. Il doit être quelque part... J'ai fouillé cent fois mon portefeuille... Tiens, d'ailleurs, il faut que je prenne de l'argent au distributeur automatique aujourd'hui.

Emmanuel prend cinq cents francs au distributeur : deux billets de deux cents et un billet de cent. Il les range soigneusement dans son portefeuille. Comme d'habitude.

Ce jour-là, pour le déjeuner, il a rendez-vous avec quelques collègues pour discuter de leur prochain engagement maritime. Tout se passe pour le mieux jusqu'au moment où Emmanuel lance :

— L'addition, il faut que je file.

À l'instant où le serveur apporte la « petite note », Emmanuel ouvre son portefeuille sans regarder, tout en continuant à discuter avec ses amis. Soudain, il sent une boule de papier chiffonné qui se trouve là, au milieu du portefeuille.

— Qu'est-ce que c'est que ça ?

« Ça », c'est un billet de cinq cents francs, roulé en boule.

— Mais d'où il sort, ce billet ? s'exclame Emmanuel. Il n'était pas là ce matin. Il n'était pas là tout à l'heure quand j'ai pris de l'argent au distributeur.

Soudain une idée fulgurante lui vient à l'esprit. Blanc comme un linge, il consulte sa montre :

— Quatorze heures quinze ! Non, ce n'est pas possible. Quatorze heures quinze ! Nous sommes mardi. Mon Dieu ! L'avion qui emporte le corps de Franjié est en train de décoller pour Rijeka ! C'est le billet qui avait disparu le jour où il est arrivé chez nous. Est-ce un signe ?

Emmanuel, vaincu par l'émotion, se met à pleurer silencieusement. Et pendant de longues minutes il est incapable d'expliquer à ses copains pourquoi le fait de payer l'addition avec un billet de cinq cents francs chiffonné provoque chez lui une telle émotion.

L'étrange visite

Arrivés à la cinquantaine, Jacques et Marie-Thérèse Verderet se disent qu'ils en ont un peu assez de la grande ville.

— Nous avons un peu d'argent de côté. Si on cherchait une maison au calme ?

— Oui, mais pas trop loin de Paris. Disons cent kilomètres au maximum.

Les Verderet hésitent entre la Normandie et la Picardie. L'ouest de Paris leur semble trop cher, l'Yonne trop isolée... Après des visites aux agences, aux notaires, on leur indique une « maison de village » dans une petite commune bien tranquille. Un grand portail de ferme, deux corps de bâtiment entourent une cour bien à l'abri de tous les regards. Un jardin descend en pente douce, des arbres fruitiers, un cèdre du Liban... l'ensemble est en bon état. C'est le coup de foudre.

— Nous pourrons installer la piscine au milieu de la cour. À l'abri des indiscrets et du vent.

— Il y a au moins dix pièces. Ce sera parfait si les copains viennent nous voir.

Et c'est ainsi que les Verderet signent l'acte d'achat de cette maison sans style précis. Le notaire leur signale que la partie la plus ancienne date au moins du XVIIIe siècle. Il existe deux caves, une sous chaque bâtiment.

En rentrant chez eux, les Verderet sont pris d'un doute :

— Le toit est en bon état, les cheminées fonctionnent mais il va falloir revoir pas mal de choses.

— Eh bien, mon chéri, ce sera l'occasion d'inviter toute la bande. On va voir s'ils aiment autant le bricolage qu'ils le prétendent...

Les Verderet, dans les mois qui suivent, vont découvrir que la maison leur réserve des surprises. Et des émotions dont le notaire était bien incapable de leur parler.

Pendant la belle saison, la maison devient, tous les week-ends, un centre d'activités et de travaux intenses. Les hommes gâchent le plâtre, posent les carrelages, martyrisent la plomberie. Les femmes s'affairent à la cuisine et prennent des décisions sans appel en ce qui concerne les massifs fleuris et le choix des doubles rideaux. Le soir, tout le monde se retrouve dans le salon meublé de bric et de broc :

— Jacques, tu devrais installer une télé. Ça serait bien de pouvoir regarder un programme le samedi soir.

— Oh, eh, doucement ! Avec tout ce que je dépense en matériel et tout ce que vous me coûtez en nourriture, je n'ai plus les moyens !

Toute la compagnie traite Jacques de radin et menace de faire la grève sur le tas. Mais il n'y a pas, la fatigue aidant, les soirées sans télé sont un peu languissantes. Jusqu'au jour où la maison se manifeste à l'attention de ses nouveaux propriétaires.

Un soir, Sylvie, une collègue de Marie-Thérèse, fait une proposition :

— Et si on faisait une séance de spiritisme ? Ça vous dirait ? Ce serait bien le diable s'il n'y avait pas un ou deux médiums parmi nous...

Un silence interloqué accueille cette information. Une ou deux personnes se récrient :

— Oh là là ! Moi, je ne me lance pas là-dedans. On ne sait pas ce qu'on remue.

D'autres ricanent :

— Tout ça, ce sont des âneries. Comme si les guéridons pouvaient parler. C'est du bidon. Il y a un truc.

Sylvie insiste :

— Nous sommes entre nous. C'est l'occasion de voir ce que ça donne. Par curiosité. Peut-être que rien ne se passera.

En définitive, les sceptiques et les curieux, ceux qui y croient et ceux qui ont un peu peur tombent d'accord pour essayer. Tout plutôt que de passer une soirée sans télévision. Sylvie propose :

— On va essayer de faire parler le verre. Il faut une table en bois bien lisse, un verre à pied assez léger. Et des petits cartons sur lesquels on inscrit toutes les lettres de l'alphabet.

— Et après ?

— Après, on retourne le verre au centre de la table, on dispose les cartons tout autour, deux ou trois volontaires posent délicatement un doigt sur le verre et on attend...

— On attend quoi ?

— Que le verre bouge. Il suffit de lui demander : « Esprit, es-tu là ? »

Dans un silence un peu angoissé, deux hommes et deux femmes posent un doigt méfiant sur le fond du verre. Sylvie les encourage :

— N'appuyez pas trop fort. Et quand vous sentirez que le verre commence à bouger, contentez-vous de garder le contact. Il faut quelqu'un avec un crayon et un papier pour noter les lettres que le verre désignera. Esprit, es-tu là ?

— Ça bouge ! Ça bouge.

— Chut ! Esprit, es-tu là ? Nous t'écoutons. Dis-nous qui tu es ?

Le verre, avec une énergie et une vitesse surprenantes, se dirige vers la lettre H. Sylvie commande :

— Note, Marie-Thérèse : H !

Après le H, le verre fait un joli arc de cercle et s'en va toucher le F. Sylvie commente :

— H et F, ce sont sans doute ses initiales.

Les médiums maintiennent leur doigt en contact avec le verre. Quelqu'un dit :

— C'est fou. On sent vraiment qu'il bouge tout seul !

Sylvie demande :

— Où es-tu ?

Le verre après un temps de réflexion se lance à nouveau vers les lettres :

– A.U.C.I.M.E.T.I.È.R.E.

La compagnie incrédule n'en croit pas ses yeux :

– Au cimetière ! Demandons-lui si on peut y aller !

Le verre répond, lettre par lettre :

– Je vous attends. Je suis Henriette Falloux.

La commune est un tout petit village. Le cimetière, auprès de l'église, ne contient que quelques tombes. Les plus courageux se lèvent :

– On y va. Prenez des lampes électriques.

Une jeune femme dit :

– J'emmène une rose. Au cas où on la trouverait vraiment.

Cinq minutes plus tard, tout le groupe, six hommes et cinq femmes, se retrouve à l'entrée du cimetière. Personne, bizarrement, n'a voulu rester à la maison. Tout le monde commence à examiner les tombes plus ou moins anciennes, plus ou moins entretenues. Certaines ont encore des fleurs fraîches...

– Ça y est. Elle est là !

Tout le groupe rejoint Léonard qui a découvert la tombe dans un coin du cimetière. Pas de doute ; sur le marbre, on peut lire : « Henriette Falloux, 1896-1944 ».

– Incroyable ! C'est le nom que le verre nous a indiqué. Elle est morte il y a trente-cinq ans.

– On pourrait dire une petite prière pour elle.

Une fois le « Notre-Père » récité un peu nerveusement, on n'oublie pas de poser la rose rouge sur la tombe. Et puis, il ne reste plus qu'à rentrer. La nuit paraît soudain bien fraîche pour la saison.

Une fois revenue au salon, la compagnie considère la table, le verre et les cartons :

– C'est quand même bizarre. Et si on recommençait, pour voir ?

L'enthousiasme est un peu refroidi. Mais, après tout, pourquoi pas ? On remet le verre en place. On change les « médiums » et on repart pour un tour. Sylvie dit :

– Henriette, es-tu là ?

103

Le verre, comme s'il n'attendait que ça, saute vers une première lettre :

– O.U.I. !

– Es-tu contente de notre visite ?

– Oui. Merci pour la rose !

La jeune femme qui a eu l'idée de la rose se met à pleurer doucement :

– Arrêtez ! Ça suffit !

Le verre, toujours maintenu au contact léger des doigts, semble pris de frénésie et le message arrive, rapide, lettre par lettre :

– Bonsoir. Allons nous coucher. À bientôt !

Puis il balaye d'un mouvement circulaire tous les cartons et les fait tomber sur le sol. C'est fini pour ce soir. Il ne parlera plus. Tout le monde va se coucher en espérant trouver le sommeil.

Mais les Verderet ne sont pas au bout de leurs contacts avec Henriette Falloux. Pris par le virus, ils renouvellent les séances de verre parleur. Marie-Thérèse insiste beaucoup pour que chaque séance soit précédée d'une petite prière en commun :

– Pour éviter les mauvais esprits !

Les voisines les plus âgées ont confirmé :

– Ah oui, on l'a bien connue, cette pauvre Mlle Falloux. Elle était infirme de naissance. Ses jambes étaient atrophiées. Elle est morte vers la fin de la guerre. Elle habitait bien chez vous.

Désormais, Henriette, à chaque fois qu'on l'appelle, répond avec une vivacité qui impressionne. Elle donne son avis, plus ou moins favorable, sur tout : les aménagements de sa maison, la couleur des papiers peints, la disposition du jardin. C'est au point que les Verderet n'osent plus envisager aucun changement sans « consulter » Henriette.

Et cela dure pendant dix ans. Pour les dix ans de leur installation, les Verderet donnent une grande fête :

– On va faire un bal costumé. Sur le thème des « Contes et légendes ».

Tous leurs amis sont là. Le Chat botté et Barbe-Bleue, Cendrillon et Riquet à la houppe, le Petit Poucet et la Belle au bois dormant, Blanche-Neige, son prince Charmant et la méchante reine. Un photographe professionnel fait un reportage. On tire un feu d'artifice. En développant les clichés, on découvre avec incrédulité un personnage que personne n'a vu. Pourtant pas d'erreur, là, au milieu des feux de Bengale, il y a quelqu'un que personne n'identifie. Quelqu'un que personne ne reconnaît : un Petit Chaperon rouge, avec son petit panier, qui tient aussi une grosse poupée. Et qui n'a pas de jambes. Comme Henriette Falloux.

Après cette apparition, elle ne se manifestera plus jamais.

Rencontre en mer

Ce jour-là, le *Saint-Yves* est en pleine campagne de pêche hauturière, que l'on nomme aussi « pêche au large ». Il est loin de sa base, de Concarneau et de sa citadelle. Pour l'instant, le *Saint-Yves* est un peu perdu dans la purée de pois au large de Terre-Neuve, de l'ancienne « isle de Bacalaos » comme disaient les Basques. L'île des morues si riche en poissons mais aussi en dangers de toutes sortes.

Marcel Lodisquer, le commandant en second, a du mal à faire le point. Il grommelle en breton dans sa barbe. Puis il se résout à rejoindre le commandant, Yann Crozier. L'endroit le plus vraisemblable pour le trouver, c'est le poste de commandement où, normalement, il doit se trouver.

Avec l'humidité ambiante, Marcel a du mal à ne pas glisser sur le pont. Mais enfin il entre dans le poste. La première personne qu'il y trouve vêtue d'une vareuse en gros drap bleu lui tourne le dos. Marcel commence :

– Patron, j'ai des problèmes...

Mais la personne qui se trouve dans le poste se retourne lentement, et Marcel laisse sa phrase en suspens... L'homme qui le dévisage n'est pas le commandant. Ni personne que Marcel connaisse parmi les membres de l'équipage.

Marcel se dit, l'espace d'un éclair : « Mon vieux, il faut que tu arrêtes de mettre du chouchen dans le café... »

L'inconnu est un homme d'environ quarante-cinq ans. Il est tête nue et il arbore une barbe poivre et sel. Il a l'air distingué d'un monsieur bien. Rien à voir avec le style du patron, son visage couperosé et son air rigolard. Pas de bouffarde non plus... L'inconnu fixe Marcel les yeux dans les yeux. Et ce regard met Marcel mal à l'aise... D'autant plus que l'homme ne prononce pas une parole. Du coup, Marcel est tout intimidé.

Il bredouille :

– Excusez-moi...

Il ne songe même pas à demander à l'inconnu qui il est. Ni ce qu'il fait là, au poste de commandement... Il faut dire que l'autre le regarde avec tellement d'intensité que Marcel se sent vaguement coupable... de Dieu sait quoi...

En quelques enjambées Marcel se retrouve au niveau du pont supérieur.

Le capitaine est là, le nez sur les instruments :

– Patron! Patron!...

Sous le coup de l'émotion, Marcel se retrouve incapable d'en dire plus long. Il fait des gestes qui indiquent vaguement le poste de commandement...

– Qu'est-ce qui se passe, mon vieux?

– Patron, dans le poste de commandement!...

– Quoi, dans le poste de commandement? Il y a le feu?

– Non, il y a un mec... Un mec que je ne connais pas!

– Un mec que tu ne connais pas? Un passager clandestin? Tu rigoles ou quoi? On ne pourrait pas planquer un enfant de quatre ans dans le *Saint-Yves*. Un passager clandestin! Tu dérailles!

Tandis que les deux hommes se dirigent vers le poste de commandement, Marcel s'explique :

– C'est un gars qui a l'air très bien. Bien habillé. On dirait un officier de marine. Un barbu distingué. Pas du tout le genre pêcheur de morues... Je ne comprends pas ce qu'il fait là. D'ailleurs, il m'a regardé d'un drôle d'air mais il n'a rien dit : pas un mot. Il se tenait à votre place. Quand je suis entré, j'ai cru que c'était vous... en mieux habillé.

Quand le commandant et son second pénètrent dans le poste, celui-ci est vide. Pas besoin de chercher dans les coins. Aucun endroit où un homme normalement constitué puisse se dissimuler :

107

— Alors, Marcel, où est-il, ton bonhomme?

— Ben, je ne sais pas. En tout cas, je n'ai pas rêvé. Il était bien là. Il est peut-être descendu par l'autre échelle. Il est peut-être en bas, avec les gars...

Mais en examinant machinalement le poste, le patron fait une découverte:

— Marcel, qu'est-ce que c'est que ça? Qui a écrit ça sur l'ardoise?

— Sur l'ardoise? Je n'ai pas eu le temps de regarder. À vrai dire, j'ai eu la frousse de ce mec sorti de nulle part.

Le commandant tient l'ardoise sur laquelle, normalement, il fait ses calculs ou prend des notes destinées à être effacées par la suite:

— C'est toi qui as écrit ça?

— Je n'ai rien écrit du tout, patron. D'ailleurs, vous voyez bien que ce n'est pas mon écriture. Jamais je n'ai été capable de faire de belles lettres. Celui qui a écrit ça est un monsieur...

Sur l'ardoise, quoi qu'il en soit, le commandant et son second peuvent lire une courte phrase, une sorte d'ordre sans appel: « Gouvernez nord-ouest. »

Le patron n'aime pas du tout qu'on lui dise ce qu'il a à faire, même par ardoise interposée:

— Ça, c'est fort. On va savoir qui se livre à ce petit jeu. Toi, Marcel, tu restes ici, je veux en savoir plus long.

Quelques minutes plus tard, tous les marins sont réunis dans le carré. Le patron prend un air un peu sévère, ce qui n'est pas dans ses habitudes:

— Bon, vous allez tous prendre un bout de papier et un crayon. Et maintenant, je veux que tout le monde écrive: « Gouvernez nord-ouest. » Allez et plus vite que ça!

Les hommes prennent la chose un peu à la blague:

— Je croyais qu'on était partis pour pêcher la morue et voilà qu'on se retrouve à faire des pages d'écriture, comme à la communale! Est-ce que ceux qui ne feront pas de fautes d'orthographe auront une prime? C'est moins fatigant que de ramener les filets!

— Écrivez, et un peu vite. Je n'ai pas de temps à perdre. Je vous expliquerai pourquoi!

108

Une fois les copies ramassées, aucun doute n'est possible : personne parmi les pêcheurs aux mains calleuses n'a pu tracer les trois mots qui sont inscrits sur l'ardoise. Personne n'est capable d'adopter cette élégante calligraphie « anglaise » :

— Voilà ce que je viens de trouver dans le poste de commandement. Avez-vous une idée de qui a pu écrire ça ? Il faut dire que Marcel vient de rencontrer là-haut un homme, un officier de marine apparemment. Un barbu d'une cinquantaine d'années. Il a regardé Marcel sans rien dire et ce pauvre Lodisquer a eu la trouille de sa vie ! Personne n'a rien vu ?

Du coup, les marins-pêcheurs restent silencieux. Pour des Bretons, la mer et les fantômes font partie du vécu quotidien depuis l'enfance... Ils n'osent rien dire mais tous ont la même pensée : un fantôme à bord, ça n'annonce rien de bon... Rien du tout !

Le commandant poursuit :

— En attendant, vous allez me fouiller tout le *Saint-Yves*, de la cale aux huniers si l'on peut dire. S'il y a un passager clandestin à bord, je veux qu'on me le ramène par la peau des fesses et qu'il nous dise un peu ce qu'il fabrique. S'il y en a un, il a certainement un complice parmi vous, car on ne voit pas comment il aurait pu se nourrir depuis trois semaines sans qu'on s'aperçoive de rien.

Mais la fouille minutieuse du *Saint-Yves* ne donne rien. Pas le moindre passager clandestin. Pas le moindre indice d'une présence incongrue. Pas de couverture abandonnée dans un coin. Pas de relief de repas. Pas de bougie. Et puis, comment un passager clandestin aurait-il pu, pendant trois semaines, satisfaire aux exigences de la nature sans que personne l'aperçoive ? Sans que personne l'entende ?

Après avoir longuement hésité, Yann Crozier se décide :

— Bon, on va aller dans la direction indiquée. Cap nord-ouest. On verra bien. On ne prend pas de gros risques. Qui sait ? On va peut-être tomber sur une pêche miraculeuse. De toutes les façons, si rien ne se passe d'ici quarante-huit heures, on pourra toujours essayer un autre secteur.

En remontant vers le nord-ouest, le *Saint-Yves* aborde des

parages dangereux. De petits icebergs dérivent : on en aperçoit une partie mais il faut se dire que l'essentiel est sous la mer. Pas question d'en approcher de trop près. Yann Crozier n'est pourtant pas inquiet. Quelque chose, une sorte d'intuition lui dit qu'il fait ce qu'il faut. Comme s'il recevait un message télépathique.

La vigie est particulièrement attentive et scrute l'horizon à la jumelle. Soudain tous les marins qui sont sur le pont, occupés à haler les filets, frémissent :

— Navire à tribord !

En fait de navire, le marin de vigie aurait pu aussi bien dire :

— Navire pris dans les glaces à tribord !

En effet, dans la lumière éblouissante de cette belle journée glaciale, l'équipage du *Saint-Yves* aperçoit, au détour d'une énorme falaise de glace qui brille de mille feux, un navire, un petit chalutier. Il est prisonnier d'une énorme plaque de glace elle-même prise entre deux énormes banquises.

— Comment ont-ils pu aller se faire piéger là-dedans ?

Tout autour du navire prisonnier, on voit des petites silhouettes humaines qui s'agitent sur la glace. Les marins ont même allumé un feu. En haut du grand mât, un drapeau français. Yann fait mettre un canot à la mer. Il y monte avec Marcel Lodisquer et quatre hommes et, à force de rames, l'embarcation se dirige vers la plaque de glace qui s'est refermée sur le navire prisonnier... Là-bas, les hommes ont quitté le feu pour courir vers les marins du *Saint-Yves* :

— Ah ben ! Enfin ! On a cru qu'on allait y rester ! Voilà douze jours qu'on est coincés là. Notre radio est tombée en panne. Impossible de réparer. Et puis on sent bien que la banquise se resserre sur notre rafiot. Nous, on est le *Notre-Dame des Mers*, de Douarnenez !

Un des marins du *Saint-Yves* étreint un de ceux du *Notre-Dame des Mers*. Ils expliquent :

— On est cousins germains !

La mer est grande, mais le monde des pêcheurs bretons est petit.

Une fois sur la glace, Yann et ses hommes se dirigent vers le

110

chalutier. Pas de doute : la banquise, avec sa force incalculable, a commencé à broyer les flancs du bateau prisonnier. En admettant que l'équipage ait pu survivre jusque-là, c'était le naufrage garanti.

Yann et Marcel se hissent sur le pont du *Notre-Dame*. Le capitaine du navire naufragé surgit du poste de commandement pour les accueillir. Il est accompagné d'un autre homme. Marcel, en train d'escalader les derniers échelons, manque lâcher l'échelle :

– C'est lui, patron ! C'est lui que j'ai vu sur le *Saint-Yves* !

Effectivement, le passager du *Notre-Dame* est un homme distingué, barbu.

On raconte le mystérieux message écrit sur l'ardoise. Le capitaine du *Notre-Dame* donne un détail étonnant :

– Effectivement, notre passager, le docteur Rozemare, ici présent, est tombé dans un sommeil profond avant-hier. Quand il s'est réveillé, il nous a déclaré : « Ne vous inquiétez pas. Dans un ou deux jours, un navire morutier va arriver et nous tirer de là ! » Et le plus fort, c'est qu'il a donné une description exacte du *Saint-Yves*...

Chansons mortelles

Romina Dawson est une ravissante jeune fille de quinze ans. Et elle sent battre son cœur quand elle aperçoit un jeune homme de sa tribu : le beau Natchako. Elle pense :

— Ce serait un bon mari. Quand il me voit, il me sourit, et il n'a pas son pareil pour chercher des larves succulentes, pour dénicher des grenouilles remplies d'eau tellement rafraîchissante. Avec lui, je serai heureuse. Il me fera de beaux enfants...

Romina rêve, car son mariage doit avant tout obéir à un code de règles strictes et compliquées. Le cœur n'y a aucune part. Ce qui compte, c'est le totem du futur époux, son appartenance à un groupe tribal précis. L'amour ? Ce n'est qu'un détail...

Mais Romina, une des dernières représentantes des Bushmen australiens, décimés par la conquête britannique, a des idées plus modernes, elle veut Natchako et refuse obstinément de regarder celui que son père lui destine. Comme c'est une jeune fille décidée, elle parvient à ses fins et, quelques mois plus tard, elle épouse le beau Natchako, malgré la décision de la tribu. Au bout d'un an, elle donne le jour à un beau bébé. Elle vit dans le bonheur, malgré son « crime ». Ce n'est pas supportable.

Le père de Romina rencontre un membre de la tribu, le sorcier. Peu de gens connaissent la véritable identité du sorcier. C'est un secret. Le sorcier, le « kurdaitcha », laisse tomber son verdict :

— La mort. Je m'en occupe...

Mais la mort comment ? Avec l'arrivée des Blancs, il n'est plus question d'exécuter une femme, encore moins une jeune fille, d'un bon coup de matraque derrière le crâne... Le sorcier possède cependant d'autres moyens d'arriver à la justice. À sa justice, si l'on peut dire.

Désormais, le kurdaitcha consacre une partie de sa journée à mettre Romina à mort. Sans même que celle-ci s'en doute... Et non seulement Romina mais aussi son mari Natchako. Et leur bébé. Et même les parents de Natchako et un neveu qui habite avec eux. Chez les Bushmen d'Australie, on ne fait pas dans le détail. Pour cela, un simple os suffit. Le sorcier s'accroupit devant un os. Os de quoi ? On l'ignore. Peut-être os humain ou os de kangourou. C'est un os magique. Le sorcier le considère les yeux mi-clos et chante, dans sa langue, une sorte de mélopée. Pour ceux qui comprennent, les paroles en sont simples :

— Romina, que ton sang se transforme en pierre ! Natchako, que ton sang se transforme en pierre !

Le sorcier est en train de créer une « chanson qui tue ».

Pendant un mois, Romina ne s'aperçoit de rien. Bien sûr, elle est un peu inquiète. Quand elle a annoncé son refus d'épouser le prétendant choisi par sa tribu, elle s'est dit qu'elle prenait de grands risques. Mais une jeune fille a en tête tant d'autres pensées que celle de la mort...

Au bout d'un mois, Romina ne se sent pas tellement dans son assiette. Le résident chargé de veiller sur le sort des Bushmen de la réserve la rencontre, prostrée au pied d'un eucalyptus. Il arrête sa Jeep, saute à terre.

— Bonjour, Romina. Qu'est-ce qui t'arrive ? Tu es fatiguée ? Tu ne devrais pas être avec les autres pour le corroborie ?

Le « corroborie » est une danse. Et, aujourd'hui, le résident George Wellrose sait que les indigènes se sont réunis, armés et couverts de peinture, pour exécuter un « talléra corroborie » : une danse pour obtenir de la pluie.

Romina semble indifférente. M. Wellrose lui tâte le front.

— Oh, mais dis donc, tu as une forte fièvre. Tes parents ne t'ont rien donné pour ça ?

Wellrose sait que les Bushmen ont des remèdes étonnants. Des mélanges peu ragoûtants d'insectes broyés, de plantes plus ou moins appétissantes, mais souvent efficaces. De vieilles recettes héritées de la préhistoire et transmises oralement depuis des milliers de générations.

— Viens dans la Jeep! Je vais t'emmener au dispensaire. Le docteur blanc va te soigner.

Au dispensaire, le docteur Jenkins examine la pauvre Romina. Elle a de la fièvre, c'est évident, et le ventre gonflé. Mais impossible de diagnostiquer aucune maladie connue des Européens. Qui irait penser que cela puisse être l'effet d'une chanson qui tue marmonnée depuis un mois devant un os magique?

En ramenant Romina vers sa tribu, George Wellrose, qui est au courant de tout, demande :

— Et ce mariage? Es-tu heureuse? Tu as un bon mari. Et j'ai appris que tu avais un beau bébé. Ton mari a un bon métier. C'est un bon tondeur de moutons.

Romina sort un peu de son état comateux pour faire un signe de tête. Non, elle n'est pas contente. Elle dit, dans un anglais approximatif :

— Le sorcier est venu chez nous un soir. Il tenait un os à la main et il l'a tendu vers mon bébé que je venais de coucher pour la nuit. Mon bébé a commencé à suffoquer et il est mort en moins d'une heure.

— Ton bébé est mort? Tu l'as dit à la police?

Romina ne répond pas. Wellrose, tout en gardant les yeux sur la piste poudreuse, réfléchit : « Elle a refusé le fiancé choisi par sa tribu... Oh! que je n'aime pas ça. Si ça se trouve, elle est envoûtée par un fichu sorcier et ses recettes maléfiques... »

Sans en connaître les détails, Wellrose est au courant des pratiques magiques des Bushmen. Pour un Européen, il s'agit de suggestion pure et ces envoûtements ne font de l'effet qu'à une seule condition : que celui qui en est l'objet y croie... Mais sait-on jamais... On a vu des Européens en pleine forme succomber rapidement à des maladies inconnues. Tout simplement parce qu'ils étaient entrés en conflit avec des sorciers indi-

114

gènes... « Il faudrait que je découvre qui est le sorcier de la tribu. »

En fait, Wellrose, s'il l'identifie, a l'intention de faire avouer au sorcier qu'il se livre à de mauvaises manœuvres contre Romina.

« Si le sorcier est lancé dans une opération de magie noire, il fuira tout contact humain. Ce sera déjà un indice... Et puis, il s'abstiendra de se laver... Pour bien faire, il faudrait que je le surprenne quand il dort. S'il est lancé dans ses pratiques magiques, il dormira avec la tête posée sur un de ces " os magiques " dont ils ont le secret... »

Wellrose se souvient de ce que lui a confié Andy Sistage, son prédécesseur au poste de résident, quinze ans auparavant. Cela l'avait fait rire aux éclats. Mais Sistage avait insisté :

— Ne riez pas. Personnellement, je prends ces pratiques très au sérieux. Ces Bushmen ont certainement conservé des pouvoirs que nous avons perdus avec le christianisme et la civilisation. Des pouvoirs et des secrets aussi. Quand le sorcier a dormi plusieurs nuits la tête sur son « os magique », il arrive qu'il en vienne à rêver de la victime qu'il a choisi de faire mourir. Pour lui, il ne lui reste plus qu'à terminer l'opération.

— Ah bon, vraiment ? En faisant quoi ?

— Tout simplement, en jetant l'os magique dans un feu. Avant de brûler l'os, il en colmate les deux extrémités avec de la cire d'abeille. C'est pour que l'âme de la victime reste prisonnière à l'intérieur. Puis il jette l'os au feu. À ce moment, la victime entre en agonie. Elle meurt souvent dans d'atroces souffrances. Souffrances que les médecins blancs sont impuissants à soulager... Voilà, je vous livre les faits tels que je les ai constatés plusieurs fois.

Wellrose, une fois qu'il a déposé Romina chez elle, se rend au poste de police.

— Vous savez que le bébé de Romina Dawson, la femme de Natchako, le tondeur de moutons, est mort brusquement après qu'ils ont reçu la visite d'un sorcier ?

— Parfaitement. Nous avons fait une enquête. Nous avons même coffré trois sages de la tribu. Mais ils ont obstinément refusé de nous révéler l'identité de leur kurdaitcha. Même Romina et son mari ne veulent pas l'identifier.

Quand Wellrose revoit Romina, elle est toujours prostrée. À présent, elle connaît le sort qui l'attend :

— Je vais mourir. Je le sais. Toutes les femmes de ma tribu le savent aussi. Elles ont coupé leurs cheveux au ras des yeux. Ça veut dire qu'elles attendent ma mort.

Désormais, Wellrose et la police surveillent les indigènes de près. Un soir, ils sont amenés à disperser une réunion. Cette réunion, ce corroborie, n'avait d'autre but que d'attendre la mort de Romina et de sa famille.

Quelques jours plus tard, le neveu de Natchako, Buddy, est trouvé inanimé tout près de l'endroit où a eu lieu la réunion. Il respire avec difficulté. La police le fait transporter à l'hôpital où les « docteurs blancs » décident d'utiliser les grands moyens : Buddy est placé sous une tente à oxygène... Cela semble le soulager un moment. Wellrose en profite pour lui demander :

— Qu'est-ce qui t'est arrivé ? Peux-tu m'expliquer ?

Non, Buddy ne sait pas pourquoi, soudain, à dix-huit ans, alors qu'il était en pleine forme, il a du mal à respirer. Rien de plus... Buddy s'évanouit à nouveau. Sa respiration est oppressée. Puis, très vite, il se met à délirer. Il semble au comble de la frayeur. Les infirmières aborigènes qui s'occupent de lui traduisent les mots qui sortent de sa bouche :

— Il dit qu'il voit des démons effrayants. Ils l'entourent et lui disent : « Que tes os pourrissent ! Que ton sang se change en pierre ! »

Parfois, dans un sursaut, Buddy se redresse sur son lit, sans reprendre conscience. Il fait des gestes désespérés comme s'il cherchait à repousser de nombreux assaillants. À l'aube du lendemain, tout le service hospitalier est mis en émoi par un cri déchirant. On se précipite vers le lit de Buddy : il est mort. Dans une dernière convulsion. Et il tient ses mains serrées autour de sa propre gorge comme s'il cherchait à desserrer l'étreinte mortelle d'un étrangleur du néant.

Après la double mort du bébé et du pauvre Buddy, les parents de Natchako décident de changer d'air. Ils s'enfuient loin de la tribu. Sans même s'inquiéter du sort de leur fils et de leur belle-fille. Ceux-ci, à leur tour, ont dû être hospitalisés. Les médecins tentent tout ce qui est en leur pouvoir pour enrayer le mal inconnu qui les consume comme de l'intérieur. Les prises de sang, les antibiotiques, tout est essayé et rien n'y fait. D'ailleurs, Natchako et Romina semblent résignés à leur sort :

– Le kurdaitcha nous a condamnés, il n'y a rien à faire...

Sans doute le sorcier inconnu de la tribu a-t-il fini par rêver de Romina et de Natchako. Sans doute a-t-il bouché les orifices de l'os magique avec de la cire d'abeille car le tondeur de moutons et sa jeune épouse sont morts au bout d'un mois, en pleine jeunesse...

La vocation de Stéphanie

Au cimetière d'Amterieu, on vient de procéder à la mise en terre d'un modeste cercueil. La famille, les intimes se dispersent avec des mines de circonstance. On entend une femme qui murmure à l'oreille d'une autre :

– Mourir si jeune, ce n'est pas juste.

Un groupe d'enfants et d'adolescents dont certains pleurent à chaudes larmes se dirige vers un autobus qui attend sur la route nationale.

Celle qu'on vient d'enterrer se nommait Stéphanie Desbarieux, une toute jeune fille, gracieuse, sportive et pleine d'énergie. Tout le monde la connaissait dans le village et on la voyait souvent passer avec ses « élèves ».

En fait, les élèves de Stéphanie étaient d'un genre un peu particulier. Ce sont les pensionnaires du château d'Amterieu. Le château est dirigé par le docteur Mathouret et les pensionnaires sont tous des enfants à problèmes. Certains ont le visage caractéristique de ceux que l'on nomme les mongoliens, d'autres, sous une allure plus banale, cachent des problèmes affectifs ou psychologiques. D'autres encore sont agités de mouvements nerveux et convulsifs.

Stéphanie, depuis quelques années, vivait chez ses parents dans le village, et depuis longtemps elle se sentait émue par ce groupe de jeunes. Un jour, elle dit à sa mère :

– Maman, dès que j'aurai mon bac, je viendrai travailler au château.

Sa mère reste muette d'étonnement. Puis elle s'exclame :

— Mais, Stéphanie, tu es si jeune, tu n'as aucune expérience...

— L'expérience viendra avec le temps, maman. Et puis, rends-toi compte : si je travaille ici, au château, je resterai près de vous. Nous nous verrons pratiquement tous les jours...

Après avoir obtenu son baccalauréat, Stéphanie s'inscrit dans une école d'infirmières et obtient un diplôme d'éducatrice spécialisée. Il y a longtemps qu'elle a fait part de son projet au docteur Mathouret, qui ne s'est pas gêné pour lui décrire ce qui l'attend :

— Ma petite Stéphanie, je suis ravi de votre besoin d'aider les autres et de votre projet de venir travailler dans notre équipe. Mais réfléchissez bien avant de vous décider. Ça n'est pas facile tous les jours et il ne faut pas compter que les enfants soient automatiquement reconnaissants de tout ce que vous pourrez faire pour eux. Certains, même s'ils ont des excuses, sont déjà, malgré leur jeune âge, des « durs à cuire », comme on dit. D'autres ont de tels blocages psychologiques qu'on ne peut prévoir dans combien d'années ils reviendront à une vie affective normale.

Stéphanie écoute le médecin avec un petit sourire :

— Vous savez, docteur, depuis des années je vois les enfants du château. Je leur parle. Je peux même dire que je me suis fait quelques amis parmi eux.

— Des amis ? Ne vous faites pas d'illusions, Stéphanie. Si vous venez travailler avec nous, vous aurez des surprises. Mais je ne veux pas vous faire un tableau trop sombre. Tous les ans, certains des enfants nous quittent parce qu'ils n'ont plus besoin de notre aide. D'autres atteignent l'âge adulte sans que nous ayons réussi à les libérer de leur prison intérieure. Certains deviennent violents. Il faut les diriger vers d'autres établissements plus spécialisés. Si vous vous attachez trop, vous souffrirez...

Stéphanie écoute attentivement et, d'un signe de tête, elle montre au docteur Mathouret qu'elle a déjà tout prévu, tout envisagé :

— Je sais que cela sera difficile, mais pour l'instant c'est comme une vocation, un peu comme si j'avais décidé de consacrer ma vie à Dieu.

Le docteur Mathouret sourit :

— Quelle manière de voir les choses ! Ici, nous essayons de donner ou de redonner le goût de vivre, ce n'est pas un couvent.

Quelques mois plus tard Stéphanie s'intègre à l'équipe du docteur. À un niveau modeste. Elle a déjà fait plusieurs stages et s'est familiarisée avec des enfants à problèmes. Elle est jolie, simple et pleine d'idées. Le docteur Mathouret est satisfait de sa nouvelle recrue :

— Quand on organise une sortie, tout se passe bien si Stéphanie fait partie des moniteurs. Elle a une qualité indescriptible qui calme les plus nerveux. Et elle est toujours d'une humeur égale, jamais un mot plus haut que l'autre. J'espère que nous la garderons longtemps avec nous.

Stéphanie, parmi tous ceux dont elle a plus ou moins la charge, s'est particulièrement attachée à Norbert. Ce garçon de plus de vingt ans est un des plus vieux parmi les pensionnaires du château. Il est grand, mince, mais sa silhouette efflanquée est constamment agitée de mouvements convulsifs. Ses bras partent en l'air à tout moment, ses jambes semblent soudain prises d'initiatives indépendantes et contradictoires. Quand Norbert essaye de marcher, il ressemble à un polichinelle dont les fils seraient manipulés par un marionnettiste diabolique.

Norbert a d'autre part des difficultés d'élocution énormes. Aucune phrase compréhensible ne sort de ses lèvres. À peine quelques sons identifiables. Stéphanie voit là comme un défi et elle s'attarde peut-être un peu plus longuement avec Norbert, pour essayer de le comprendre. Elle en parle à sa mère.

— Tu sais, j'ai eu une curieuse impression aujourd'hui. Avec Norbert, ce garçon qui a des problèmes énormes. Nous étions sortis pour une promenade et soudain il a voulu faire quelques pas mais il a glissé dans une flaque d'eau. Il est tombé en arrière et sa veste s'est accrochée sur un piquet planté là. Le pauvre garçon est resté assis par terre, incapable de se relever. Il paniquait littéralement, il voulait dire quelque chose mais les sons qui sortaient de sa bouche étaient pratiquement incompréhensibles. S'il s'était agi de quelqu'un d'autre, cela aurait été un gag irrésistible. Mais, en regardant Norbert, grognant, la bave aux lèvres, j'ai eu le cœur serré.

Mme Desbarieux soupire :

— Et pourquoi me racontes-tu ça, ma chérie ?

— Eh bien, maman, j'ai couru vers lui, j'ai tendu mes deux mains et je l'ai aidé à se relever. Et alors, j'ai éprouvé un choc. Norbert, incapable de dire merci ou quoi que ce soit d'autre, m'a simplement regardée, dans le blanc des yeux... Et soudain j'ai oublié tous ses problèmes, ses gestes désordonnés, je n'ai plus vu que ses yeux... Il a de beaux yeux bleu-vert. Jusqu'à présent, je ne les avais jamais vraiment remarqués.

— Et alors, ma chérie ?

— Alors je n'ai plus vu que ces deux yeux. Ils me disaient « merci » avec une passion, une force, une intensité incroyables. Ces deux yeux me regardaient comme si Norbert n'avait plus aucun problème. J'ai cru que j'allais fondre en larmes. Ces deux yeux me disaient : « Merci Stéphanie. Tu sais, j'ai des problèmes, je gigote dans tous les sens, je n'ai aucune coordination, je n'arrive pratiquement pas à me faire comprendre, mais tout ça ne concerne que mon corps. Mon cœur, mon âme, mon esprit sont intacts... »

Stéphanie poursuit son récit :

— Tu vois, maman, en regardant les yeux de Norbert, j'ai eu l'impression de voir deux oiseaux magnifiques enfermés dans une cage disloquée.

Mme Desbarieux répond à sa fille :

— Ma pauvre Stéphanie, je crois que ton imagination te joue des tours. Cela va faire un an que tu travailles dans l'équipe du docteur Mathouret. Tu dois avoir besoin de repos. Je crois qu'il ne faut pas que tu t'attaches trop à un de ces adolescents. Tu risques de souffrir quand il partira. Parce qu'il partira un jour. Et lui aussi souffrira. Sois prudente.

Stéphanie n'a rien dit. Dès le lendemain, elle est à nouveau au milieu des pensionnaires du château. Mais désormais, entre Norbert et elle, un contact nouveau s'est établi. Le docteur Mathouret remarque que le garçon semble moins agité quand Stéphanie est présente jusqu'au jour où des cris se répercutent dans les couloirs du château :

— Vite, venez, Norbert vient d'attaquer Stéphanie!

Deux infirmiers se saisissent de Norbert. Ils le maîtrisent. Stéphanie, le visage tuméfié, est tombée sur le carrelage du couloir. Elle regarde son protégé avec un étonnement indicible :

— Stéphanie, que s'est-il passé? Pourquoi a-t-il fait ça?

— Je n'y comprends rien. Je passais à côté de lui. Soudain, il m'a envoyé un coup de poing en plein visage. Il disait des choses que je n'ai pas bien comprises. Il avait l'air très en colère. Comme si je lui avais fait quelque chose. J'ignore absolument quoi.

Dans les jours qui suivent, on essaie d'analyser le comportement de Norbert. Il marmonne quelque chose comme : « Stéphanie, méchante, partir... » Que veut-il dire? Désire-t-il que Stéphanie quitte le château? Impossible d'en savoir plus.

On finit par oublier l'incident car Norbert change d'attitude. À nouveau il considère Stéphanie avec la passion muette qui était la sienne au cours des derniers mois. Elle avoue à sa mère :

— Je suis rassurée, j'ai retrouvé le beau regard de Norbert. J'ai retrouvé les deux oiseaux magnifiques prisonniers de leur cage. Je ne saurai sans doute jamais ce qu'il avait à me reprocher. Peut-être y a-t-il eu un malentendu? Peut-être a-t-il mal compris une phrase entendue par hasard...

— Tu vois comme les relations avec ces pauvres créatures sont difficiles et pleines d'embûches...

Stéphanie a souvent l'occasion de rencontrer Norbert dans les couloirs du château. À chaque fois elle ressent une impression d'angoisse vague. Mais elle sourit et Norbert lui adresse quelques « mots ». Elle n'en comprend pas le sens mais le sentiment qui anime le garçon est celui d'une affection certaine. Un soir Stéphanie rentre chez sa mère et raconte :

— Figure-toi qu'aujourd'hui, quand j'ai croisé Norbert, il s'est jeté sur moi.

– Encore ?

– Oh, mais, cette fois, il m'a embrassée avec une sorte de passion. Je ne savais pas comment réagir. Le plus curieux c'est qu'il disait la même chose que le jour où il m'a envoyé le coup de poing : « Stéphanie, méchante, partir. » Et il me serrait comme il pouvait entre ses bras. Sous le coup de l'émotion, il n'arrivait pas à maîtriser ses mouvements convulsifs. Je me demande d'où lui vient cette idée fixe : « Stéphanie, méchante, partir. » Je n'ai aucune intention de partir. C'est curieux, tu ne trouves pas ?

Mme Desbarieux ne sait que répondre :

– Oui, c'est vraiment bizarre. Et surtout qu'il répète les mêmes mots avec deux réactions totalement opposées. Un jour, il te frappe ; un jour, il t'embrasse. Décidément, ces pauvres créatures sont mystérieuses.

Une semaine plus tard, le docteur Mathouret et presque toute l'équipe du château entourent Mme Desbarieux, toute vêtue de noir. Elle contemple le cercueil de sa chère Stéphanie au moment où on le fait glisser dans la tombe familiale. Norbert est là lui aussi et il ne parvient à maîtriser ni ses larmes ni les mouvements convulsifs qui secouent ses bras et ses jambes. Il marmonne avec de gros sanglots la même phrase :

– Stéphanie, méchante, partir.

Le docteur Mathouret murmure à l'oreille de la surveillante en chef :

– Norbert a peut-être été le seul d'entre nous à pressentir ce qui allait se passer. Qui aurait pu prévoir que cette pauvre Stéphanie allait se faire tuer par un chauffard ivre mort juste au moment où elle sortait du château ? À vingt-quatre ans, quelle misère ! Je ne crois pas que nous arriverons à la remplacer.

Odeurs

Sophie est à un tournant de l'existence. Son mariage a capoté. Après dix ans d'un bonheur relatif, elle s'est aperçue de l'erreur qu'elle avait commise en épousant Jean-Philippe. Infidèle, capricieux, incapable de prendre ses responsabilités. Sophie a donc demandé et obtenu le divorce. Ainsi que la garde de leurs deux enfants : Mireille qui a treize ans, et Delphine qui en a douze.

— Les filles, j'ai envie de faire planter un saule pleureur devant la porte de la maison. C'est tellement joli et, avec le terrain un peu humide du bord de la mare, ça fera une ombre très légère !

Mireille et Delphine, comme leur mère, adorent la campagne, les arbres, les fleurs et les petits oiseaux. Mais elles ont l'esprit pratique :

— Et tu crois qu'il va pousser ? Tu sais comment on s'occupe d'un arbre ?

Sophie répond :

— Je suis allée chez l'horticulteur de La Ferté. Il viendra lui-même planter le saule et il passera de temps en temps pour voir si tout va bien.

Ce saule pleureur va changer la vie de Sophie. L'horticulteur en question, Paul Hamechin, est un solide gaillard d'une quarantaine d'années. Il possède une moustache en guidon de vélo, des yeux clairs qui respirent la franchise.

— Vous allez bien boire quelque chose. Avec cette chaleur...

124

C'est ainsi qu'au fil des visites, Paul fait mieux la connaissance de Sophie. Il lui révèle qu'il est divorcé, sans enfant. Elle lui raconte son propre parcours du malheur. Paul et Sophie comprennent très vite qu'ils sont faits l'un pour l'autre. Mireille et Delphine trouvent Paul « vachement sympa » et elles le verraient très bien en chef de famille. Cela fait six ans que leur père a disparu du paysage... Sophie ne tarde pas à devenir la nouvelle Mme Paul Hamechin.

Un jour, Paul confie à Sophie :

– J'ai des problèmes avec mon entreprise d'horticulture. Je manque de place pour agrandir mes serres de primeurs. J'aimerais bien aller m'installer au Moureau, il y a une ferme de vingt hectares à vendre.

Sophie ne voit rien à y redire :

– Oui, allons-y. Si tu penses que c'est le mieux. Changeons de paysage !

Un dernier regard au saule pleureur qui leur a permis de se connaître, et toute la famille s'installe dans la vieille ferme du Moureau, dont le nom est « Pierrebelle ». Paul et Sophie s'informent de l'origine de ce joli nom. Les gens du hameau leur donnent la réponse :

– Il paraît qu'il y a un très vieux cimetière chez vous. On y a trouvé un sarcophage romain sculpté qui est au musée de Chinon. C'était ça, la « Pierre belle ».

Après quelques mois de rénovation, « Pierrebelle » est fin prête pour la vie moderne. Cuisine, salle de bains, toilettes modernes, chauffage au fuel. Paul a mis à nu les poutres noyées dans le torchis. Les glycines, les rosiers et la vigne grimpent le long de la façade. Mireille et Delphine sont enchantées de leur nouveau domaine.

– Paul, c'est incroyable, les fenêtres en aluminium que nous avons commandées ne vont pas du tout. Toutes les dimensions sont fausses !

– Ah bien alors, bravo ! Et c'est l'entrepreneur lui-même qui a pris les mesures. S'il travaille toujours comme ça il ne va pas tarder à faire faillite.

L'entrepreneur a beau retourner le problème en tous sens, il ne comprend rien et accepte de refaire les châssis des fenêtres :

— Je me demande comment j'ai fait mon compte. C'est la première fois que je me plante dans mes calculs. Un demi-centimètre, c'est quand même dingue!

Sophie décide qu'un portail électrique serait quand même plus commode pour faciliter les allées et venues de Paul et de sa camionnette :

— Sinon, à chaque fois, il faut aller ouvrir et fermer ce gros portail. C'est tuant!

Le portail électrique est mis en place un mois plus tard. Il fonctionne très bien. Pendant une semaine. Puis les ennuis commencent. Un des vantaux se grippe, puis le second. Voilà la famille Hamechin coincée chez elle. On répare le portail électrique, qui, de toute manière, était sous garantie.

— Paul, la porte du congélateur s'est ouverte cette nuit. Tout a dégivré!

Cette petite contrariété est bientôt suivie de plusieurs autres : la machine à laver, le réfrigérateur, le chauffage au fuel connaissent, eux aussi, des pannes, plus ou moins graves, plus ou moins prolongées. Sophie commence à se poser des questions :

— Je me demande si nous n'étions pas mieux dans l'autre ferme. Ici, on dirait que la maison nous repousse!

— Mais non, ma chérie ce n'est qu'une mauvaise passe. Et puis tu n'es peut-être pas habile dans le maniement des appareils électroménagers.

Sophie n'apprécie pas vraiment ce commentaire typiquement macho. Bien sûr, si quelqu'un est responsable des ennuis mécaniques, ce ne peut être qu'elle, Sophie.

— Puisqu'on est dans la série des ennuis mécaniques, il faudrait que l'on change la voiture. C'est toi qui conduis et qui es le mécanicien : on va bien voir si les choses se passeront mieux avec ta nouvelle Renault.

La nouvelle Renault, un break, a de l'allure. Mais, dès les premières sorties, Paul est bien obligé de reconnaître qu'il y a un « problème » :

— La tenue de route n'est pas bonne. Il y a quelque chose qui cloche. Bon, je ne vais pas tourner autour du pot. Je retourne chez Virieu.

Virieu, c'est le concessionnaire de la marque. Après avoir examiné le véhicule, il annonce, tout contrit :

— Je n'y comprends rien. Vos pneus ne sont pas adaptés. C'est une erreur à l'usine...

Sophie remarque, ironique :

— Tiens, tiens, si la poisse s'étend jusqu'à l'usine Renault, ça me rassure un peu...

Après les pneus de la nouvelle voiture, d'autres ennuis apparaissent.

— Maman, Paul ! Les poissons rouges ont une drôle d'allure. Ils nagent sur le dos !

En effet les poissons du bassin installé par Paul sont tous le ventre en l'air... On analyse l'eau : rien d'anormal, elle est si pure qu'on pourrait la boire.

Après les poissons rouges, c'est le chat qui manque mourir après avoir été mordu par un animal non identifié au fond du jardin.

Moulinot, le chien briard, commence à se traîner. Le vétérinaire est formel :

— C'est un cancer. C'est bizarre. À six ans, il n'est pas vraiment vieux...

Le soir, Sophie et Paul ne peuvent s'empêcher d'avoir le moral un peu bas. Sophie saisit la main de Paul et demande, avec des larmes dans la voix :

— J'ai l'impression qu'une force nous veut du mal. Je me demande si c'est Jean-Philippe ! Ou bien ton ex-femme !

— Mais tu es folle, ni ton ex ni Caroline ne sont capables de faire de la magie noire...

— Eh bien, qui que ce soit... S'ils allaient s'en prendre à Mireille ou Delphine. Je te préviens Paul, si les petites tombent malades, je ne pourrai pas continuer à habiter ici...

Paul prend Sophie entre ses bras et tente de la calmer...

Deux jours plus tard, Sophie appelle Paul :

— Chéri, c'est bizarre, il y a une drôle d'odeur dans la salle de bains. Je me demande d'où ça vient.

Paul vient constater :

— Oui, c'est une odeur acide. C'est bizarre, quand j'ai pris ma douche tout à l'heure, je n'ai rien remarqué.

L'odeur est assez forte mais elle disparaît soudain. Pour revenir tout aussi vite, par bouffées, à l'improviste. Paul examine tous les coins de la salle de bains toute neuve. Rien d'anormal. La seconde, elle aussi, est parfois envahie par cette même odeur... inexplicable.

— Sophie! Chérie, viens dans le couloir.

Sophie arrive, un peu inquiète :

— Est-ce que tu sens ce que je sens?

— Mais ce n'est pas possible, ça sent la charogne! On dirait qu'il y a un rat crevé dans le mur. C'est horrible.

Comme dans les salles de bains, l'odeur arrive tout à trac, disparaît, réapparaît, tantôt à un bout du couloir, tantôt à l'autre. Une odeur écœurante, brutale. Qui disparaît soudain complètement. Paul et Sophie explorent les buissons extérieurs, sondent les cloisons. Rien n'y fait. On ne trouve aucune raison à cette puanteur intermittente.

Mais le mystère des odeurs passe au second plan quand Sophie doit interrompre ses activités professionnelles. De gros problèmes de colonne vertébrale la clouent au lit pour de longues heures.

— Paul, je crois que Pierrebelle ne veut pas de nous. Dès que j'irai mieux, nous essaierons de nous installer ailleurs. Même si tu gardes les terres pour tes serres.

— Tu as peut-être raison. Moi aussi, j'ai du mal à dormir. Je commence à me sentir stressé, mal dans ma peau...

Sophie, lors de ses promenades de convalescente, se renseigne sur les « antécédents » de Pierrebelle :

— Pierrebelle? Ah, ma pauvre dame, ça n'a pas toujours été une belle propriété. Pendant la guerre, il y avait un vieux couple : les Verriaut. Ils faisaient partie de la Résistance. Mais le maquis a été encerclé par les Boches et il y a eu un massacre. D'ailleurs la ferme de Pierrebelle a été entièrement brûlée à l'époque !

Sophie écoute le récit du drame. La voisine continue :

— Les Verriaut sont revenus après l'incendie et ils ont vécu comme ils ont pu. Lui est mort en 1974. Elle a continué encore deux ans. Puis elle est partie chez sa sœur où elle est morte.

Une histoire banale en sorte. Sophie rentre chez elle :

— Ah ! Ça y est ! l'odeur est encore dans la salle de bains. C'est fou ! On dirait... On dirait... Paul, tu sais ce que l'on sent dans la salle de bains ?

Paul donne sa langue au chat :

— Ça sent la sueur ! La sueur d'un homme qui vient de travailler en plein soleil toute la journée ! Je sais ce que c'est, c'est la sueur de M. Verriaut, l'ancien fermier. J'en suis certaine.

Sophie se met à crier :

— Je vous ai reconnu, monsieur Verriaut ! C'est vous qui hantez notre salle de bains ! Allez-vous-en !

Immédiatement, l'odeur de sueur aigre disparaît comme par enchantement... pour ne jamais revenir. Et l'odeur de charogne ? La chose est plus compliquée. Un spécialiste en maison hantée avance une hypothèse : ce serait celle du cimetière romain... Ou bien les morts tués au cours d'un combat il y a presque deux mille ans. En tous les cas, dès qu'elle a été « identifiée », l'odeur, elle aussi, disparaît définitivement. Hélas, le malheur continue ! Paul meurt d'un cancer foudroyant.

Depuis sa disparition, tout va bien à Pierrebelle. Sophie est persuadée que Paul, de là-haut, veille sur la maison et empêche les esprits mauvais de se manifester.

Cailloux volants

Aujourd'hui, rien à signaler aux Pins d'or, la clinique du docteur Millardeau, au bord de l'Atlantique. L'établissement est calme. Comment en serait-il autrement? La cinquantaine de malades qui séjournent ici sont, pour la plupart, immobilisés sur leurs lits ou, dans le meilleur des cas, assis sur des voiturettes que les infirmières déplacent au gré des besoins et de la météorologie.

Ce matin, le docteur Millardeau a rassemblé dans la salle à manger le personnel et les malades qui peuvent se déplacer. Il a annoncé :

– Mes chers amis, je vous ai réunis pour vous faire part d'une nouvelle importante. Des circonstances indépendantes de ma volonté m'obligent à vendre la clinique des Pins d'or. C'est chose faite, et la clinique sera fermée à la date du 30 septembre prochain. Bien sûr, nous ferons tout pour le reclassement du personnel dans d'autres établissements de la région. Quant aux malades, ils seront, si besoin est, installés dans d'autres cliniques de même catégorie.

Malades et personnel accueillent la nouvelle sans enthousiasme. Voilà trente ans que la clinique du docteur Millardeau fonctionnait. Sa réputation n'était plus à faire et tous les lits étaient occupés en permanence. C'est la fin d'une époque, il faut s'y résoudre.

Quelques heures plus tard, un malade reçoit un caillou qui retombe près de sa voiture :

– Qui m'a envoyé ça ?

Personne ne répond à la question. Le malade, Hervé De Witte, est bien incapable de bouger pour voir où se cache le plaisantin qui vient de lui expédier ce tout petit caillou sur le nez... Aussi décide-t-il d'ignorer la chose et de se rendormir au soleil, sur la terrasse qui donne vers la mer...

– Encore ! Qui est-ce qui fait ça ?

Un second caillou vient d'effleurer le nez d'Hervé. Lui aussi est retombé sur le dallage de la terrasse. Celui ou celle qui se livre à ce petit jeu, pense Hervé, n'est pas très malin : quelle idée de jeter des cailloux sur un malade qui peut à peine bouger ! Quand l'infirmière vient pour l'emmener jusqu'à la salle à manger commune, il s'en plaint :

– Quelqu'un m'a jeté des cailloux. Je n'ai pas pu voir d'où cela venait. J'ai eu l'impression que ça venait du toit. Ce n'est pas très drôle !

L'infirmière regarde Hervé. Elle est perplexe et dit enfin :

– Vous aussi, vous avez reçu des cailloux ? C'est bizarre ! Mme Lamerson était sur l'autre terrasse. Eh bien, elle aussi vient de me dire qu'on lui avait jeté des cailloux. Et, effectivement, il y avait des cailloux tout autour de sa chaise. Et même que certains étaient plutôt importants. Elle aurait pu être blessée !

– Elle a été blessée ?

– Non, absolument pas. Mais elle a nettement ressenti le choc des cailloux. Ou plutôt pas un choc, un sorte de frôlement. Dites donc, monsieur De Witte, vous ne seriez pas en train de nous monter un bateau, vous et Mme Lamerson ? Aujourd'hui, on est le 1er avril, hein ? Cette histoire de cailloux volants est un peu suspecte...

– Mais enfin, mademoiselle Isabelle... où est-ce que j'aurais pu me les procurer, ces cailloux, à votre avis ? Et Mme Lamerson. Elle est tétraplégique. Vous la voyez en train de ramasser des cailloux ? Et où les aurait-elle cachés ?

Isabelle réfléchit :

131

– Oh! je ne sais pas... Il suffirait qu'un malade ou une malade valide aille les ramasser dans le parc ou sur la plage. Vous savez, il y en a qui s'amusent d'un rien!

Mais à partir de ce premier incident, presque chaque jour des cailloux continuent d'atterrir sur les malades. Surtout sur ceux qui sont en train de se reposer en plein air. Non seulement M. De Witte et Mme Lamerson mais encore une vingtaine d'autres. Et la grande majorité de ces malades sont presque entièrement immobilisés. Ces événements bizarres sont signalés au docteur Millardeau :

– Qu'est-ce que c'est que cette histoire de cailloux? Ce sont peut-être des oiseaux qui grattent les tuiles du toit pour y chercher des insectes...

– Nous avons remarqué, docteur, que la personne qui reçoit le plus de cailloux, c'est Béatrice.

Béatrice est une malade traitée pour des troubles affectifs. Elle est jolie, charmante, elle marche normalement. Mais une enfance malheureuse en a fait un être qui ne possède aucune confiance en soi. Voilà dix ans qu'elle est mariée et elle se désespère car elle n'a pas donné d'enfant au mari qu'elle adore.

Le docteur Millardeau la convoque et lui fait les gros yeux. Il essaie de lui faire avouer qu'elle se livre à une farce somme toute innocente. Mais Béatrice nie toute responsabilité dans les chutes de cailloux :

– Docteur, je vous assure que je n'y suis pour rien. C'est vrai, les cailloux semblent me poursuivre. J'ai pensé qu'il s'agissait d'un infirmier qui voulait me faire des niches. Mais je n'ai jamais vu personne. Même quand les cailloux me frappent dans les couloirs de la clinique ou dans ma chambre...

Le 31 juillet 1964, Béatrice, remise de ses complexes, quitte définitivement la clinique des Pins d'or. Mais le mystérieux farceur invisible continue à bombarder les autres malades.

Béatrice est immédiatement remplacée par une autre jeune femme : Charlotte Vasertan, elle aussi charmante et juvénile. Et c'est désormais Charlotte qui semble la cible préférée du « lanceur de cailloux ». Surtout quand elle se trouve à l'extérieur du bâtiment. On remarque un détail : si des cailloux, de plus en plus nombreux et de plus en plus volumineux, viennent atterrir sur le lit d'autres malades, c'est régulier : Charlotte apparaît dans les dix minutes qui suivent...

Le docteur Millardeau convoque Charlotte et lui tient à peu près le même langage qu'à Béatrice. Mais Charlotte reste très évasive :

— Je ne comprends pas... Oui, c'est un peu agaçant, ce lanceur de cailloux.

Ce qui est plus agaçant encore, c'est que tout cela reste complètement illogique. Le docteur Millardeau a demandé au personnel et aux malades de rassembler un maximum de détails concernant les « jets de pierres ». Et ces détails sont on ne peut plus troublants : les bombardements sont devenus si intenses qu'il faut rentrer précipitamment les chaises roulantes des malades qui semblent visés.

— Docteur, c'est invraisemblable. Cette fois-ci les cailloux semblaient être jetés depuis les nouvelles chambres du bâtiment vide. On s'est précipité pour surprendre le coupable. Or les chambres étaient toutes fermées à clef... Et aucune fenêtre n'était ouverte. Même que certaines étaient bloquées par la peinture fraîche...

Le docteur Millardeau est de plus en plus perplexe. D'autant qu'il faut bien admettre que personne n'a été blessé, ce qui est surprenant étant donné la taille des projectiles. En plus, certains malades bombardés se trouvaient dans des angles morts complètement hors d'atteinte d'un tireur, même le plus habile. Il se demande un moment si on n'essaie pas de faire baisser la valeur de sa clinique. Il craint surtout qu'un de ses malades ne finisse par être blessé par un caillou volant. Il n'y a plus lieu de tergiverser : il ne lui reste plus qu'à aller porter plainte à la gendarmerie.

Le brigadier qui reçoit sa plainte ouvre de grands yeux plus qu'étonnés. Il faut toute la persuasion du docteur, honorablement connu depuis longtemps, pour qu'on accepte d'envoyer sur place une petite équipe d'enquêteurs...

Il en ressort que Charlotte semble être le noyau « magnétique » de ces chutes de pierres. À nouveau, elle nie absolument en être responsable. D'ailleurs, il apparaît qu'elle ne pourrait pas organiser ces bombardements. Ou alors elle aurait besoin d'une foule de complices en dehors de la clinique. Or Charlotte n'a aucun contact avec l'extérieur... La jeune femme a quand même un aveu à faire :

– C'est bizarre... Quand les cailloux tombent sur quelqu'un d'autre, je me sens mieux, je suis de meilleure humeur. Parfois, je ne sais pas que ça s'est produit. Mais j'éprouve une sensation de bien-être, et dans le quart d'heure qui suit j'apprends qu'il y a eu une nouvelle chute de cailloux.

Un jour, Cyrille Porteray, un malade de trente-cinq ans, se trouve la cible du bombardement : les cailloux tombent dru sur la couverture qui recouvre ses jambes paralysées. Certains semblent peser près de trois cents grammes. Mais aucun ne le blesse, aucun ne lui provoque la moindre douleur. Ils arrivent à toute vitesse mais ralentissent au moment de l'impact... C'est incompréhensible. C'est fascinant. Ce serait presque amusant mais Cyrille trouve ça « horripilant ». Alors, il pousse ce qu'on appelle un « coup de gueule » :

– Y'en a marre de toutes ces bêtises ! Quel est l'imbécile qui passe son temps à nous harceler ? Il ne peut pas s'arrêter un moment ?

Aussitôt, le bombardement cesse... Pendant une demi-heure. Puis, à nouveau, un caillou arrive sur les genoux de Cyrille. Un tout petit, qui tombe avec un léger mouvement de caresse. Comme pour demander pardon. En tout cas, ce caillou, comme tous les autres, arrive bien de... « nulle part ».

Après bien des hésitations, le docteur Millardeau se décide à alerter un de ses amis, Igor Chambure, médecin lui aussi mais passionné par les phénomènes parapsychiques, qui profite de ses vacances pour venir s'installer à la clinique des Pins d'or. Après avoir examiné les notes qui constituent le rapport des malades et du personnel, M. Chambure décide d'interroger Charlotte.

Celle-ci se révèle être une personne somme toute assez banale. Elle avoue qu'elle ne se trouve pas vraiment jolie. Qu'elle attend le moment du grand amour. Qu'elle rêve, de jour et de nuit, comme toutes les jeunes filles de son âge...

– J'aime bien qu'on s'occupe de moi. Mais je ne veux pas me marier. Ni avoir d'enfant. Juste aimer quelqu'un sans passer devant le maire ni le curé.

Igor Chambure ne peut rien en conclure. Or, à partir de ce jour, les chutes de cailloux se font extrêmement rares.

Seulement, une nuit, vers trois heures du matin, M. Chambure, qui occupe une chambre voisine de celle de Charlotte, est brutalement réveillé par un coup sur sa porte : un choc très puissant comme un coup de poing. Presque aussitôt, un deuxième coup vient ébranler la porte. Puis un troisième, et ainsi de suite. Six coups à la file, séparés par des intervalles de six secondes environ.

Dès le troisième, Igor Chambure s'est précipité vers la porte de sa chambre et l'a ouverte. Au-dehors, personne : le couloir de la clinique est entièrement vide, pas de doute. Mais le plus curieux, c'est que les coups de poing continuent. Igor Chambure voit le battant de la porte vibrer à chaque impact, comme si un poing vigoureux mais invisible frappait le panneau de bois. C'est à n'y rien comprendre ! Igor Chambure a l'habitude de se réveiller vers trois heures du matin, été comme hiver, pour réfléchir. Il est donc parfaitement lucide à ce moment.

Rien ne viendra éclaircir ce mystère. Ce ne peut être Charlotte qui soit l'auteur de tous ces bombardements sans que personne ait pu la surprendre. Alors, qui ? Peut-être le fondateur de la clinique des Pins d'or, mort depuis longtemps, et furieux de voir vendre son établissement ?

Voyage périlleux

En 1942, la Corse est déjà l'« île de Beauté ». Mais beaucoup de ses habitants, corses ou continentaux, n'ont guère le temps de faire du tourisme. Pour eux le problème principal est : « Que va-t-on trouver à manger ? »

La famille du maréchal des logis Antoine Carmino est comme toutes les familles de l'île, ou presque. Le père est gendarme, ce qui ne lui laisse pas de temps pour entretenir un jardin potager. Où planterait-il des choux, d'ailleurs ? La mère, Julienne, a fort à faire avec ses deux garçons. Sébastien, cinq ans, promet d'être turbulent. Le père dit :

— Il faudra lui faire faire du sport, ça le calmera un peu.

— Tu as raison, Antoine. C'est déjà un vrai casse-cou. Dès que j'ai le dos tourné, il grimpe partout au risque de se tuer...

Édouard, le cadet, sera peut-être aussi un casse-cou. Pour l'instant, il se contente de jeter à travers la pièce tout ce qui lui tombe sous la main.

Julienne, au fil des mois, se désespère :

— Je n'arrive plus à trouver à manger. C'est une catastrophe. Les garçons ont besoin d'une nourriture abondante. Sinon, ils risquent d'avoir des problèmes de croissance, une déficience, des scolioses, que sais-je encore ?

Antoine Carmino approuve d'un mouvement de la tête :

— Ah ! bon Dieu. Si j'avais su, je vous aurais envoyés en Tunisie, à Sousse, chez ma tante Yolande. Là-bas, ils ont ce qu'il faut pour pousser correctement... Toi aussi, ma pauvre

Julienne, je te trouve l'air amaigrie. Avec tout ce que tu as à faire, tu ne vas pas tenir le coup. Pour peu que la guerre dure encore quelques mois...

Quelques mois ! Antoine Carmino ne se doute pas de ce qui attend la Corse et la France tout entière.

L'été suivant, Antoine prend une décision :

— Il y a un bateau qui part pour la Tunisie. Ce sera peut-être le dernier. Alors, je n'hésite plus, je vous envoie tous les trois là-bas. Vous vous installerez à Sousse avec toutes nos affaires. Vous y serez plus en sécurité qu'ici.

— Et si les Italiens font les méchants ?

— Italiens, Italiens. Quand on s'appelle Carmino, tu trouves que ça ne fait pas un peu italien ?

Julienne est à la fois heureuse de pouvoir mettre ses garçons à l'abri et triste de se séparer de son mari : ils allaient fêter leurs dix ans de mariage...

— Tu me donneras des nouvelles, chéri. Le plus souvent possible. Je serai morte d'inquiétude tant que nous serons séparés.

— Mais oui, mais oui. Ne t'inquiète donc pas : vous voyagez sur le *Madame Mère*. Départ dans un mois. J'ai déjà pris des dispositions pour que tu emmènes tous nos meubles.

Julienne admet que c'est une bonne décision. Sébastien accueille la nouvelle du voyage avec bonne humeur :

— On va aller chez tante Yolande ? On va jouer avec nos cousins ? On montera sur des chameaux ? On verra des lions ?

Une semaine avant la date prévue pour le départ, Julienne ressent une angoisse soudaine. Elle perd l'appétit et ne dort plus :

— Qu'est-ce qui t'arrive, ma chérie ? C'est le voyage qui t'inquiète ?

— Oui, je ne sais pas, j'ai comme un pressentiment.

— Quel pressentiment ?

— Je ne peux pas dire. J'ai l'impression que ce bateau n'arrivera pas à Tunis... Qu'il va faire naufrage.

— Mais enfin, pourquoi? Il a toutes les autorisations. Il ne transportera que des civils. Que pourrait-il craindre?

— Je n'en sais rien. C'est plus fort que moi. Je sais que le *Madame Mère* va couler. Je ne veux pas monter sur ce bateau avec nos garçons. Sinon tu ne nous reverras jamais...

Antoine Carmino est bien embarrassé. Julienne, qui ne l'a pas habitué à des caprices, a l'air tout à fait terrorisée. Elle fait même une crise de nerfs :

— Antoine, écoute-moi, je t'en supplie, annule ce voyage.

Antoine se dit : « Si je refuse, si je les mets sur le *Madame Mère* et que le navire coule, qu'ils disparaissent, je ne pourrai jamais me le pardonner. »

Or les choses sont déjà très avancées :

— Je suis désolé. Mais les meubles sont déjà au fond de la cale du *Madame Mère*. Impossible de les faire débarquer. Tant pis, ils voyageront seuls et on les retrouvera à Tunis.

— En tout cas, les enfants et moi, nous attendrons une meilleure occasion.

À la date prévue, le *Madame Mère* appareille. Les ponts sont noirs de monde. Il y a même la femme du préfet d'Ajaccio et sa fille, des familles entières qui espèrent trouver refuge de l'autre côté de la Méditerranée.

Quand on apprend, deux jours plus tard, que le *Madame Mère* a coulé corps et biens entre Corse et Sardaigne après avoir heurté une mine, c'est la consternation. Il n'y a pratiquement pas de survivants : une dizaine de personnes seulement, des durs à cuire si l'on peut dire :

— Ce sont pratiquement tous des bagnards qu'on transférait à Tunis! Le commandant a eu juste le temps de les faire libérer de leurs chaînes. Comme quoi, quand Dieu décide que ce n'est pas votre jour...

Les bagnards survivants racontent que la femme du préfet a surnagé quelques heures, aidée par sa fille, une excellente nageuse. Mais les secours n'ont pu arriver à temps. Elles ont coulé toutes les deux.

Un des bagnards voit son destin changer après ce naufrage. En se débattant dans l'eau, il est passé à proximité d'un gamin, à peine âgé de six ans, qui flottait Dieu sait pourquoi. Le bagnard l'a attrapé et, pendant cinq heures, il a nagé avec le petit garçon entre les bras... Jusqu'à ce qu'on les recueille à bord d'un bateau de pêche. Quelques mois plus tard, il retrouve la liberté : Pétain vient de le gracier pour le sauvetage du petit garçon.

Antoine Carmino, en tout cas, est bien obligé de reconnaître les dons de voyance ou en tout cas l'« intuition féminine » de son épouse. Ils ont eu chaud ! Si elle n'avait pas insisté contre toute logique pour ne pas monter à bord du *Madame Mère*, Antoine en serait sans doute réduit à pleurer la perte de toute sa famille.

Julienne a le triomphe modeste :

– Tu vois. Est-ce que je n'ai pas eu raison de rester ici ?

– Oui, ma chérie, tu as eu raison. Mais c'est quand même dommage que tu ne te sois pas réveillée un peu plus tôt. Si tu m'avais convaincu dix jours avant, j'aurais pu récupérer nos meubles et nos affaires personnelles. Il va falloir tout racheter...

– Tu es bien un homme ! Jamais content. Tu aurais peut-être préféré récupérer les meubles et nous laisser partir sur ton rafiot !

En tout cas, pour l'instant, la famille Carmino a dû s'installer à l'hôtel. Et Julienne n'aime pas du tout cet hôtel. À cause du nom : « Madame Mère ». Et s'il allait s'écrouler ? On ne sait jamais : un tremblement de terre inattendu. Elle a hâte maintenant de rejoindre la tante Yolande.

– Dès que tu entendras parler d'une occasion, même un autre bateau. Ou alors un avion...

Effectivement, quelques semaines plus tard, Antoine arrive avec des nouvelles :

– Un avion va décoller pour la Tunisie dans quatre jours pour transporter des officiers et on le complétera avec des civils. Des familles de militaires qui voudraient rejoindre Tunis. Je vous ai fait réserver trois places. Tu es toujours d'accord ?

— Mais oui, ça sera mieux pour les enfants...

— Pas d'intuition négative, cette fois-ci? Ça ne te fait pas peur de quitter le plancher des vaches?

— Non, pour l'instant, je me sens calme. Après tout, ce ne sont que quelques heures de vol. Un vol sans escale je suppose?

— Oui, ma chérie. Cette fois, c'est moi qui flanche un peu. Ça me fait un drôle d'effet de penser que dans huit jours vous allez vous envoler. Je me demande quand nous allons être réunis...

Pas de réponse à cette question. Julienne prévient Sébastien et Édouard :

— On va monter dans un gros oiseau en fer. Et hop ! On va retrouver tante Yolande et les cousins de Tunis...

Le jour du départ, il fait un temps magnifique. Antoine reste un long moment à regarder l'avion qui emporte sa femme et ses fils. Le soleil qui brille, le ciel sans nuages, tout est réuni pour un vol sans histoire.

Au moment où l'avion passe au-dessus de la Sardaigne, Julienne est déjà occupée à maîtriser Sébastien. À peine l'avion a-t-il décollé que le gamin a détaché sa ceinture et s'est précipité vers le poste de pilotage en hurlant :

— Je veux conduire l'avion ! Je veux conduire l'avion !

Julienne est en train de le rattraper par son pull-over quand l'avion fait une embardée et commence à perdre de l'altitude. Elle n'a pas le temps de dire le moindre mot. Elle va heurter le plafond de l'appareil avec une violence inouïe. Elle n'est pas la seule d'ailleurs. Presque tous les passagers avaient déjà détaché leur ceinture...

Ça ne pardonne pas quand un avion tombe dans un trou d'air. L'avion continue sa chute vertigineuse. Julienne, accrochée à Sébastien, se dit : « Eh bien, ça n'était pas la peine d'échapper au naufrage. Maintenant on va s'écraser et là, nous n'avons aucune chacune de nous en sortir. »

L'avion tombe toujours. Dans la cabine, les deux pilotes n'ont pas la force d'échanger un mot. Ils sont cramponnés aux commandes. Le navigateur lui aussi est muet d'horreur. Le commandant murmure pour lui-même :

– Ah ! la vache. Tu vas réagir, espèce de saloperie ?

L'appareil apparemment, vexé qu'on lui parle ainsi, consent alors enfin à reprendre un vol normal : il était à moins de mille mètres du sol.

À l'arrivée en Tunisie tous les passagers doivent être conduits à l'hôpital pour des fractures ou des contusions diverses. Édouard, resté attaché à son siège, est le seul à être indemne.

Mais Julienne ne reverra jamais son mari. Antoine, quelques mois plus tard, sera froidement abattu par les troupes allemandes.

La voyante de Palma

Bernard Lefol passe ses vacances chez sa tante Xaviera. C'est la sœur de sa mère. La tante Xaviera est charmante mais le plus grand de ses charmes, c'est qu'elle habite à Palma, la capitale de Majorque, la plus grande des îles Baléares. Rien ne vaut une tante qui possède une propriété à trois kilomètres de la mer.

Nous sommes en 1956, le 1er août très exactement, et Bernard vient d'arriver à Majorque le matin même par le bateau de Barcelone.

Ce jour-là, sur la plage sauvage d'Es Trenc, la conversation porte sur une personnalité de Palma, une voyante mystérieuse dont tout le monde parle :

— Elle est extraordinaire ! Mais très difficile à contacter. On la voit beaucoup chez les riches Majorquins. Bien que beaucoup d'entre eux la considèrent comme une sorcière. Certains ne veulent en aucun cas lui laisser franchir le seuil de leur palais...

Bernard s'éloigne du groupe et se met à marcher en solitaire. La plage de sable blanc s'étend sur plusieurs kilomètres et l'eau bleue, la forêt de pins désertée par les chasseurs en font un paradis du bout du monde.

— Jeune homme, pourriez-vous me dire l'heure ?

Bernard n'a pas remarqué une femme assise au creux de la dune, face à la mer. Sa longue robe de lin, le foulard qui entoure ses cheveux couleur d'aile de corbeau font qu'elle se distingue à peine dans le creux de sable où elle s'est mise à l'abri du vent.

— Il est deux heures et demie, madame.

— Auriez-vous du feu?

Bernard sort un briquet de sa poche. La dame, majorquine sans le moindre doute, allume une longue cigarette à bout doré. Turque ou égyptienne.

— Vous êtes français, n'est-ce pas?

— Oui : je suis Bernard Lefol, de Perpignan, mais je suis en vacances chez ma tante, la marquise del Piombo.

— Ah oui, je la connais. C'était une demoiselle Catayun, n'est-ce pas?

Bernard s'est assis dans le sable près de la dame. Quel âge peut-elle avoir? Entre cinquante et soixante ans? Elle regarde Bernard. Plus exactement elle regarde les mains de Bernard. Elle dit :

— Je suis Palmira Diaz Del Belveder. Vos mains sont intéressantes.

D'autorité, elle saisit la main gauche de Bernard. Elle la retourne, paume au-dessus. Elle examine rapidement les lignes principales qui la sillonnent et dit presque à mi-voix, comme si elle se parlait à elle-même :

— Je vous vois chez les médecins. En France, à l'étranger. Partout, vous allez à l'hôpital. Mais ce n'est pas pour vous.

Bernard n'apprécie pas beaucoup les hôpitaux. Et ses études le porteraient plus vers la littérature, le théâtre, le cinéma que vers la médecine. Palmira continue d'un ton monocorde, sans émotion apparente :

— Avant que quatre ans soient passés, quelqu'un de votre famille va mourir dans un avion. Mais cela vous laissera assez froid. C'est comme si c'était un parent lointain... Je vois la mort pour vous à cinquante-six ans...

Décidément, Palmira n'est pas une voyante du genre à remonter le moral...

Elle poursuit sa litanie. Sur un thème moins sinistre. Elle annonce des amourettes plus ou moins heureuses, une grande passion qui n'aboutit à rien. Une liaison qui va durer plus de vingt-cinq ans et de l'argent, beaucoup d'argent mais... en fin de carrière.

— Nous verrons bien, conclut Bernard.

Et il se lève en s'excusant :

— Je dois partir, ma tante déteste que l'on soit en retard pour le déjeuner.

— Venez me voir chez moi. Calle San Juan. J'y suis tous les soirs à partir de 20 heures. Nous ferons la dînette. Vous pouvez même venir avec votre amie Marie-Louise. Disons après-demain soir...

Bernard s'entend répondre :

— Calle San Juan, au numéro 7. C'est entendu, je viendrai avec Marie-Louise.

— J'habite au premier étage à droite.

C'est un peu plus tard qu'il réalise que Palmira ne lui avait pas donné le numéro de la calle San Juan. Et surtout qu'il n'avait jamais mentionné l'existence de son amie Marie-Louise venue de Perpignan pour les vacances. Tout cela est étrange... Le diable pourrait-il prendre une forme féminine ?

Pendant le déjeuner Bernard ne peut s'empêcher d'annoncer à la nombreuse tablée des cousins, cousines et amis de la famille :

— J'ai rencontré une femme étrange sur la plage. Elle m'a prédit l'avenir et invité à dîner chez elle demain soir. Elle m'a même demandé de venir avec Marie-Louise. Comment peut-elle savoir que Marie-Louise existe ?

La tante Xaviera accueille la nouvelle avec une mine effrayée :

— C'est « la » Palmira que tu as rencontrée sur la plage. Si tu veux bien suivre mon conseil, évite-la comme la peste. On dit que c'est le diable en personne.

Et la tante Xaviera fait un signe de croix, imitée immédiatement par ses enfants... Bernard reste songeur :

— Pourtant, elle a de la classe. Elle te connaît bien, dirait-on.

— Oui, au moment de mes fiançailles, elle m'a décrit tous nos malheurs et jusqu'aux circonstances précises de la mort de ton oncle, mon cher Jacinto !

Nouveau signe de croix de toute l'assemblée à l'évocation de l'oncle Jacinto mort le jour de ses quarante ans après avoir reçu sur le crâne une croix de pierre qui ornait le fronton de la propriété depuis plus de six cents ans.

Le lendemain, Bernard et son amie Marie-Louise n'en demandent pas moins à la tante Xaviera la permission d'utiliser une des voitures de la famille...

— ... Pour aller dîner à Palma.

— Chez la Palmira ? Personne ne sait où elle habite.

— Je le sais, moi ! Et Marie-Louise a une envie folle de la rencontrer. J'avoue que j'aimerais bien comprendre comment cette dame connaît son existence...

Arrivés à Palma, Bernard et Marie-Louise n'ont aucun mal à découvrir le numéro 7 de la calle San Juan. Un immeuble qui doit dater de la Renaissance. Des murs de plus d'un mètre d'épaisseur. Au rez-de-chaussée des ouvertures étroites et bardées de fortes grilles. Un immense portail qui ouvre sur un patio fait pour recevoir plusieurs calèches. Au mur, des anneaux pour les chevaux du siècle dernier. Un escalier de marbre éclairé par des torchères. Tout cela a grande allure.

Bernard et Marie-Louise arrivent au premier étage. Trois portes donnent sur le palier de marbre. Ils sonnent à droite. Il est neuf heures trente. C'est Palmira elle-même qui vient ouvrir. Elle est vêtue d'une longue tunique de soie noire, un turban rouge autour de la tête, un collier d'or au cou.

Bernard et Marie-Louise sont impressionnés par l'appartement de la Palmira. Des armures espagnoles, des meubles marquetés de nacre et d'ivoire. Aux murs des portraits d'ancêtres. Dans les vitrines, de l'argenterie précieuse. Elle explique :

— Ma famille demeure ici depuis quatre cents ans. Je suis seule et c'est bien trop grand. Mais je suis la gardienne de ce sanctuaire. J'ai fait préparer un petit dîner froid. Nous parlerons de Marie-Louise un peu plus tard. En attendant, je vais vous faire faire le « tour du propriétaire », comme vous dites en France.

Après la visite de ce petit palais somptueux, qui émerveille les deux jeunes gens, et le dîner, la Palmira saisit la main de la jeune fille, qui ne peut retenir un frisson : la main de la voyante est glacée malgré la chaleur du mois d'août qui règne sur l'île... Palmira, les yeux à demi clos, commence sa litanie :

— Vous allez épouser un étranger. Et vous partirez en Afrique. En Afrique noire, c'est là que vous allez vivre la plus grande partie de votre existence. Et vous aurez un fils, un seul. Il sera brillant, ce sera votre fierté...

Bernard écoute la suite des prédictions. L'Afrique noire ? Un étranger ? Autant qu'il sache, Marie-Louise n'a aucun projet africain. Elle veut être professeur d'espagnol et pour rien au monde elle ne s'éloignerait de ses parents ni de la Catalogne.

Les années passent. Bernard et Marie-Louise se lancent dans la vie. Bernard, lui, se retrouve en Algérie. Lors d'une permission, son père lui dit :

— Il y a six mois, nous avons eu très peur. Regarde !

Et il lui tend un faire-part de décès découpé dans le quotidien local : « Le docteur Lefol, son épouse et leurs enfants ont la douleur de vous faire part de la mort de Bernard Lefol, sergent au groupe de transport 351 à Blida, mort pour la France le 24 juillet 1960. » Suivent les formules consacrées.

— Ça alors, de qui s'agit-il ? Même nom, même prénom.

Ce malheureux homonyme était en plus dans la même unité que Bernard, lui-même sergent au groupe de transport 451.

Son père poursuit :

— Beaucoup de personnes ont cru qu'il s'agissait de toi ! Je me suis renseigné. Il s'agit d'une famille Lefol qui vit à Salon-de-Provence. De très lointains cousins dont j'ignorais l'existence. J'ai su comment est mort ce Bernard Lefol. Il était de garde dans la prison de Blida et un fellagha à réussi à s'échapper. Il s'est emparé d'une mitraillette et a tiré une rafale que le pauvre Bernard a reçue en pleine poitrine. Il est mort dans l'avion qui le transportait à Alger.

Soudain, Bernard se revoit sur la plage de Majorque, le 1er août 1956, le jour de son arrivée. Palmira lui parle :

— Avant que quatre ans ne soient passés, quelqu'un de votre

famille va mourir dans un avion. Mais cela vous laissera assez froid. C'est comme si c'était un parent lointain...

Le Bernard Lefol insoupçonné est mort le 24 juillet 1960, pratiquement quatre ans plus tard...

Le Bernard Lefol de notre histoire, quant à lui, comme Palmira l'a dit, visitera de nombreux médecins. En tant que « visiteur médical » pour une grande marque pharmaceutique. En France et dans le Maghreb. Palmira avait raison. Et à cinquante-six ans, il contracte une maladie qui aurait dû être mortelle mais il survit miraculeusement...

Cette même année 1960, c'est au tour de Marie-Louise d'avoir une surprise. Pour elle aussi, les prédictions de Palmira se sont en partie réalisées. Elle a rencontré un Libanais et désormais elle passe le plus clair de son temps au Mali. Elle vient d'avoir un fils.

Revenue à Palma, elle ne peut résister à la tentation : il faut qu'elle retourne voir Palmira la sorcière. Elle avait noté l'adresse sur son petit carnet : calle San Juan, au numéro 7, premier étage droite. Palma n'est pas si grande. Elle retrouve vite le palais Renaissance, le patio, l'escalier de marbre, la grande porte. Elle sonne. La porte s'ouvre. Une dame à cheveux blancs inconnue ouvre :

– Bonsoir, madame. Je suis bien chez Mme Palmira Diaz Del Belveder?

– Non, pas du tout!

Marie-Louise, à travers la porte entrebâillée, reconnaît les armures, les meubles précieux, les vitrines d'argenterie qui l'ont émerveillée quatre ans auparavant.

– Madame Diaz Del Belveder n'habite plus ici? Je suis venue dîner ici, chez elle, avec un ami, il y a quatre ans...

La dame à cheveux blancs la fait entrer et l'invite à s'asseoir dans le fauteuil même où elle s'est assise quatre ans plus tôt. Marie-Louise raconte la visite, les prédictions. Elle lui décrit avec précision les autres pièces de l'appartement. La dame l'écoute avec un air de plus en plus étonné. Elle finit par lui dire, en pesant ses mots :

– Ma chère enfant, il n'y a pas de doute : vous êtes déjà venue ici. En mon absence ! Mais je peux vous jurer sur la Vierge que mon mari, mes enfants et moi-même habitons ici depuis quarante ans. Ma mère est infirme et, depuis vingt ans, l'appartement n'a jamais été vide un seul jour. Je ne connais absolument pas cette Palmira Diaz Del Belveder et je n'en ai jamais entendu parler...

Mystère...

Voitures folles

Trouville n'est plus ce qu'il était! Demandez-le aux véritables Trouvillois. Et Deauville encore moins. Les Bernazet aiment bien, cependant, aller passer quelques heures sur la plage. Rien ne vaut l'air de la Manche, si ce n'est celui de l'Atlantique. Mais, en pleine saison, il faut se plier aux contingences du monde moderne...

– On va aller se garer sur le parking! Celui qui est le plus près de la plage.

– Si tu crois qu'on va trouver une place! Quelle affluence! On aura de la chance si on y arrive.

Mais si! Même en plein mois d'août, les miracles ont lieu. Les Bernazet trouvent une petite place pour garer leur Peugeot.

– Allez, en route! N'oublie pas le parasol et la crème solaire. Et moi, je prends un pull-over. Et même l'imper! Ici, le temps change si vite...

Les Bernazet, après avoir soigneusement refermé leur véhicule à clef, après avoir vérifié que rien à l'intérieur ne pourrait attirer l'attention d'un voleur à la « roulotte », s'éloignent vers le sable blond... Et quelques heures passent. Bronzette, boissons fraîches, un peu de marche, quelques brasses entre les vagues.

– Bon, en définitive, nous avons eu de la chance. Le temps s'est maintenu au beau. On remettra ça demain. Où allons-nous dîner ce soir?

– Il y a une petite auberge sur la route de Pont-l'Évêque... Il paraît qu'ils font un...

Gaston Bernazet vient de s'interrompre brusquement au milieu de sa phrase :

— Yvette ! Est-ce que tu vois ce que je vois ?

— Mince alors ! Mais qu'est-ce qui s'est passé ? Ça alors !

Yvette, comme son mari Gaston, n'en croit pas ses yeux. Leur voiture, leur Peugeot presque neuve, est toujours à la même place. Mais dans quel état ! Une Alfa Romeo est collée contre elle. Il vaudrait mieux dire « collée dans elle ». La pauvre Peugeot a la portière arrière entièrement défoncée par l'arrière de l'Alfa.

— Mais quelle est l'andouille...

L'andouille, c'est le propriétaire de l'Alfa Romeo. Ou son conducteur. A-t-il fait une fausse manœuvre en marche arrière ? Un coup d'œil à la plaque minéralogique de l'Alfa :

— 14 ! C'est quelqu'un du Calvados. Y'a pas à dire : ces Normands ne savent pas conduire.

Gaston écume. C'est dans son tempérament. Comme s'il n'y avait pas d'accident en Île-de-France...

Yvette, plus calme, examine la situation :

— Ce n'est que de la tôle.

— Mais qu'est-ce qui a pu se passer ?

— À mon avis, il a dû mal serrer son frein à main ! Comme le parking est en pente, la voiture est descendue et elle s'est bloquée sur la nôtre.

Bon ! Il ne reste plus qu'à rechercher le propriétaire du véhicule tamponneur. De toute manière, la journée tire à sa fin et les baigneurs quittent la plage. Petit à petit, chacun regagne sa voiture et le parking se vide.

Enfin, la propriétaire de l'Alfa apparaît : une jeune femme sportive et bronzée. Elle semble stupéfaite par l'accident. À la limite, elle prendrait presque la chose de haut. Mais elle est bien obligée d'avouer que les Bernazet ne sont pour rien dans le choc. Leur voiture était immobile et elle avait négligé de passer une vitesse en se garant dans la pente. Le frein à main, sans doute trop usé ou mal serré, n'a pas joué son rôle...

L'assurance, elle, joue le sien : l'expert vient constater les dégâts, la réparation est effectuée. Tout rentre dans l'ordre...

Les vacances se terminent : c'est l'époque où l'on se précipite chez le photographe pour faire développer les clichés pris au grand air. On a parfois des surprises, bonnes ou mauvaises. Cadrages catastrophiques, lumières calamiteuses. Les Bernazet, quant à eux, au moment où ils vont récupérer leurs tirages, ont une autre surprise :

— Gaston, tu as entendu ce boucan ?

Gaston, occupé à regarder les clichés, répond :

— Moui ! C'est sûrement deux bagnoles qui se sont accrochées sur la place ! Sur la place ! Mais on est garés sur la place ! Tu ne vois pas que quelqu'un nous soit rentré dedans !

Yvette quitte le magasin en courant. La place est juste là, au bout de la rue... Gaston paie les clichés et il est en train de ramasser sa monnaie quand il voit son épouse revenir, tout essoufflée :

— Alors, bibiche, c'était quoi ce boucan ?

— Eh bien oui, c'est encore nous. Et tiens-toi bien. Tu ne devineras jamais : c'est encore une voiture dont les freins ont lâché. Elle est venue nous percuter, en plein dans la portière, comme à Trouville.

Gaston demande :

— La même portière ?

Yvette répond, bêtement :

— Non, heureusement, c'est de l'autre côté : la portière arrière droite. Mais on en a encore pris un bon coup !

Les Bernazet rejoignent le petit parking improvisé devant l'église, sur la plage du village. Gaston furieux ne sait pas à qui s'adresser : la voiture percuteuse est vide de tout conducteur et fermée à clef. Alors il s'en prend à la sainte patronne du village et se met à brailler en frappant le sol du pied :

— Sainte Radegonde ! Je t'en ficherai des sainte Radegonde la miraculeuse.

Yvette l'arrête au moment où il va flanquer un grand coup de pied à l'autre voiture :

— Calme-toi, Gaston. Tiens, voilà quelqu'un qui arrive !

151

En effet une dame essoufflée vient de surgir de dessous les arcades.

— Mon Dieu! Mais qu'est-ce qui est arrivé? Oh, là, là! J'ai dû mal serrer le frein à main.

— Vous auriez pu passer la marche avant pour empêcher votre tas de ferraille de venir nous emboutir!

La dame explique :

— Je ne passe jamais la vitesse à l'arrêt. Sinon, j'oublie et quand je repars la voiture fait un bon en avant et je cale : ça énerve mon mari...

— Eh bien, moi, ça m'énerve que vous ne l'ayez pas passée, chère madame. Vous vous rendez compte : une voiture qui sort du garage. Et vous savez pourquoi? Je vais vous le dire, moi. Parce qu'une nunuche dans votre genre, sur le parking de Trouville, a elle aussi mal serré son frein à main et a, elle aussi, oublié d'enclencher une vitesse.

La dame proteste :

— Monsieur, croyez-moi, cela fait quarante ans que j'ai mon permis de conduire et vous êtes mon premier accident.

— Ça me fait bien plaisir. Eh bien, moi, madame, vous êtes mon second accident en moins de quinze jours. J'espère que vous êtes bien assurée...

L'assureur des Bernazet, malgré la paperasse qui lui tombe sur le dos, prend les choses avec philosophie :

— Mon cher monsieur Bernazet, si vous continuez comme ça, vous allez bientôt avoir une voiture entièrement neuve. C'est comme le « couteau de Jacques » : un jour, on change la lame; un jour, on change le manche; un jour, la virole, et on a un couteau tout neuf.

Gaston Bernazet sourit à peine. Au moment où il sort du bureau, son assureur lui lance :

— Et attention! Vous savez ce qu'on dit : jamais deux sans trois!

— Ah! taisez-vous, vous allez me porter la poisse.

Les Bernazet oublient bientôt l'incident. Après tout, cela n'est rien. Pas de séquelles, pas de débours financiers. Juste une anecdote pittoresque pour étonner les amis...

Moins d'une semaine plus tard, Gaston et Yvette sont dans le jardin qui précède leur pavillon. Ils sont penchés sur les plates-bandes, occupés tous les deux à arracher les mauvaises herbes qui ont profité des vacances pour pousser en tout sens.

Soudain, un bruit de tôle froissée les fait sursauter :

— Yvette, tu as entendu ?

— Et comment ! Ne t'en fais pas : la foudre ne tombe jamais deux fois au même endroit !

— La foudre, c'est possible mais en tout cas, ça vient du bout de la rue ! Où as-tu garé la bagnole en revenant du marché ?

— Attends : elle est rue Froissard, de l'autre côté. Mais non, je l'avais garée rue Froissard, mais je suis repartie parce que j'avais oublié d'acheter du radis noir.

— Et alors, après le radis noir, où t'es-tu garée, bon sang ?

Yvette hésite :

— En revenant du radis noir... eh bien, je... me... suis... mise... au bout de notre rue. Même que je mordais un peu sur le passage piétons.

— Oh, bibiche, va voir toi-même. J'ai l'intuition que c'est encore notre Peugeot qui en a pris un coup dans l'aile. Quelque chose dans le bruit de la tôle froissée. À force, je finis par reconnaître le cri de ma Peugeot quand elle se fait tamponner. Je n'ai pas le courage d'y aller...

Yvette, sans quitter son chapeau de paille, sort dans la rue. Elle a toujours son tablier, ses gants et son sécateur à la main. Gaston, lui, se précipite dans la cuisine et se verse un grand verre de remontant en marmonnant :

— Si c'est ma bagnole, ça va m'aider à supporter le choc. Si elle est indemne, ça sera une manière de fêter ça...

Quand Yvette franchit à nouveau la grille du pavillon, Gaston comprend tout de suite. Il lui semble même que le grincement de la grille est plus sinistre qu'il ne devrait :

— Ne dis rien, j'ai compris ! On y a encore eu droit !

Yvette se laisse tomber sur une chaise de jardin :

— Oui, c'était bien la nôtre. Et, tiens-toi bien, mon chéri. Tu ne vas pas le croire !

— Croire quoi ? C'est pire que les autres fois ? Il y a des morts ? Des blessés ?

— Mais non, ni morts ni blessés. Comme à Trouville, comme à Sainte-Radegonde, c'est encore une voiture qui s'est mise à reculer et qui est venue nous emboutir en marche arrière. Sans personne à l'intérieur. Elle a traversé la rue et elle est venue directement nous percuter. En plein dans le capot. D'ailleurs, le réservoir doit être percé. Il y a du liquide qui coule en dessous.

Cette fois, le propriétaire est vite identifié, c'est un voisin. Le constat est heureusement fait en bonne et due forme : sinon, l'assureur aurait trouvé cela bizarre.

Mais la grande question reste : s'agit-il d'une malédiction de sainte Radegonde ou bien la Peugeot est-elle née sous une mauvaise étoile ?

L'abbaye aux pendus

Ce jour-là, le conseil municipal de Pierremont est réuni au grand complet. À l'ordre du jour, un problème est inscrit : faut-il, oui ou non, construire un parking pour accueillir les gens des alentours qui fréquentent le marché hebdomadaire ? Et surtout, à quel endroit faudrait-il construire ce parking ?

– Mes chers amis, la nécessité d'un parking municipal proche de la halle est évidente. Faute de quoi, nous verrons la population des alentours déserter notre bourg pour aller faire ses courses chez nos voisins de Roustignac.

Un murmure approbateur accueille cette déclaration préliminaire du maire. Tout le monde est d'accord. Le financement du parking n'est même pas un problème : la commune est assez riche. Reste la question de l'emplacement.

– L'emplacement idéal serait celui de l'abbaye !

Celui qui a lancé cette proposition est un élu dont tout le monde connaît les opinions anticléricales.

– C'est évident mais, tout de même, raser l'abbaye !

– Mais elle est déjà rasée, votre abbaye ! Depuis 1790 ! Alors, un peu plus, un peu moins. Vraiment, qu'est-ce qu'il en reste ? Quelques pans de mur sans aucun ornement architectural. Quelques fragments de statues décapitées qu'on pourrait très bien installer dans le hall de la mairie. Rasons ce qu'il en reste et faisons un parking moderne à la place. On gardera le nom, on mettra une plaque commémorative et Pierremont ira de l'avant...

Une salve d'applaudissements salue cette envolée lyrique. Tout le monde est d'accord : l'abbaye de Saint-Norbert n'est plus qu'un lointain souvenir dans la mémoire collective. On parle encore de ses vitraux d'un bleu incomparable, d'une Vierge à l'Enfant qui orne aujourd'hui le musée du Louvre, d'un trésor religieux qui aurait été fondu ou vendu pour équiper les armées de la République. Mais de tout ce passé mythique, il ne reste rien que ces quelques pans de murs qui émergent encore du sol. Même la société archéologique locale s'est désintéressée du site.

— La crypte elle aussi a été entièrement dévalisée. Si l'on construit un parking, on pourrait en faire... des toilettes publiques. Le gros œuvre serait déjà fait...

Quelques semaines plus tard, la décision est prise, les crédits débloqués et une entreprise est chargée de mettre à niveau le terrain. On en fera « le parking de l'Abbaye » tout en conservant les chênes centenaires qui en sont l'unique ornement.

Pendant les travaux de terrassement, un vieil érudit local, M. Lengelais, vient traîner ses guêtres autour du chantier. Il examine les pierres que le bulldozer vient de renverser. Le chef de chantier l'interpelle :

— Monsieur Lengelais, soyez gentil, ne tournez pas autour de l'engin. S'il vous arrivait quelque chose nous serions responsables. Le chantier est interdit au public !

— Du calme, Labrousse, du calme ! J'en ai vu d'autres en Indochine et au Maroc. Je regarde simplement s'il n'y a vraiment rien d'intéressant sur ces pauvres morceaux de tuffeau. Tenez, justement, regardez cette marque. C'est une marque de constructeur : une équerre.

Labrousse s'approche en ronchonnant :

— Oui, c'est vrai, une équerre. Pour moi, on dirait une potence, comme quand on joue au pendu.

— Eh bien, cette potence, mon cher Labrousse, c'était la signature des bâtisseurs qui ont construit cette abbaye il y a plus de mille ans.

— Une potence ! Quelle drôle d'idée ! Je n'aime pas trop ça.

— Hé, Labrousse ! un grand gaillard comme vous ne va pas avoir peur d'un trait dans la pierre !

— Bon, en tout cas, soyez gentil, monsieur Lengelais, écartez-vous de mon engin. Si je remarque quelque chose d'intéressant, je vous le dirai.

Et le bulldozer se met à rugir pour continuer son œuvre d'anéantissement.

Ce même après-midi, la brigade de gendarmerie de Pierremont est avertie d'un drame : William Berger, l'ouvrier agricole du clos des Menuires, s'est pendu dans le chais de la propriété où il était employé depuis vingt ans... Tout le village se pose des questions sur les raisons qui ont pu pousser le père Berger à un tel acte de désespoir. Mystère...

Deux jours plus tard, M. Lengelais est à nouveau en train de contempler les destructions du bulldozer. Quelqu'un passe sur une bicyclette et lance :

— Il paraît que le jeune Crémoin vient de se pendre !

— Encore ! Mais qu'est-ce que ça veut dire ?

Le jeune Crémoin ! Un gamin d'à peine vingt ans. Sa pauvre mère est-elle au courant ? Depuis la mort du père, il était son seul soutien. Et pourquoi se pendre à vingt ans ? Une amourette déçue ? La peur de partir au service militaire ? Il s'est pendu à une poutre de la grange à foin.

Sur le chantier, Marcel Labrousse jette un œil sur les pierres qu'il vient de déranger. Une autre équipe doit venir les récupérer. Quelqu'un a suggéré qu'on les utilise pour construire un joli banc. Pour que les retraités de Pierremont puissent s'y installer au soleil :

— Tiens, encore une potence !

Sur la pierre bousculée par l'engin, on voit nettement l'équerre gravée sur la face inférieure.

Trois jours plus tard, une nouvelle découverte macabre vient endeuiller la commune. Edmond Fanèges, l'idiot du village, a décidé lui aussi de mettre fin à ses jours en se passant une corde autour du cou. Dans le bois des Moines, tout près de l'abbaye... Il a réussi à grimper sur la branche d'un hêtre... Pourquoi le pauvre Edmond a-t-il soudain décidé de ne plus rire de tout ? Mystère !

Le village devient plus sérieux quand on apprend qu'un chemineau inconnu à la commune et arrivé la veille a presque aussitôt décidé d'en finir avec la vie... dans le hangar où Marcel Labrousse remise son bulldozer à la fin de la journée.

Le brigadier Sembat s'écrie :

— Mais enfin, qu'est-ce qu'ils ont tous à se pendre sur la brigade ? C'est une épidémie ou quoi ?

— Et si on faisait des rondes ?

— Des rondes pour quoi ? Pour interpeller tous ceux qu'on verra se promener avec une corde de chanvre à la main ?

Marcel Labrousse ne dit rien. Mais il a hâte d'en finir avec son chantier de l'abbaye. Une idée lui trotte dans la tête. Il n'ose en parler à personne. Surtout pas à M. Lengelais. Enfin, il se décide :

— Vous allez dire que je yoyote mais, regardez, j'ai mis à part toutes les pierres marquées d'une potence... Rien ne vous frappe ?

— Non, à part que les potences ne sont pas orientées dans la même direction. Sans doute deux maîtres d'œuvre différents. À deux époques différentes.

— Non, ce n'est pas ça. Je n'en suis pas certain mais j'ai l'impression qu'à chaque fois que j'ai renversé une de ces maudites pierres, quelqu'un s'est pendu dans le village.

— Bah ! Labrousse ! Mon vieux ! Qu'est-ce que vous me racontez là ? C'est une simple coïncidence.

— Écoutez. Vous avez remarqué la première le 7 avril. Justement le jour où le pauvre Berger a décidé d'en finir. La deuxième potence, je l'ai mise au jour le mardi suivant, quand on a découvert le jeune Crémoin. Et je suis pratiquement certain que la troisième découverte correspond à ce pauvre Edmond. Et hier, nouvelle potence ! Expliquez-moi pourquoi ce chemineau vient se suspendre dans le hangar de mon engin. Statistiquement, combien pensez-vous qu'il y ait de chances

158

pour que quatre pendaisons correspondent à quatre découvertes de potences gravées sur les pierres ? Pour moi, c'est l'abbaye qui se venge de ce que l'on vienne la déranger.

— Mon pauvre Labrousse, vous avez trop d'imagination. C'est le hasard, le pur hasard. Quand pensez-vous en avoir terminé avec cette malheureuse abbaye ?

— Normalement, j'en ai encore pour une bonne semaine. Dix jours au maximum.

— Eh bien, vous allez voir que, dans les dix jours qui viennent, tout va rentrer dans l'ordre. Peut-être trouverez-vous encore des pierres gravées, mais il est impossible que tout le village continue à se pendre...

M. Lengelais est trop optimiste. Dès qu'il apprend, deux jours plus tard, que Charles Jurieu, père de cinq enfants et paysan sans problème, est allé lui aussi se pendre au plus beau sapin de sa sapinière, il est pris d'un doute. Il se précipite vers le chantier de l'abbaye :

— Labrousse ! Tout va bien ? Pas de nouvelle pierre potencée ?

— Si, justement, ce matin, dès que j'ai eu commencé. Tenez, la voilà. Du coup, je n'ai pas osé la ranger avec les autres. J'avais même décidé de ne pas vous en parler. Pourquoi me demandez-vous ça ? Ne me dites pas qu'il y a un autre pendu !

— Eh bien si. Votre copain : Charles Jurieu !

Labrousse en a le souffle coupé. Charles Jurieu, son copain de régiment. Les « inséparables », on les appelait. Il stoppe son bulldozer et part en courant en direction de la ferme des Jurieu.

Le lendemain, un des conseillers municipaux vient demander au maire s'il ne pourrait pas y avoir de relation de cause à effet entre les pierres à potence de l'abbaye et la vague de suicides par pendaison qui semble s'abattre sur la commune :

— Et puis, vous vous rendez compte, monsieur le maire, on essaie d'attirer les gens vers Pierremont, mais, si la nouvelle se répand, on va nous éviter comme la peste. Vous ne croyez pas que les moines de l'abbaye essaient de nous impressionner ?

— Qu'est-ce que c'est que ces balivernes ? Des pierres marquées de potences ? Et alors ! La belle affaire. On ne va pas interrompre les travaux pour de telles âneries ! Ça m'étonne de vous, mon pauvre Bertoux !

Marcel Labrousse, au lendemain de l'enterrement de son vieux copain Jurieu, remonte sur son tracteur. Et la série continue :

– Gérard Rogenil ! Il s'est pendu ! Il venait de sortir de prison et à peine revenu au village le voilà qui se pend !

– Incroyable : M. Ferronnier et sa femme viennent de se pendre ! À soixante-treize ans ! Mais pourquoi ?

Et pourquoi le cousin de M. Ferronnier, Valentin Pêchain, imite-t-il le riche propriétaire ? Et pourquoi, trois jours plus tard, la vieille Mme Guignard qui riait tout le temps et enfin la jeune Mme Dumont se pendent-elles aussi ? Mme Dumont, comble de l'horreur, s'est pendue avec son fils, Hubert, âgé de seulement cinq ans.

Le dernier sera... Marcel Labrousse. Ses nerfs ont-ils craqué après qu'il a renversé la treizième pierre marquée d'une potence ?

Désormais, on évite de garer sa voiture sur le parking tout neuf de Pierremont. Le parking des « treize pendus », comme tout le monde l'appelle.

Mariages

Le square Wilson, vous connaissez? C'est une place célèbre de Toulouse. L'un des centres de la vie estudiantine. C'est là, dans les grands cafés qui bordent la place, que les étudiants se retrouvent entre les cours de l'université. C'est là qu'ils vont potasser leurs programmes en buvant une menthe à l'eau ou un café bien noir.

Cyril est attablé avec son amie Antonia, comme lui étudiante en lettres. Ils viennent tous les deux de Saint-Girons et se connaissent depuis de nombreuses années. Mais Antonia est un peu plus âgée que Cyril. Quatre ans, ce n'est pas grand-chose; pourtant, cela fait qu'ils n'ont jamais été dans les mêmes classes, qu'ils n'ont pas exactement les mêmes amis, qu'ils ne fréquentent pas les mêmes « surprises-parties », comme on dit à l'époque. Mais ils s'aiment bien et se font facilement des confidences.

– Antonia, tu as les traits un peu tirés. Je suis certain que tu es sortie hier soir et que tu as encore fait des folies de ton corps!

Antonia ne fait pas vraiment des « folies de son corps » selon la formule de Cyril, mais elle aime danser. C'est une superbe rousse aux yeux verts en amande et tout le monde la considère comme une des plus jolies étudiantes de Toulouse.

Antonia répond en bâillant :

– Oui, je suis un peu raplapla. Hier soir, j'ai été invitée à une « surboum » chez un médecin toulousain. C'était formidable. Un buffet impressionnant, du champagne à volonté. J'ai passé une très bonne soirée. Et, en plus... j'ai rencontré un garçon, je ne te dis pas : le rêve ! Tout ce que j'aime. Sympathique, bien élevé. Il est ingénieur à Blagnac. J'en suis folle. Nous devons nous revoir pour le prochain week-end...

Cyril écoute à moitié les confidences amoureuses d'Antonia. Elle est si belle. Elle a tellement de succès qu'un Bottin mondain ne suffirait pas à contenir la liste complète de ceux qui la courtisent. Ses parents sont originaires de Bessarabie, à la frontière roumaine. Et on peut dire que là-bas les filles ont des yeux... à faire damner un saint. Antonia continue à donner les détails de sa soirée :

— ... C'est un merveilleux danseur. En plus, il joue du violon et il adore la musique russe...

Cyril, le regard lointain, voit défiler les passants de l'autre côté de la place, à cent mètres. Une foule nombreuse de femmes et d'hommes inconnus.

— Tiens, le voilà, ton cavalier d'hier soir !

Cyril vient d'apercevoir, silhouette parmi les silhouettes, un homme que rien ne distingue de la foule. Il porte un complet bleu marine et tient sa gabardine sur l'épaule. À cette distance, impossible de dire s'il est beau ou pas.

— Qu'est-ce que tu dis ?

— Le garçon avec qui tu as passé une si merveilleuse soirée, c'est le brun qui passe là-bas, avec sa gabardine jetée sur l'épaule.

Antonia s'est levée de sa chaise et regarde attentivement et longuement l'homme de l'autre côté de la place. Puis elle se laisse tomber sur le fauteuil canné du café.

— Mais c'est vrai. Tu as raison : c'est bien lui. C'est inouï. Comment as-tu pu le reconnaître ?

Cyril, aussi étonné qu'Antonia, hausse les épaules.

— Ben, je ne sais pas. Tu me parlais de lui et, en voyant cet homme, j'ai eu la sensation que c'était lui.

— Ça alors, c'est incroyable ! Parce que, à cette distance, rien ne dit qu'il est ingénieur, ni qu'il joue du violon, ni qu'il aime la musique russe...

Cyril conclut :

— Ni qu'il embrasse très bien, ma chère Antonia.

Antonia rougit. C'est mieux qu'un aveu...

À partir de ce jour-là, Cyril commence à avoir la vague intuition qu'il possède un don bizarre. Il ne sait pas encore très bien lequel...

Quelques semaines plus tard, Cyril et Antonia se retrouvent dans leur café habituel du square Wilson. Même guéridon, même foule qui passe, mêmes propos à bâtons rompus. Pourtant, Cyril a une idée derrière la tête. Il en jubile d'avance...

— Ma chère Antonia, tu n'aurais pas mal à la tête, par hasard ?

— Moi, pas du tout ! Je me sens très en forme. Quelle drôle de question !

— Tu es vraiment certaine de ne pas avoir la moindre migraine ?

— Mais pas du tout. Qu'est-ce que c'est que cette histoire ?

— Eh bien moi, si j'étais toi, j'irais très vite m'acheter un tube d'aspirine.

Antonia est interloquée :

— Je n'ai pas besoin d'aspirine..., je t'assure.

— En tout cas, tu vas aller en acheter un tube. Ça peut toujours servir. Mais tu ne vas pas aller n'importe où. Tu vas aller sur le boulevard d'Alsace-Lorraine, au coin de la rue Saint-Sernin. Tu verras, il y a une pharmacie ancienne. J'en viens : j'avais besoin d'alcool à 90°. Et là, tu vas demander un tube d'aspirine. Et tu me raconteras...

— Je te raconterai quoi ?

Cyril arbore un petit sourire comme s'il lisait l'avenir :

— Tu me raconteras ce qui va se passer ensuite...

Mais, ce jour-là, Antonia ne revient pas. Ni les autres jours, d'ailleurs. Son année scolaire est terminée. Elle part à Paris pour poursuivre ses études de littérature anglaise. Il faudra attendre des vacances, trois ans plus tard, pour que Cyril retrouve Antonia au détour d'une rue de Saint-Girons :

Antonia, l'air mi-furieux mi-joyeux, lui saute au cou.

— Ah, toi! Je te retiens, avec ton tube d'aspirine! Tu me la copieras! Bravo, je te remercie beaucoup. Tu t'y connais pour bouleverser l'existence des autres! Tu sais que tu es un type dangereux?

Cyril a tout oublié de l'histoire.

— Ah oui, le tube d'aspirine que je t'ai conseillé d'aller acheter à la pharmacie de Toulouse. Alors?

— Alors? Tu dois bien t'en douter. Je vis avec le pharmacien!

Antonia donne des détails sur cette aventure.

— Quand je suis entrée dans la pharmacie, ç'a été le coup de foudre immédiat. Dieu, que cet homme est beau! Il s'appelle Ulrich!

Dans le souvenir de Cyril, le pharmacien en question était un homme d'une quarantaine d'années, aux cheveux blancs comme neige. Apparemment, le pharmacien Ulrich est tombé sous le charme des yeux verts de la belle Antonia. Cyril apprend par son amie que cette liaison passionnée dure depuis trois ans.

— Tu te rends compte! Il vient passer tous les week-ends à Paris pour être avec moi. Mais ça ne pourra pas durer toujours...

— Pourquoi?

— Tu devrais le savoir, toi qui sais tout. Ulrich est déjà marié et père de famille.

En effet, plus tard, Antonia épousera un violoniste prestigieux et partira vivre sous des cieux ensoleillés.

Cyril n'a tiré de cette petite anecdote aucune conclusion. Mais, deux ans plus tard, il est invité dans le nord de la France, pour le mariage très bourgeois d'un de ses cousins. Les deux garçons ont presque le même âge mais Toulouse est loin de Cambrai et ils se voient rarement. Cyril savait que son cousin Christophe « fréquentait », comme on dit, une petite voisine, Agathe. On a vite parlé mariage. Aujourd'hui Christophe, représentant en métallurgie, se sent prêt à fonder une famille.

Les parents de l'un et de l'autre sont heureux de ce mariage. Les choses ont été faites dans les règles et l'ambiance est à l'euphorie. Une vraie fête comme savent en faire les gens du Nord.

La tante Eugénie, la mère du marié, s'approche de Cyril et lui demande, imprudemment :

— Alors, quelle belle fête, hein ! C'est un beau mariage, tu ne trouves pas ?

Sans réfléchir Cyril répond, tout à trac :

— Ce sera une catastrophe. Ils seront malheureux comme les pierres !

La tante Eugénie blêmit et recule, furieuse :

— En voilà une réponse ! Qu'est-ce qui te prend ? Tu es fou ou quoi ?

Cyril persiste :

— Ce mariage sera un désastre...

La tante Eugénie se retire, vexée. Mais Cyril a raison sur toute la ligne. Les heureux jeunes mariés commencent leur voyage de noces en se battant dans leur chambre d'hôtel. Les années qui suivront seront encore pires, malgré la naissance de deux enfants. La jolie Agathe trompe son époux à tour de bras avec tous les chefs de service susceptibles de servir à son avancement. Puis viendront la séparation, la haine. Christophe mourra à cinquante ans d'un cancer sans avoir eu la moindre nouvelle de ses enfants depuis quinze ans...

Quand Pauline, la sœur de Christophe, se marie à son tour avec Étienne, un jeune homme enseignant comme elle, sportif comme elle, Cyril est à nouveau invité à la cérémonie. La tante Eugénie, impressionnée par la justesse des prédictions concernant le pauvre Christophe, lui pose la question :

— Que penses-tu de ce mariage ?

On peut cette fois s'inquiéter de l'avenir car le marié porte une lourde hérédité alcoolique. Le genre de bombe à retardement qui peut exploser après plusieurs années de calme. Cyril, qui le connaît à peine, annonce pourtant :

— Tout ira parfaitement bien. C'est le mariage idéal ! Il n'y aura aucun problème !

La tante Eugénie pousse un soupir de soulagement.

– Eh bien, j'espère que tu as raison.

Elle aurait bien dit : « Que Dieu t'entende ! », mais elle est communiste et ne croit ni à Dieu ni à diable.

Vingt-cinq ans plus tard, le mariage de Pauline et d'Étienne sera encore pratiquement un modèle du genre. Deux enseignants passionnés par leur métier, sportifs l'un comme l'autre. Ils ont donné le jour à deux garçons formidables aussi bien sur le plan affectif que dans leurs études. La famille idéale. S'il en existe une...

Cyril, impressionné par ce don bizarre qu'il possède pour prévoir l'avenir des couples, décide finalement d'en faire un moyen d'existence. Célibataire endurci, il ouvre un cabinet de « conseil matrimonial ». Il rêve de former des couples heureux.

Il doit bientôt retomber sur terre. L'humanité est moins belle qu'il ne le croyait et il lui faut lutter contre tous les fantasmes des hommes et des femmes en quête de l'impossible « conjoint »... Au bout de quelques années, il décide de vendre son cabinet.

Il a pourtant réussi quelques « mariages » improbables uniquement par son intuition. En particulier celui de Géraldine, ardente anarchiste, et de Laurent, ancien légionnaire fervent admirateur de l'extrême droite. Coup de foudre au premier rendez-vous, et voilà vingt ans qu'ils sont parfaitement heureux !

La maison déchirée

Armelle rentre chez elle après une journée bien remplie. Au bureau, elle n'a pas eu une minute pour souffler et d'autres tâches l'attendent. Dont Baudouin, son gamin de cinq ans. Un vrai petit homme qui l'impressionne déjà par son sérieux. Est-ce qu'à cinq ans on ne devrait pas simplement s'émerveiller de découvrir la vie ? Pourquoi alors Baudouin semble-t-il parfois si profondément perdu dans ses pensées ? Comme s'il réfléchissait au destin du monde. Armelle est presque inquiète. Elle aurait voulu avoir un garçon rieur et plein d'énergie. Baudouin a choisi le genre « philosophe » : on s'attend presque à lui voir arborer une barbe blanche... Mais après tout, ça lui passera.

Armelle passe chez elle avant d'aller chercher Baudouin chez ses parents qui assurent sa garde pendant qu'elle est prise par ses activités de secrétaire de direction. Elle consulte le répondeur téléphonique. La lumière rouge clignotante lui indique qu'un message l'attend :

« Armelle ! C'est moi, Caroline. Bien sûr, tu es encore au bureau. Sois gentille de me rappeler quand tu rentreras. Bisous ! »

Quelques autres appels, mais rien d'urgent ni de très important. Armelle décide d'effacer et note dans un coin de son esprit : rappeler Caroline.

À présent, Baudouin est sagement assis près d'elle dans la voiture. Il observe le paysage :

– Alors, la journée s'est bien passée chez papy et mamy ?

— Oui, mamy m'a fait une tarte aux pommes. C'est bon!

— Et tu as été sage? Tu ne les as pas fait enrager?

Baudouin regarde sa mère d'un air étonné. Comme s'il était du genre à faire enrager ses grands-parents! Oui, parfois il lui arrive de taquiner Finette, la vieille chienne épagneule. Mais, sinon, il est toujours sage. Il feuillette ses livres d'images, joue avec ses jeux de constructions, regarde la télévision quand il y a des dessins animés. Et encore pas n'importe lesquels!

— Nous y voilà. Qui va prendre un bon bain bien chaud? C'est mon petit Baudouin qui s'est bien vautré dans la poussière dans le jardin de mamy!

Le bain, le dîner, et hop! il est temps de mettre le petit garçon au lit.

— Dors bien mon chéri et fais de beaux rêves. Je laisse ta petite lampe allumée. Je viendrai l'éteindre plus tard...

— Bonne nuit, maman... N'oublie pas de rappeler Caroline.

— Oui, je sais, je vais la rappeler. Mais... pourquoi dis-tu ça?

— Sa maison est toute déchirée.

Armelle s'arrête, interdite:

— Dis donc, toi, mais comment sais-tu que je dois rappeler Caroline? Quand j'ai eu son message sur le répondeur, tu n'étais pas là. Et je ne t'en ai pas dit un mot. Comment es-tu au courant?

— Je l'ai entendu dans ma tête, maman!

Armelle, un peu perplexe, quitte la chambre et appelle son amie Caroline:

— C'est moi. Armelle. J'ai reçu ton message. Rien de grave j'espère?

— Non, mais ça fait un bout de temps qu'on ne s'est pas vues toutes les deux. J'aimerais bien que tu passes à la maison.

— Eh bien, si tu veux, je viendrai dimanche prochain avec papa et maman.

— Oh non, pas dimanche, ça m'embête. Je suis en plein dans les travaux et la maison est sens dessus dessous. Je change la tapisserie et il y a des papiers déchirés partout!

— Des papiers déchirés? Tu as bien dit « déchirés »? Caroline, as-tu parlé à quelqu'un de ces travaux? À mes sœurs ou à mes parents?

— À personne. D'ailleurs, ça m'a pris soudain avant-hier...
J'en ai eu marre du vieux papier à fleurs !

— Tu sais ce qui m'affole ? Baudouin m'a dit tout à l'heure
qu'il fallait que je te rappelle parce que ta maison était toute
« déchirée ». Tu te rends compte. C'est bizarre, non ?

— Bah ! Ce n'est qu'une coïncidence. Il aura entendu ce mot
dans la journée à propos d'autre chose et ça lui aura plu. C'est
tout !

— En tout cas, ça me fait un drôle d'effet. Bon, je passerai
demain soir avec Baudouin pour lui faire voir ta maison
« déchirée ».

Quelques jours plus tard, Armelle, en fin de journée, interpelle Baudouin qui lit un livre d'images :

— Je vais prendre un bain. Tu restes là bien sagement.

Baudouin la regarde avec comme un air de reproche dans
l'œil :

— Attends un peu, maman. Le téléphone va sonner. Tatie
Valérie veut te parler.

— Tu dis n'importe quoi. Valérie est à l'autre bout de la
France. De toute manière, elle n'appelle jamais. Bon, je vais
dans la baignoire !

— C'est pas la peine. Quand le téléphone va sonner, il va falloir que tu sortes du bain pour répondre à tatie Valérie !

Armelle hésite. Doit-elle faire preuve d'autorité... ou bien va-
t-elle se laisser mener par le bout du nez ? Baudouin, à cinq ans,
lui semble un peu jeune pour commander dans la maison ! Mais
Armelle décide d'attendre. Ne serait-ce que pour démontrer à
Baudouin qu'il dit n'importe quoi. Au bout de cinq minutes, la
sonnerie du téléphone retentit. Armelle décroche, vaguement
inquiète :

— Allô, Armelle ? C'est Valérie, ta petite sœur chérie. Tu dois
te demander pourquoi je t'appelle soudain !

Armelle n'écoute même pas ce que Valérie lui raconte. Elle
est complètement abasourdie. Quand elle raccroche, Baudouin,
sans lever les yeux de sa bande dessinée, lui dit, avec l'air d'avoir
quarante ans :

— Tu vois ! Je te l'avais bien dit...

Désormais, Armelle a l'esprit occupé par une question nouvelle :

« Baudouin est-il un petit garçon normal ? Possède-t-il un don exceptionnel ? Ce don est-il susceptible de durer ? De se développer ? Cela sera-t-il un atout pour lui dans la vie ? »

Mais le don de Baudouin n'empêche pas les coups du sort. Armelle est licenciée et se retrouve dans le gros peloton des « chômeurs ». Noël arrive pourtant : impossible de laisser passer cette fête sans prévoir un beau cadeau pour son bout de chou adoré. Elle décide de profiter des « nocturnes » pour aller, un soir, faire ses emplettes. Baudouin est déjà profondément endormi dans sa chambre. La petite lampe est allumée près de son lit. Armelle remet en place la couette qui a glissé à terre.

— Il faut acheter un Vatoo, maman !

— Qu'est-ce que tu dis, Baudouin ?

Mais Baudouin ne répond pas. Il dort à poings fermés. S'est-il seulement réveillé pour prononcer cette phrase mystérieuse : « Il faut acheter un Vatoo, maman ! » Qu'est-ce que c'est un Vatoo ? Peut-être y aura-t-il des promotions de Vatoo dans les magasins ?

Le lendemain, Armelle demande à Baudouin :

— Qu'est-ce que c'est qu'un Vatoo ?

— Je ne sais pas. Pourquoi tu me demandes ça ?

— Pour rien !

Mamy sait ce que c'est qu'un Vatoo :

— C'est un de ces nouveaux jeux qu'on trouve dans les bureaux de tabac. Tu grattes et tu peux gagner... des mille et des cents.

Armelle décide de tenter sa chance et s'offre un Vatoo. Jolie surprise : est-ce la chance des débutants ? En tout cas, elle empoche cinq cents francs séance tenante.

« Eh bien voilà ! Avec ces cinq cents francs, je vais pouvoir acheter le jouet de Baudouin. Après tout, ce n'est que justice. C'est lui qui a eu l'idée. Même si c'est en dormant ! »

Désormais, cela ne fait plus aucun doute pour Armelle, ou pour papy et mamy mis au courant : Baudouin a « le don ». Que faut-il en faire ? On avisera plus tard. Pour l'instant, on se borne à constater en essayant de ne pas transformer Baudouin en « Gamin Soleil ».

Mais le plus étonnant reste à venir.

Un jour de janvier 1996, Armelle est au volant de sa voiture, sur l'autoroute. Baudouin, son nounours dans une main, un camion de pompiers dans l'autre, est solidement attaché dans son siège d'enfant, sur la banquette arrière.

— Maman, mon camion est tombé par terre. Je n'arrive pas à le ramasser !

— Attends, je vais voir si je peux l'attraper en passant la main entre les sièges !

Mais Armelle ne parvient pas à récupérer le camion rouge.

Baudouin, sans hésiter, a décroché sa ceinture de sécurité et il s'est laissé glisser sur le sol :

— Rattache ta ceinture tout de suite, Baudouin !

— J'y arrive pas !

— On est presque arrivés. Ce n'est pas grave !

Mais si, c'est grave ! La meilleure preuve, c'est que Baudouin se met à hurler :

— Maman, vite, rattache ma ceinture ! Rattache ma ceinture !

Armelle jette un coup d'œil dans le rétroviseur. Baudouin a changé de visage ! Il est tout pâle. Comme sous le coup d'une terreur panique. Ses yeux sont même un peu révulsés. Qu'est-ce qui lui arrive ?

Armelle met son clignotant et freine en catastrophe sur la bande d'arrêt d'urgence. Après un coup d'œil au rétroviseur extérieur, elle saute à terre et ouvre la portière arrière. En une minute, elle a raccroché la ceinture de sécurité du petit bonhomme qui reprend soudain des couleurs et dit avec un soupir de soulagement :

— Merci, maman : tu m'as sauvé la vie !

Armelle l'embrasse en se demandant si son fils n'aurait pas une légère tendance au mélodrame !

171

– Bon, on arrive, tout va bien.

Armelle reprend le volant. Encore cinq cents mètres d'autoroute. Puis elle parvient à un rond-point. Soudain, un véhicule double sa voiture et s'apprête à lui brûler la politesse pour s'engager sur le rond-point. Le conducteur n'a pas vu qu'un camion, fort de sa priorité, y était déjà engagé. Il freine à mort. Armelle, heureusement, a vu ce qui allait se passer. Elle aussi fait crisser ses pneus sur le macadam. Ouf! Elle s'arrête à trente centimètres à peine du pare-chocs arrière de l'autre. Baudouin s'est trouvé projeté en avant. Heureusement, la ceinture de sécurité a évité qu'il ne soit projeté à travers le pare-brise.

Alors? Don de voyance ou simple coïncidence?

Jeux d'enfants

— Moïra! Veux-tu aller chercher mon chapeau de paille vert dans ma chambre?

Gena vient de s'adresser à sa cousine Moïra. Elle est bien plus âgée que Moïra : sept ans de plus. Elle a seize ans et Moïra neuf seulement.

— Moïra! Tu m'entends?

Aucune réponse. Moïra n'est plus là. Mais si! La voilà qui sort de la maison. Elle tient le chapeau de paille vert de Gena à la main. C'est quand même étrange. Elle est partie avant même que sa cousine ne le lui demande, et elle revient justement avec le chapeau de paille vert. Pas le rose ni le bleu ni le blanc... le vert.

— Merci, mon chou! Mais comment as-tu su que je voulais mon chapeau vert?

— Je ne sais pas. J'ai deviné que tu allais me demander d'aller le chercher...

C'est ainsi que Gena Bigelow et Moïra Harbell en viennent à se demander s'il n'existe pas entre elles deux une possibilité extraordinaire de communication : la télépathie.

— On va voir : je vais penser très fort à quelque chose et tu vas essayer de deviner à quoi je pense.

Moïra ferme les yeux pour mieux se concentrer. Gena fait de même pour projeter une image mentale vers sa petite cousine.

— Tu penses à James Philips!

— Gagné! Mais c'était trop facile. Nous en avons parlé ce matin! On recommence!

173

Nouvel essai. Les deux jeunes filles observent une nouvelle minute de concentration :

— Je vois le perroquet de tante Karyn.

— Tout juste ! C'est formidable ! On va essayer dans l'autre sens.

Cette fois, c'est Moïra la plus jeune qui se concentre pour lancer une image mentale vers l'esprit de sa cousine Gena. Gena qui, après un court instant, lance :

— Je vois les confitures de groseilles dans le placard !

— Oui, c'est ça ! Ça me donne faim.

Et les deux cousines décident d'aller voir si les confitures de groseilles sont toujours aussi bonnes.

Bientôt, hélas, les deux cousines sont séparées. Gena est en âge d'aller poursuivre ses études à l'université. Mais elle est trop belle, trop blonde, ses yeux sont trop verts. À Melbourne, elle est vite la « vedette » du campus universitaire. Les compliments pleuvent :

— Avec votre silhouette et votre allure vous devriez tenter votre chance comme mannequin !

Gena réfléchit quelque temps. Très peu de temps. Et elle se lance. Séances de poses, défilés de collections, prises de vue en maillot de bain sur les plages de sable immaculé. La vie de mannequin, bien qu'un peu aléatoire, a du charme. Gena fréquente un milieu de gens riches, bien éloigné de celui où sa mère, la tante Karyn de Moïra, a vécu toute sa vie...

— Moïra, tu en fais une tête ! Tu boudes ?

— Non, je m'ennuie de Gena. Vivement que je puisse aller la rejoindre à Melbourne. Elle a l'air de vraiment s'amuser là-bas.

Mais le destin en décide autrement. Le père de Moïra se méfie de la grande ville et de ses tentations. Pas question pour Moïra d'aller poser à moitié nue pour des magazines. D'ailleurs, il faut bien l'avouer, Moïra est beaucoup moins jolie que sa cousine... Alors Moïra Harbell se contente de vivre la grande vie à travers ce que sa cousine lui en laisse apercevoir lors de ses rares visites...

Moïra Harbell vient d'avoir vingt ans. Elle est en voiture et roule sur une petite route tranquille. Soudain, elle prend conscience qu'un véhicule jaune, une Rover, la suit de très près. Pourquoi si près sur cette route rectiligne et déserte? Si le conducteur est pressé, il n'a qu'à la dépasser. Dans le rétroviseur, Moïra distingue deux visages dans l'autre véhicule. Deux hommes. Soudain le conducteur de la Rover se décide à accélérer. Il double la petite Ford de Moïra et lui fait une queue de poisson, l'obligeant à stopper en catastrophe sur le bas-côté herbeux de la route. Moïra se demande ce qui lui arrive : deux policiers descendent de la voiture jaune. Ils s'approchent de la petite Ford : l'un d'eux ouvre la portière et saisit Moïra par le bras. Il est jeune et a la peau basanée. Il arrache littéralement Moïra de son siège. Elle proteste :

– Mais que me voulez-vous? Je n'ai rien fait de mal! Je ne roulais pas trop vite!

L'autre policier est descendu de la voiture. Une voiture toute banale. Sans aucun signe ni inscription. Il rejoint son collègue qui maintient Moïra fermement.

– Vous êtes bien Gena Bigelow?

– Mais non, je ne suis pas Gena Bigelow, je suis sa cousine Moïra Harbell. Que me voulez-vous?

On dirait que les deux hommes n'ont pas entendu ce que Moïra vient de leur crier. À présent, le second policier sort du coffre de la voiture jaune une longue corde. Les deux hommes ligotent la pauvre Moïra. Puis ils la poussent à l'arrière de leur Rover et démarrent. Moïra, bâillonnée, gémit. Mais aucun mot n'est intelligible. Elle essaie de demander :

– Mais qu'est-ce que vous me voulez?

La voiture jaune s'arrête enfin près d'un lac. Personne à l'horizon. Au loin, sur l'autre rive, une maison blanche qui semble déserte. Le soleil se couche. D'un rouge sinistre. Les deux policiers extraient brutalement Moïra de la voiture. Ils la poussent vers la rive du lac. Puis ils ouvrent le coffre et en sortent deux petites enclumes qu'ils fixent au cordage qui ligote la malheureuse Moïra... Le premier policier passe son bras autour du cou de Moïra, la tire brutalement en arrière. Moïra

175

voudrait hurler mais le bâillon l'en empêche. Elle sent un objet métallique. C'est le canon d'un revolver que le deuxième homme lui introduit dans la bouche.

Moïra pousse un hurlement qui semble ne pas devoir s'arrêter.

— Moïra, ma chérie ! Qu'est-ce qu'il se passe ? Moïra, je suis là.

Moïra est blême. Elle met un moment à réaliser dans quel endroit elle se trouve. Le papier à fleurs, les photos au mur, l'abat-jour de soie rose. Elle tremble et claque des dents. Pourtant elle comprend petit à petit qu'elle est dans sa chambre à coucher et sa mère, Elisabeth Harbell, est là, en chemise de nuit. Elle lui tient la main. William Harbell, son père, et Timothy, son jeune frère, sont là aussi, en pyjama. Tous posent une question muette : Qu'est-ce qui t'arrive ?

— Je viens de faire un cauchemar. C'était horrible. J'étais en voiture sur une route déserte et j'allais je ne sais où. Deux hommes en voiture ont bloqué mon véhicule...

William Harbell l'interrompt :

— Tu vois bien que c'était un rêve : tu n'as pas de voiture et même pas de permis de conduire...

— Alors ces deux hommes m'ont saisie et m'ont ligotée. Ils m'ont entraînée auprès d'un lac et ils m'ont tuée d'un coup de revolver dans la bouche.

— Tu parles d'un cauchemar ! Tu as dû trop manger de soupe aux huîtres hier soir. C'est un problème de digestion !

Maman Harbell fait taire son mari. Moïra a vraiment l'air choquée. Elle se met à pleurer tout en continuant son récit... Ses parents entendent vaguement :

— ... Gena... Gena... c'est horrible !

— Quoi « Gena » ? Qu'est-ce qui est horrible ?

Moïra a du mal à reprendre son souffle. Dans un dernier sanglot, elle dit :

— Mais, dans mon rêve, ces hommes me disaient que j'étais Gena...

Maman Harbell tient un verre d'eau fraîche à la main. Et un petit cachet :

— Tiens, ma chérie, avale ça. Tu vas te rendormir jusqu'à demain. Et quand tu te réveilleras tout sera rentré dans l'ordre.

C'est bien ce qui se passe. Le lendemain est un dimanche et la journée est calme. À part un coup de téléphone presque à la nuit tombante. Maman Harbell décroche. Toute la famille attend pour savoir qui a appelé :

— C'est tante Karyn ! Elle est inquiète parce qu'elle essaie depuis ce matin de joindre Gena. Aucune réponse. Elle a même appelé des amis de Gena à Melbourne. Personne ne l'a vue...

Deux jours plus tard, tante Karyn Bigelow arrive chez les Harbell. De toute évidence elle a beaucoup pleuré :

— J'ai appelé la police. Gena a disparu. Complètement. La police a visité son appartement. Elle n'est pas réapparue depuis deux jours. Je suis folle d'angoisse. Et le pire, c'est qu'on a retrouvé sa petite Ford sur une route déserte. Son sac à main, ses papiers, son argent étaient encore là et la clef de contact était encore en place... J'ai peur !

Moïra hésite à raconter son rêve à sa tante Karyn. Ce serait trop cruel.

Elisabeth Harbell essaye d'être rassurante.

— Elle va revenir. Tu sais comme ta Gena est fantasque. C'est ce qui fait son charme, d'ailleurs.

Mais plus personne n'entend parler de la jolie Gena.

La police découvre alors, au cours de son enquête, que Gena la blonde menait grand train de vie. Avec quel argent ? La réponse arrive : Gena arrondissait ses fins de mois en rencontrant des messieurs fortunés qui venaient lui rendre visite. Uniquement du beau monde. En tout cas « beau » sur le plan financier... Pis encore : Gena avait un ami de cœur qui était un excellent photographe. Et qui savait prendre des clichés compromettants pour ceux qui se livraient aux joies de la débauche extraconjugale avec la belle Gena.

Les policiers concluent sans aucun commentaire :

— Gena Bigelow faisait chanter ses clients !...

Karyn Bigelow et les Harbell sont effondrés... Qui aurait pu penser ça ? Mais cela ne fait pas avancer l'enquête. Qu'a-t-il pu arriver à la trop belle et trop gourmande cousine ?

— Monsieur l'inspecteur. Il faut que je vous raconte un cauchemar que j'ai fait le jour de la disparition de ma cousine... J'ai eu peur d'être ridicule. Alors, je n'ai rien dit. Mais sait-on jamais ? Gena et moi avons toujours fait de la transmission de pensée.

Et Moïra, qui ne peut retenir ses larmes, raconte le « film d'horreur ». Avec précision : le rapt, le lac et la maison, les enclumes, le revolver dans la bouche. Les policiers sont impressionnés. Quelqu'un dit :

— À cinq miles de l'endroit où l'on a retrouvé la Ford de Gena Bigelow, il y a un lac qui correspond bien à la description.

Moïra accompagne les policiers. On trouve le lac, on drague le fond. Gena Bigelow est là, ligotée, lestée d'enclumes, la bouche éclatée. Moïra examine alors les fichiers de la police et « reconnaît » les deux assassins. Deux tueurs à gages employés par un des gros clients de Gena Bigelow. Déguisés en policiers, ils ont exécuté la call-girl. Quand Moïra est confrontée à l'un d'eux elle lui raconte en détail comment il l'a tuée et l'autre hurle d'horreur :

— Oui, c'est moi qui *vous* ai tuée ! Emmenez-la ! C'est une sorcière !

Conan Doyle vous surveille

Ce soir-là, chez le fameux écrivain écossais Conan Doyle, le père de Sherlock Holmes, un petit groupe d'amis sont rassemblés, attentifs à une nouvelle expérience de leur célèbre ami. Celui-ci explique :

— Voici le « oui-ja ». Comme vous pouvez le constater il est constitué de deux éléments. Tout d'abord, cette petite planchette. Vous pouvez voir que les lettres de l'alphabet y sont inscrites sur deux arcs de cercle, l'un au-dessus de l'autre. Vous pouvez voir que les chiffres de 0 à 9 y figurent aussi. Et enfin trois mots, « Oui », « Non » et « Au revoir ». Maintenant, le second élément du « oui-ja » est ce petit index mobile, muni d'une petite roulette.

— Et comment cela fonctionne-t-il ?

— Les participants doivent tout d'abord se mettre dans un état de réceptivité maximale, être bien détendus, prêts à recevoir les impulsions qui leur seront données par les esprits. Ensuite le ou les participants posent légèrement un doigt, l'index de préférence, de manière à frôler la plaquette mobile. Et il ne reste plus qu'à attendre. Quand l'entité présente sera prête à se manifester elle fera glisser l'index de bois vers une lettre, un mot, un chiffre. Il suffira de noter ces lettres à la suite les unes des autres pour obtenir le message...

Tout le monde n'est pas convaincu, mais Conan Doyle, « Sir » Conan Doyle, a déjà fait la preuve de son intuition et de son génie dans d'autres domaines ; pourquoi pas dans celui-ci ?

Effectivement, le silence s'était fait, les lumières étant discrètement tamisées, le maître de maison pose délicatement son index sur... l'index du « oui-ja » et le petit mobile à roulette, après une légère hésitation, se met à vibrer. Il cherche, semble-t-il, la lettre qu'il va désigner. Comme un chien qui hume l'air et, soudain, il fait un petit saut en avant, droit vers la lettre « J »...

Après la séance de « oui-ja », presque tous les participants sont assez émus. Quelqu'un dit :

– Je n'aimerais pas participer à ce genre de séance trop souvent. Je claque des dents. Pourtant j'ai vu des choses étranges quand je séjournais aux Indes...

Sir Arthur Conan Doyle prononce une phrase définitive :

– Le oui-ja est un téléphone magique en ligne directe avec l'au-delà...

Un silence plein de frissons accueille ces mots.

Sir Arthur explique, un verre de whisky à la main :

– J'ai commencé à m'intéresser aux choses d'après la mort quand un livre m'est tombé entre les mains. Il s'agit d'un ouvrage intitulé *Les Réminiscences du juge Edmunds*. L'auteur n'était pas n'importe qui puisqu'il occupait des fonctions au Conseil d'État des États-Unis. Ce monsieur, devenu veuf, a eu la consolation de rester en relation avec sa défunte épouse. Et ce pendant des années. Dans son ouvrage, il donne toute une série de détails très impressionnants sur les contacts qu'il a eus avec la chère disparue...

– Mais vous-même, Sir Arthur, avez-vous eu des preuves de cette possibilité ?

– Absolument, j'ai tenté des expériences et deux personnes très chères ont répondu à mes appels. Tout d'abord, ma chère maman, et ensuite un de mes neveux pour lequel j'avais une affection très particulière. Ils se sont manifestés plusieurs fois et leurs messages étaient si précis qu'il n'y a aucun doute : ce sont bien eux qui m'ont contacté après leur mort. D'ailleurs je les ai vus, de mes yeux vus, bien après leur mort !

– Mais alors, vous en concluez qu'après la mort, il y a autre chose que le trou béant du néant absolu ?

— J'en suis convaincu!

— Pourtant, Bernard Shaw...

— Ah! ne me parlez pas de cet individu. Bernard Shaw est un Irlandais qui ne manque pas d'esprit. Bien qu'il déteste les femmes du plus profond de lui-même. Cet être sans scrupules s'est vanté d'avoir fraudé dans une séance spirite. Et alors? Qu'est-ce que ça prouve? Ce n'est pas parce qu'un homme célèbre triche qu'il faut jeter le discrédit sur tout ce qui concerne le spiritisme!

Dans les années qui suivent, Sir Arthur Conan Doyle va consacrer une grande part de son temps et de sa fortune à poursuivre ses recherches sur la vie après la mort. Il est persuadé qu'il existe quelque chose dans l'au-delà. Il affirme avec force :

— Je mourrai un jour, comme nous tous. Et, pour bien vous prouver la force de mes convictions, je peux vous promettre d'ores et déjà que vous me reverrez après ma mort. Et même souvent...

Ceux qui entendent cette déclaration sont partagés, dans leurs sentiments, entre la crainte et l'espoir...

Sir Arthur Conan Doyle meurt en 1930, à l'âge de soixante et onze ans, ce qui est relativement jeune... Et il tient ses promesses. À plusieurs reprises...

Il faut rappeler que Sir Arthur avait débuté comme médecin. Il occupait alors un cabinet dans un immeuble de Londres, dans le quartier de Harley Street, quartier où beaucoup de médecins sont installés. Son appartement était au troisième étage de l'immeuble et un ascenseur desservait les étages supérieurs. Or Sir Arthur explosait à chaque passage de l'engin :

— Mais enfin, ils ne peuvent donc pas monter à pied, comme moi? Est-ce qu'on a besoin de ces mécaniques infernales et bruyantes qui secouent toute la maison!

Pas de doute, Sir Arthur Conan Doyle détestait vraiment les ascenseurs.

Après sa mort, Sir Arthur est sans doute revenu sur les lieux où il a vécu heureux. Tout prête à penser qu'il hante encore l'immeuble de Harley Street. Qu'est-ce qui peut faire croire ça?

181

Tout simplement le fait que l'ascenseur a pris la fâcheuse habitude de tomber en panne à chaque fois qu'il passe le palier du troisième étage...

Dès que cela se produit, un des médecins qui occupent l'immeuble téléphone au technicien de la compagnie. Qui accourt le plus rapidement possible :

— Encore en panne? Mais c'est incompréhensible! Je suis passé hier. D'ailleurs, tout était en ordre. Je n'ai pas eu à intervenir. Votre ascenseur s'est remis spontanément en marche. Je suis certain que ça va être encore la même chose aujourd'hui...

— Oui, mais c'est particulièrement gênant pour nos confrères du quatrième et du cinquième étage. Les clients se font de plus en plus réticents. D'abord : allez donc demander à des gens malades de monter cinq étages à pied pour aller chez leur médecin. Et puis, petit à petit, la rumeur a fini par se répandre dans la quartier. C'est aussi la faute du vieux Benjamin!

Le vieux Benjamin est le gardien de l'immeuble. Enfin, il l'est resté pendant les quelques années qui ont suivi la mort de Sir Arthur. Il avait toujours eu beaucoup d'estime pour l'écrivain spirite. Et il a sa petite opinion sur les pannes de l'ascenseur :

— Si l'ascenseur s'arrête régulièrement au niveau du troisième, c'est Sir Arthur qui appuie sur le bouton... Ou qui ouvre la porte pour bloquer l'appareil.

Et, en disant ces mots, le vieux Benjamin ôte sa casquette à galon doré pour saluer respectueusement l'âme de Sir Arthur qui devait être dans les parages. Quelqu'un entre à ce moment-là :

— Excusez-moi, c'est bien dans cet immeuble que vécut Sir Arthur Conan Doyle?

— Mais oui, mon bon monsieur. D'ailleurs, si vous voulez profiter de l'occasion, il est quelque part dans l'immeuble juste en ce moment. Sans doute sur le palier du troisième. Mais il vous faudra monter à pied. Il vient justement d'arrêter l'ascenseur. Il dit que ça lui tape sur les nerfs.

Le visiteur curieux hésite et ressort précipitamment de l'immeuble, sans demander son reste.

182

Depuis quelques années, l'ascenseur d'Harley Street tombe moins en panne. Sir Arthur a toujours été à la pointe du progrès. Il s'est toujours intéressé aux nouveautés. Ainsi, quand il est mort le cinéma était encore à ses débuts...

Longtemps après, à Hollywood, un projet voit le jour :

– Et si on tournait un film sur Sherlock Holmes ?

– Ce n'est pas une idée bien nouvelle. On a déjà tiré un nombre respectable de sujets en prenant pour base les œuvres de Conan Doyle !

– Oui, mais là on pourrait broder. Au lieu de s'inspirer d'une aventure de Sherlock Holmes, on pourrait explorer le personnage sous un angle nouveau. On pourrait le voir dans l'intimité. Ses rapports un peu sadomasochistes avec le docteur Watson, la manière dont il se drogue à l'éther, sa vie sexuelle.

– Sa vie sexuelle ? Elle est nulle. Et, sur ce sujet, il y aurait sans doute beaucoup à dire...

C'est ainsi que le film qui sort mêle intrigue d'espionnage et aventure sentimentale. Le monstre du loch Ness y apparaît dans toute sa splendeur. Et les scènes de franche comédie sont particulièrement réussies. Qu'a bien pu penser Sir Arthur de là-haut ? On ne le saura vraiment jamais. Mais, en tout cas, on peut être certain qu'il a suivi la production du film de près. De très près même...

Ainsi, après le tournage avec Christopher Lee et Geneviève Page, vient le montage. C'est souvent là que le film prend tout son style, son rythme. Dans la cabine où le monteur en chef examinait toutes les séquences à la loupe, on entend une exclamation de surprise :

– Dites donc, monsieur Wilder, venez voir un peu. Il y a quelque chose d'étrange !

Billy Wilder, le réalisateur, se penche sur l'œilleton qui permet de voir la pellicule, image par image :

– Tiens, oui, c'est bizarre. On dirait qu'il y a quelqu'un dans le champ !

Il était impossible que, pendant le tournage, un inconnu se

soit trouvé dans le champ : si cela s'était produit, le cadreur, la script, le chef éclairagiste, un assistant ou l'une des cent personnes qui étaient constamment aux aguets se serait certainement aperçu de sa présence. Si c'est le cas, quelqu'un hurle : « Coupez ! » Et il y a une explication plus ou moins orageuse entre le réalisateur et celui qui aurait dû empêcher l'intrus de se « fourrer dans le champ ».

— Comment ce gros bonhomme peut-il être là ?

— D'autant plus qu'on ne voit que sa tête.

Le chef monteur regarde à nouveau la tête joviale, moustachue qui apparaît sur une séquence de quelques images :

— Mais je le reconnais, ce visage ! C'est celui de Sir Arthur Conan Doyle. J'en suis certain. Et dire qu'il est mort depuis trente-huit ans !

Billy Wilder frissonne un peu mais il se sent heureux. Sir Arthur Conan Doyle vient certainement d'approuver le film en apparaissant sur la pellicule.

En attendant l'aurore

À l'époque, l'Afrique est encore inexplorée pour sa plus grande part. Les Européens vivent en brousse, isolés dans des postes qui sont à plusieurs jours de marche les uns des autres. C'est le cas de Michel Brillaud qui vit seul en plein cœur du Mali. À l'époque, ce n'est encore que la « République soudanaise ». Michel habite une maison de pisé, avec pour seule compagnie son boy Ogeto, tout à la fois cuisinier, infirmier, secrétaire, femme de ménage et blanchisseur.

Michel s'émerveille tous les matins de la nature qui l'entoure. Le fleuve tranquille, les baobabs dont les gros fruits sont inutiles sauf aux singes, les levers et les couchers de soleil.

– Ogeto ! Je ne me sens pas en train ce matin. J'ai l'impression que j'ai un peu de fièvre. Je n'ai pas envie de faire grand-chose.

Michel Brillaud ne se pose pas trop de questions. Rien de grave. Dans deux jours, il n'y paraîtra plus. Il se jette sur son hamac, sous la moustiquaire. Pour le coup, il aimerait bien avoir un peu de compagnie européenne, ne serait-ce que pour pouvoir se rassurer.

– Bon, peut-être qu'Anselmo va passer cette semaine.

Anselmo, c'est un jeune Italien. Très jeune, même pas vingt ans. Dieu sait pourquoi il est venu se perdre au milieu de ce bout du monde. Anselmo fait le commerce des noix de palme. Il a installé un petit entrepôt dans le village. Quand l'entrepôt est plein de noix, il organise un transport par pirogue sur le

185

fleuve. Jusqu'à Monti, la ville la plus proche. C'est la seule compagnie européenne de Michel. Et quand Anselmo s'en va avec son chargement, Michel se sent seul.

Michel va chaque jour un peu plus mal. Une lettre de Bamako met le comble à son angoisse :

« Une épidémie de grippe espagnole s'étend sur tout le pays. Prenez le maximum de précautions. En cas d'épidémie constatée dans votre canton, voici les mesures à prendre d'urgence... »

Mesure à prendre d'urgence : c'est vite dit. Encore faudrait-il avoir une quantité de médicaments suffisante. Encore faudrait-il convaincre les villageois de s'adresser aux médecins plutôt que de suivre les conseils des sorciers...

Dans les jours qui suivent, la grippe frappe durement le village. Michel, lui-même atteint, est dans l'impossibilité d'assurer même un semblant d'antenne sanitaire. Le pauvre Ogeto fait ce qu'il peut. Il distribue tous les médicaments dont il dispose aux indigènes qui viennent demander du secours. Mais les mauvaises nouvelles tombent.

— Ce matin, patron, il y a encore dix morts au village...

— Hier, un courrier a annoncé la visite du docteur Marionneau. Mais on ne précise pas la date exacte. Espérons que je serai encore en vie.

— Il ne faut pas parler comme ça, patron. Tu es fort. Tu vas résister...

— J'ai mal à la tête et jamais je n'ai senti une telle douleur.

Il ne reste plus qu'à attendre. Trempé de sueur sur la couchette. Avec Ogeto qui fait tout ce qu'il peut, préparant des soupes mystérieuses à base de baies, ou du ragoût de « bulime », les escargots géants.

— Tiens, patron, mange. Ce matin j'ai fait une offrande aux ancêtres pour qu'ils te gardent en vie.

— Merci, Ogeto, tu es bien brave ! Mais si je pouvais avoir un peu d'antibiotiques, ça aiderait certainement les ancêtres... J'ai des accès de fièvre, ma sueur est brûlante.

— C'est peut-être mieux que la sueur quand elle est froide, patron.

Michel n'a bientôt plus la force de s'intéresser à la vie du village. Quand Ogeto vient lui annoncer que trois des gardes du poste sont morts, il pousse simplement un long soupir :

– Pourtant, c'étaient de rudes gaillards. S'ils n'ont pas pu résister, il me reste bien peu de chances...

Les nuits sont longues, coupées de cauchemars au cours desquels Michel se voit confronté à tous les dieux de l'Afrique. Des personnages aux masques grimaçants dansent la sarabande. Des têtes de crocodiles, de serpents, impassibles et menaçants, l'entourent pour lui annoncer que bientôt il aura rejoint le royaume des ancêtres...

Au matin, il broie du noir : « Alors je suis venu si loin de ma Charente pour finir ici, à moins de quarante ans, en pleine brousse. Mais qui sait, je vais peut-être rejoindre les ancêtres... Je vais peut-être me réincarner dans un baobab. Les gens du village viendront m'offrir des chèvres et des galettes de millet... »

Ogeto redouble d'attentions envers le « patron ». Il s'affaire, éponge la sueur, change les vêtements trempés de transpiration. Il convoque même le sorcier du village qui vient, le corps chargé d'amulettes, et secoue au-dessus de Michel des calebasses remplies de Dieu sait quoi ; puis s'en va. Impossible de savoir s'il est satisfait de son intervention ou s'il abandonne Michel à la mort.

Un matin, Michel, presque comateux, sent une main qui lui touche le front. Il ne reconnaît pas la peau rugueuse d'Ogeto. Quand il ouvre les yeux, il aperçoit, à travers une sorte de voile violet, le visage d'Anselmo, le jeune Italien marchand de noix de palme.

– Ah ! vous êtes là, Anselmo. Ça me fait plaisir de vous voir. Mais je ne pense pas que vous puissiez faire grand-chose pour moi. La grippe espagnole m'a rattrapé. C'est trop tard. Je sens que je pars. Ne restez pas trop longtemps dans le quartier, c'est très malsain. Si vous aussi vous tombiez malade, ni moi ni Ogeto ne pourrions rien faire pour vous...

Anselmo fait signe qu'il a compris. Mais il veut être encourageant :

— Vous allez vous en sortir, monsieur Brillaud. Vous avez tenu jusque-là. Ça prouve que vous avez une robuste constitution. Ce n'est qu'une affaire de quelques jours...

— Non, Anselmo, je sens que c'est la fin. J'ai l'intuition que je vais mourir cette nuit. Ah, c'est moche ! Vous savez, Anselmo, j'ai l'impression que si je pouvais seulement voir le jour se lever demain matin, je m'en sortirais, mais je n'irai pas jusque-là. Je suis vraiment au bout du rouleau.

— Je reviendrai vous voir demain matin, promet Anselmo. Et vous repartirez du bon pied.

Anselmo serre la main brûlante de Michel Brillaud et quitte la case.

Michel sent qu'il perd connaissance. À présent, il a l'habitude. Ce n'est pas si désagréable au fond. C'est comme si on s'endormait. Et quand il se réveillera... Mais Michel sent qu'il ne se réveillera pas. Cette fois, les masques des dieux de la brousse vont le garder avec eux. À jamais.

Pourtant, Michel (au bout de combien d'heures ?) reprend conscience. Il est tellement épuisé qu'il ne peut pas ouvrir les yeux. Ou alors, s'il les ouvre, il ne voit rien. La nuit complète :

« Est-ce que je suis aveugle ? »

Il appellerait bien Ogeto, mais il n'a pas la force d'ouvrir la bouche. Et puis, ce pauvre Ogeto doit dormir un peu. À quoi bon le réveiller ! Pour lui demander quoi ? Michel n'est plus qu'un demi-cadavre qui n'a plus la force de remuer ni bras ni jambes...

Les minutes passent. Les minutes ou bien les heures ? Après tout, quelle importance ? Michel entend un bruit familier. Il n'y prête pas grande attention. C'est un bruit d'ailes...

« Tiens, ça s'agite du côté du poulailler... Évidemment, les poules ne vont pas prendre mon deuil. »

Un bruit claironnant lui troue les tympans :

« Mais c'est Trompette qui se met en branle ! »

Trompette, c'est le coq du village. Grippe espagnole ou pas, Trompette ne manque pas à sa mission : réveiller les poules pour qu'elles pondent et réveiller le village pour que personne ne soit en retard dans la quête de nourriture.

Michel entend à présent un nouveau bruit familier.

« Tiens, la chaîne du puits. Ils sont déjà en train de tirer de l'eau. Ça fait longtemps que je me disais qu'il faudrait mettre un peu d'huile dans la poulie. Eh bien, c'est trop tard. C'est mon successeur qui devra graisser la poulie. »

C'est maintenant le clairon qui réveille les gardes du poste qui se met à résonner. Ce matin, il n'a pas l'air très en forme. Il fait plusieurs couacs un peu bizarres. Michel, qui a l'oreille musicale, fait la grimace. En même temps, il comprend que le jour se lève :

« Mais alors, j'ai tenu bon ! J'ai encore passé une nuit... Bon, les dieux de la brousse ne m'ont pas emporté. C'est le signe qu'ils me donnent une nouvelle chance. Maintenant, il faut que je m'accroche ! »

Il se sent déjà mieux et, cette fois, se rendort paisiblement.

Il est réveillé par Ogeto qui entre dans la case en essayant de ne pas faire de bruit. Le boy s'approche de la moustiquaire de Michel et la soulève. Il écoute la respiration du « patron ». Et se décide à parler :

— Patron, il y a un problème.

Michel, d'une voix encore faible, murmure :

— Qu'est-ce qui se passe ?

— Anselmo, le bwana italien... Il est devenu fou.

— Pourquoi ? Qu'est-ce qu'il fait ?

— Au milieu de la nuit, je le vois qui entre dans le poulailler. Je croyais qu'il voulait voler des poules mais il a chassé les poules du poulailler dans l'enclos.

— Tiens, c'est bizarre. Peut-être que lui aussi a attrapé la fièvre.

— Et après, je le vois qui s'approche du puits et se met à tirer sur la chaîne.

— Il avait sans doute besoin d'eau fraîche. S'il se sent fiévreux.

— Mais ce n'est pas tout, patron. Je le vois qui attrape le clairon qui est accroché devant le poste et qui se met à souffler dedans. Vous l'avez peut-être entendu, patron... Anselmo, il est devenu fou... Je voulais l'empêcher de vous déranger comme ça, mais l'Italien, il m'a enfermé dans ma case. J'ai dû attendre et appeler le garde de la corvée d'eau pour qu'il vienne ouvrir ma porte... À ce moment-là l'Italien était parti. Il a quitté le village. Il est certainement loin à l'heure qu'il est...

C'est alors que Michel Brillaud comprend. Il avait dit à Anselmo qu'il survivrait s'il parvenait à l'aurore nouvelle. Anselmo, plus fort que les dieux de la brousse, lui a fait croire en pleine nuit que le jour se levait. Grâce à lui, il va survivre.

Hélas, quelques semaines plus tard, alors qu'il est presque guéri, il apprend la triste nouvelle : Anselmo, le gentil Italien, vient de succomber à son tour à la grippe espagnole. Les dieux, rendus furieux de voir Michel Brillaud leur échapper, ont pris sa vie en échange.

Fantômes à l'hôpital

Le 13 août 1972, Mme Marguerite Villon est hospitalisée à la suite d'un problème rénal. Ses reins se sont brutalement bloqués, elle vient de perdre dix kilos en une semaine et les médecins diagnostiquent une mycose généralisée de tout son système digestif. Il était largement temps d'intervenir.

Marguerite Villon n'est pas inquiète. On a identifié son mal. Elle est un peu en colère car voilà cinq ans que son médecin traitant lui fait prendre des doses de médicaments pour un diabète pratiquement sans intérêt. En même temps, il a toujours refusé de s'intéresser à des variations étonnantes dans le taux d'urée de sa patiente.

Marguerite est là, couchée sur son lit. La perfusion pend à la potence chromée et le liquide s'infiltre goutte à goutte à travers l'aiguille qui lui perce la veine. Elle se surprend à dire :

— Quel crétin ! Ah, ce n'est pas demain la veille que je remettrai les pieds chez lui !

— Vous avez raison ! Moi aussi, je suis tombée sur un médecin incapable. Mais j'en suis morte !

Marguerite met un certain temps à réaliser que quelqu'un vient de répondre à ce qu'elle dit. Elle tourne la tête vers le second lit de la chambre. Dans la demi-obscurité provoquée par les stores vénitiens qui protègent des rayons du soleil brûlant de l'été, Marguerite distingue une femme couchée sur le second lit :

— Excusez-moi, j'étais persuadée que ce lit était inoccupé. Je dois être un peu comateuse. Je n'ai même pas remarqué quand on vous a amenée.

Sur le lit, la femme semble transparente tant elle est fatiguée. Marguerite la regarde mieux :

— Mais est-ce que je me trompe? N'êtes-vous pas Cécile Dumont? De la télévision? Je suis toutes vos émissions avec beaucoup d'intérêt. J'aime tellement la manière dont vous arrivez à faire parler ceux qui sont en face de vous... Qu'est-ce qui vous arrive, si je peux vous poser la question?

Cécile Dumont semble faire un effort surhumain pour répondre :

— Vous ne me verrez plus à la télévision. Je suis morte il y a une semaine. Et ce qui me met en colère, c'est de m'être entièrement trompée sur l'au-delà. Les choses ici sont tellement différentes de ce que l'on m'a enseigné toute ma vie !

Marguerite a fermé les yeux mais elle les rouvre soudain :

— Vous êtes morte il y a une semaine? Comment ça?

Elle se dresse sur les coudes pour entendre la réponse de sa voisine. Mais le lit à côté est entièrement vide, les draps et les couvertures bien tirés, prêt à accueillir une patiente nouvelle !

Marguerite appuie frénétiquement sur la sonnette. Il se passe quelques minutes avant qu'une infirmière ne fasse son apparition :

— Alors, madame Villon, qu'est-ce qui vous arrive?

La jeune infirmière antillaise est souriante. Marguerite dit :

— Je dois avoir de la fièvre. J'ai des hallucinations...

— Bon, je vais prendre votre température.

Tout en plaçant le thermomètre, l'infirmière demande :

— Quel genre d'hallucination avez-vous? Ça peut-être intéressant pour le professeur Hébrard...

— Vous n'allez pas le croire. Il y a cinq minutes là, sur le lit voisin, je viens de voir Cécile Dumont. Vous la connaissez? La journaliste de la télévision. Celle qui est mariée à Frédéric Haschloff...

La jeune Antillaise ne répond rien. Son visage a pris une couleur plombée.

— Cécile Dumont? Vous l'avez vue? Sur le lit d'à côté? Ce n'est pas possible !

– C'est ce que je me suis dit. D'autant plus qu'elle a disparu comme elle est apparue. Elle a pris le temps de me dire qu'elle était morte. Et qu'elle était très étonnée de ce qu'elle avait découvert dans l'autre monde.

La jeune infirmière n'a pas attendu la fin de la phrase. Déjà elle court dans le couloir en faisant claquer ses socques blanches...

La surveillante de l'étage apparaît bientôt, avec une expression contrariée. Le thermomètre de Marguerite révèle qu'elle fait un petit 37° 8, ce qui est tout à fait normal étant donné son état :

– Vous dites que vous avez vu Cécile Dumont ? Mon Dieu ! Vous étiez au courant ?

– Au courant de quoi ?

– Eh bien, en effet, nous avons eu Cécile Dumont dans notre service. Jusqu'à mardi dernier. Elle était dans cette chambre. Malheureusement son état était déjà trop critique. Elle nous a quittés.

– Vous voulez dire qu'elle est morte dans ce lit il y a quelques jours ?

– Euh... Oui, c'est pourquoi cela semble très étrange que vous l'ayez vue et qu'elle vous ait parlé.

Le professeur Hébrard est très intéressé par le récit de ces événements. Il n'en tire aucune conclusion quant à l'état de santé de Marguerite Villon. Mais, dans l'après-midi, l'aumônier de l'hôpital vient rendre visite à Marguerite pour parler de cette apparition bizarre. Et il lui demande soudain :

– Verriez-vous un inconvénient à ce que je procède à une bénédiction de la chambre ? J'ai demandé au professeur Hébrard de faire de même pour tout le service. Puis je dirai une prière pour le repos de l'âme de Cécile Dumont. Je sais qu'elle était farouchement agnostique, mais puisqu'elle dit avoir été dans l'erreur... Je ne vous demande pas de réciter une prière. Vous devez vous reposer. Mais si vous vous joignez à moi, simplement par l'intention, cela sera déjà beaucoup.

Marguerite se sent soudain prise de panique :

– Mon père ! Vous ne pensez pas que Cécile Dumont est

193

venue pour me prévenir que moi aussi j'allais bientôt la rejoindre ?

— Je ne le pense vraiment pas !

Marguerite, malgré ses soixante-cinq ans, possède un sens de l'humour intact. Elle dit :

— J'adore les émissions de Cécile Dumont, mais je n'ai aucune envie de poser ma candidature pour y participer dans l'autre monde.

L'abbé prend congé de Marguerite en réfléchissant à haute voix :

— Il faut que j'en parle à l'évêque. Toutes ces histoires de fantômes, ça commence à bien faire...

La dernière phrase de l'aumônier intrigue Marguerite :

— ... toutes ces histoires de fantômes...

Cela veut-il dire qu'il s'est passé autre chose dans le service ? La surveillante qui s'est prise d'amitié pour Marguerite lui avoue, la veille de son départ :

— Eh bien oui, maintenant que vous êtes tirée d'affaire je peux bien vous le confier. Nous avons eu dernièrement une autre « histoire de fantôme ». La patiente qui était avant vous, justement dans votre lit, s'est réveillée un matin avec une forte poussée de fièvre. Le professeur Hébrard a demandé des analyses de sang. Tout était normal, compte tenu de sa maladie. Enfin elle a fini par nous dire : « Je suis agitée parce que j'ai fait un cauchemar. Je suis en train d'attendre dans une longue file de malades. Nous portons tous les chemises de l'hôpital boutonnées dans le dos... Et nous attendons devant une porte impressionnante. Un peu comme les portes des ascenseurs d'ici. De temps en temps, la porte s'ouvre et il s'en échappe une lueur aveuglante qui empêche de voir ce qu'il y a de l'autre côté. À chaque ouverture, quelqu'un de la file pénètre à l'intérieur et la file avance d'un cran. Derrière moi il y a un monsieur assez âgé, barbu. Certainement un Indien ou un Pakistanais. Il marche avec une canne. Devant moi, il y a une petite fille blonde. Je suis étonnée car elle n'a pas plus de sept ou huit ans et personne ne semble l'accompagner. Bientôt, elle est devant la porte. Elle se retourne vers moi et elle me dit : " Après moi, c'est à vous... "

Je constate avec effroi que la pauvre gamine a le visage à moitié dévoré par une tumeur horrible. Une sorte de cancer. Mais elle sourit quand même... »

La surveillante en chef sort un mouchoir de sa poche. Elle semble très émue par le récit du rêve de la malade précédente. Marguerite Villon demande :

— Cette petite fille, elle était hospitalisée dans le service ?

La surveillante dit avec un sanglot :

— Oui ! Elle était dans le même couloir que vous : la chambre 313. En principe, notre formation nous permet de ne pas nous attacher aux malades. Mais cette pauvre Chloé faisait preuve d'une telle patience. Elle avait un courage admirable...

Marguerite Villon dit :

— Et la suite du rêve. S'il y a une suite...

— Oui, la malade a donc rêvé que la petite Chloé lui disait : « Après moi, c'est vous. » Elle en était toute bouleversée et nous avons dû lui administrer un calmant. Eh bien, vous le croirez si vous le voulez, quinze minutes plus tard, elle était morte. Nous avons fait intervenir tout le service avec les grands moyens. Impossible de la ranimer... Avouez que c'est quand même bizarre. Mais, le plus extraordinaire, c'est qu'en quittant sa chambre nous avons vu que la pauvre petite Chloé, elle aussi, venait de mourir, cinq minutes à peine avant la malade qui avait rêvé d'elle. Ainsi, comme dans le rêve, elles s'étaient suivies de près pour franchir... qui sait : la porte du paradis, peut-être ?

Marguerite ne reste que huit jours à l'hôpital. Quand des amis dévoués viennent la chercher pour la ramener chez elle encore toute flageolante, elle leur avoue :

— J'ai été merveilleusement soignée mais, si j'ai un autre problème, je ne sais pas si je reviendrai ici. J'ai vu Cécile Dumont, et puis il y a eu la mort de la petite Chloé, juste avant celle de l'autre malade qui avait rêvé qu'elle était devant la porte du paradis.

Marguerite continue son récit :

– Pour être bizarre, c'est bizarre. Et le pire, c'est qu'un autre malade est décédé ce matin. Un vieux monsieur charmant, un ancien juge de la Réunion. Il avait une barbe, m'a-t-on dit, et marchait avec une jolie canne.

Marguerite reste un moment silencieuse puis ajoute en regardant défiler les rues de la ville :

– Vous comprenez pourquoi je regarde le Centre hospitalier, le CHU, d'un œil nouveau. Est-ce que le CHU signifie « Centre hospitalier universitaire » ou bien est-ce que par hasard ça voudrait dire « Centre de hantise universelle » ?

Jour d'orage

Michaël Delmotte adore les grandes balades à pied. Parfois, pour le plaisir, il chausse ses gros souliers de marche, attrape son macfarlane et le voilà parti. Il a repéré un village à dix kilomètres de là. Mais cela ne lui fait pas peur. Deux heures de marche en pleine nature. Une fois arrivé à destination, il fait un tour dans le village, visite l'église, boit un verre de Vichy au café du coin et revient. De préférence par un chemin différent.

– Si je suis trop fatigué, il y aura peut-être un autocar pour me ramener. Ou bien je trouverai un taxi. Ou bien je ferai du stop !

Michaël Delmotte passe de longues heures à marcher dans la nature. Mais ce n'est pas du temps perdu. Michaël est écrivain et c'est au cours de ses longues promenades solitaires qu'il construit l'intrigue de ses romans. Sans écrire de ces « best-sellers » à la mode, Michaël parvient, bon an mal an, à des tirages très honorables qui font le bonheur de son éditeur et lui permettent de vivre confortablement.

– C'est vraiment un très joli coin. Un de ces jours, il faudra que je vienne passer une quinzaine ici. Il doit bien y avoir une auberge au bord de l'eau. Je pourrais même demander à Suzanne de m'accompagner.

Suzanne Balaguère, une décoratrice dans le vent, est l'éternelle fiancée de Michaël. Voilà quinze ans qu'ils se connaissent, se fréquentent. Suzanne aimerait beaucoup devenir « Mme Delmotte » mais Michaël recule toujours cette éventualité. Michaël revoit la dernière soirée qu'ils ont passée ensemble, il y a tout juste une semaine. Il lui a dit, avec un certain cynisme :

— Ma chérie, nous nous entendons si bien. Chacun chez soi et on ne se retrouve qu'au moment où nous en avons tous les deux envie. Cohabiter à longueur d'année ? À quoi bon ? Nous avons passé l'âge d'avoir des enfants... Quand nous serons bien vieux... le soir à la chandelle, comme dit le poète. Peut-être...

Suzanne soupire, comme d'habitude :

— Tiens, en attendant, j'ai un petit cadeau pour toi !

Elle glisse entre les mains de Michaël un paquet enrubanné. Il l'ouvre. À l'intérieur, six mouchoirs brodés :

— Suzanne, c'est toi qui as brodé tout ça...

— Oui, regarde, ils sont tous différents.

— Tu sais que ça porte malheur d'offrir des mouchoirs. Tiens, voilà une pièce de cinq francs en échange. C'est pour conjurer le sort !

Les mouchoirs portent chacun un petit symbole brodé : un revolver, un sabre d'abordage, une lance, un arc, un poignard, un kriss malais. Chacune de ces armes symbolise un des romans d'aventures de Michaël...

Michaël marche donc dans la campagne quand il lève les yeux au ciel. De gros nuages noirs venant de l'ouest envahissent l'horizon.

« Oh ! J'ai l'impression que ça va dégringoler ! »

Michaël presse le pas. Pour l'instant, il est désespérément isolé au milieu d'une plaine à blé. Il y a bien un gros arbre. Mais, si l'orage éclate, il est tout à fait déconseillé d'aller s'abriter sous un arbre isolé.

— Il faut que j'arrive au petit bois qui est un peu plus loin.

Il n'y a pas plus d'un kilomètre : en courant un peu ! Michaël adore marcher mais il déteste courir. Enfin, il s'élance. D'ailleurs le vent s'est soudain mis à souffler. Pas de doute. L'orage est tout près !

En arrivant au petit bois, Michaël cherche du regard s'il n'y aurait pas un abri un peu solide. La pluie commence à tomber dru. De grosses gouttes chaudes.

« Ah, là ! Cette vieille baraque ! C'est tout à fait ce qu'il me faut. »

En effet, un vieux bâtiment à un seul étage est là. De toute évidence il est abandonné. L'entrée est surmontée d'une belle voûte en plein cintre. Une ogive de très belle qualité. La pierre blanche s'orne d'un motif sculpté d'une grande élégance : un serpent qui ondule. Michaël se dit :

« Bigre, on dirait bien un bâtiment roman. Qu'est-ce que ça pouvait être ? Bizarre que ç'ait l'air tellement abandonné. Le motif du serpent est superbe. Qu'est-ce que ça peut symboliser ? Le diable peut-être... »

L'étage supérieur du bâtiment est orné d'ouvertures étroites, presque des meurtrières. Le toit couvert d'ardoises se perd dans les frondaisons. Michaël pense :

« On dirait un ancien bâtiment des Templiers. Une ferme fortifiée. Il faudra que je regarde sur mon guide. Ça doit être répertorié. »

Mais, pour l'instant, l'orage déferle sur tout le paysage. Michaël a le visage trempé de pluie. Derrière lui la porte est un épais panneau de chêne. Michaël, à tout hasard, appuie sur l'anneau qui est au milieu du panneau. La porte ne résiste pas à sa poussée et s'ouvre, sans le moindre grincement.

Michaël n'hésite pas et entre. D'un seul coup d'œil, il voit que le bâtiment est depuis longtemps déserté. En fait, il s'agit d'une sorte de grande salle. Des murs de pierre. Au niveau du premier étage, une galerie intérieure en bois. Pour accéder à la galerie deux volées d'escaliers qui partent du rez-de-chaussée. Sur la galerie donnent plusieurs portes. La pièce est assez obscure. Elle n'est éclairée que par une grande meurtrière.

« Bigre ! C'est superbe ! Je me demande à qui ça peut appartenir. Si par hasard c'était à vendre, je crois que je ferais bien une folie. Ça a une allure folle. Suzanne en ferait un truc superbe. Avec des tapis d'Orient, des lampes basses. Une cheminée centrale qui monterait jusqu'au toit... »

Michaël est tout heureux de sa découverte. Et en plus, il est heureux d'échapper à l'averse. Il sort un mouchoir de sa poche, celui sur lequel Suzanne a brodé un petit poignard, et il essuie la pluie qui lui a mouillé le visage.

« Je vais aller voir là-haut ce qu'il y a derrière les portes qui donnent sur la galerie... Il doit y avoir de quoi faire des chambres d'amis et des salles de bain. »

Mais soudain, alors qu'il va atteindre le niveau du premier étage, la foudre tombe tout près. Un éclair illumine la pièce. Michaël s'arrête, cloué sur place par la surprise :

– Oh! pardon, monsieur, excusez-moi! Votre porte était ouverte! Je suis entré cinq minutes pour me mettre à l'abri de l'orage. Je ne voudrais pas vous déranger!

Un inconnu est penché à la balustrade de la galerie. Cet homme à qui Michaël présente ses excuses est barbu et porte une chemise blanche à manches bouffantes. Michaël ne saurait dire s'il s'agit d'une chemise de nuit car il ne voit que le buste de l'inconnu. Un inconnu qui garde un silence peu amical. Michaël dit :

– Vous êtes sans doute le propriétaire de cette maison. Elle est magnifique!

L'autre le regarde sans répondre. C'est comme s'il n'avait pas entendu Delmotte. Il se contente de le fixer de ses grands yeux noirs surmontés de sourcils très épais. Et le regard qui transperce Michaël n'a rien d'aimable. On dirait qu'il veut foudroyer Michaël sur place. Michaël, qui se paie d'audace, demande :

– Vous ne seriez pas vendeur par hasard?

Le temps de monter une marche supplémentaire de l'escalier et l'homme a disparu. Pas un bruit, pas un grincement de porte ni de plancher... Michaël lance :

– Monsieur! monsieur! Vous êtes là?

Il se sent soudain bizarrement mal à l'aise. Il se dit :

« Et s'il était allé chercher son fusil? Ou bien s'il lâchait un chien à mes trousses? Vraiment, ce bonhomme n'est pas du tout sympathique. »

L'orage semble avoir cessé et Michaël décide de quitter les lieux :

« Bon, je reviendrai une prochaine fois. Il sera peut-être de meilleure humeur. »

Au-dehors, un magnifique arc-en-ciel illumine le paysage. Un dernier regard au vieux bâtiment et Delmotte reprend sa route.

En arrivant à l'auberge, il prend une douche et change de vêtements. C'est alors qu'il fait une constatation déplaisante :

« Le mouchoir de Suzanne ! Je ne l'ai plus ! Quelle barbe ! Voyons : je l'ai sorti de ma poche en entrant dans la " commanderie ". »

Car Michaël a d'ores et déjà décidé que la vieille bâtisse ne pouvait être qu'une ancienne commanderie des Templiers.

« Je me suis encore essuyé le front avec le mouchoir au moment où j'arrivais à l'étage. Bon, j'ai dû faire tomber le mouchoir chez le barbu ! Eh bien, ça me fera un but de promenade. S'il est de bonne humeur, le barbu me permettra peut-être de chercher mon mouchoir. Ou bien il l'aura déjà trouvé. Et puis nous reparlerons d'une vente éventuelle... »

Et Michaël repart, à pied, pour une longue promenade qui doit le conduire à la vieille demeure avec sa porte romane...

Une fois parvenu au bois, Michaël Delmotte a un peu de mal à s'orienter.

« Mais où était cette baraque ? Pourtant, voyons, je suis arrivé de l'autre côté. Et dès que j'ai pénétré dans le petit bois, la maison était tout de suite à main droite. »

Michaël fait entièrement le tour du bois. En vain... Il en vient à se demander s'il ne s'est pas trompé de bosquet. Mais non, il reconnaît une barrière vermoulue et toute déglinguée qu'il avait remarquée la veille en arrivant.

Soudain, il sent un frisson lui courir le long de l'épine dorsale. Il vient de retrouver la maison. Ou du moins ce qu'il en reste :

— Mais ce n'est pas possible !

Là, au milieu d'un fourré, Michaël voit... la porte romane. Seule, isolée. Rien ne reste des murs. Rien de l'épaisse porte en chêne qu'il a poussée hier. Simplement une porte romane toute seule au milieu des ronces et des orties. Avec un très joli dessin sculpté en forme de serpent. Aucun doute, c'est la porte de la maison... Mais la maison n'existe pas. La maison n'existe plus. A-t-il rêvé la galerie et les portes et les chambres et l'étage ?

A-t-il rêvé l'homme barbu à la chemise blanche avec des manches bouffantes ? Ou bien existe-t-il deux portes romanes semblables dans ce bois ?

« Est-ce que j'aurais tendance à devenir fou ? Ai-je été frappé par la foudre ? À moins que je ne sois passé dans une autre dimension. »

Il sent soudain une bouffée de chaleur et la sueur se met à perler sur son front : instinctivement, il fouille dans sa poche pour chercher un mouchoir :

« Ah ! le mouchoir de Suzanne. Si je l'ai bien utilisé hier, c'était de l'autre côté de la porte romane. Mais comment aller y voir avec tout ce fouillis de ronces ? »

Michaël n'a pas besoin de franchir la porte au serpent sculpté. Il aperçoit soudain le joli mouchoir brodé par Suzanne.

« Mince, comment faire pour aller le récupérer là-haut ? »

Effectivement le mouchoir est « là-haut » suspendu à une branche de chêne. À la hauteur d'un premier étage. À la hauteur exacte où Michaël se souvient de l'avoir utilisé la veille en arrivant sur la galerie qui n'existe pas...

La bague

Cette histoire commence en pleine guerre de l'ex-Congo belge. Les Blancs isolés dans les plantations fuient en essayant de passer inaperçus à travers la forêt. Certains parviendront aux points de rassemblement. D'autres, moins heureux, finiront dans un fourré et leurs cadavres gonflés par la chaleur seront dévorés par les animaux sauvages.

Michel Gampenon et sa femme Isabelle profitent du jour levant pour se glisser le long d'une piste étroite parmi les arbres géants. Ils portent chacun une valise avec les biens les plus précieux de la famille. Mais, pour l'instant, ce qu'il faut sauver, c'est leur vie. « Normalement, dans une heure on devrait arriver au poste militaire. Courage! »

Isabelle ne desserre pas les dents. Elle tient sa valise d'une main et, de l'autre, elle se cramponne à celle de Véronique, leur fillette de sept ans.

— Maman, regarde, le monsieur là! Tu crois qu'il dort?

Isabelle sait que les messieurs ne dorment pas au bord des pistes forestières :

— Non, Véro! Il ne dort pas... Il est mort!

D'ailleurs le cadavre n'a plus que la moitié de son visage... Michel, le fusil à la main, s'approche du malheureux :

— Il n'aura plus peur de rien, pauvre gars!

Véronique observe le corps. Ses parents n'ont plus la force de l'éloigner de ces visions macabres. On ne peut pas traverser un pays en révolution en regardant les nuages...

— Maman, tu as vu. Il a une jolie bague, le monsieur!

À l'annulaire droit du cadavre, un bijou brille dans la pénombre du fourré. Michel dit :

— Tu as l'œil, ma poule. C'est vrai que c'est une belle bague!

Isabelle marche déjà en avant-garde. Elle dit, d'un ton suppliant :

— Michel! Pressons-nous, j'ai peur!

Michel Gampenon répond :

— On ne peut pas laisser ce cadavre avec une aussi belle bague au doigt. Je la prends!

— Tu es fou! Détrousser un mort! Ça porte malheur! Laisse-lui sa bague! D'ailleurs, elle me fait une drôle d'impression!

— Mais non. C'est peut-être cette bague qui permettra d'identifier ce pauvre type! Et puis, elle est si belle! Ça serait dommage de la laisser à ces sauvages!

Il réfléchit un moment :

— C'est quand même curieux qu'ils lui aient laissé ce bijou! Ça a l'air d'être de l'or. Bizarre!

C'est ainsi que Michel Gampenon devient propriétaire de la bague. Il la glisse dans sa poche et l'oublie jusqu'au moment où l'avion qui les ramène en Belgique décolle :

— Tiens, la bague! Regarde, Isabelle. Ça représente un serpent! Un cobra à collerette. Je n'y connais pas grand-chose mais ça a l'air plutôt ancien. Ça me rappelle vaguement... l'Égypte.

Michel trouve que la bague fait très bien à son doigt, il l'enfile à sa main droite et n'y pense plus. Sa famille et lui parviennent sains et saufs à Bruxelles. Enfin, ils semblent être sains et saufs. Ils ont échappé au massacre. Mais Michel meurt brutalement d'une maladie mystérieuse que personne n'est capable de diagnostiquer.

Quelques semaines plus tard, Isabelle retrouve le serpent d'or parmi les affaires de son mari. Elle le lui a enlevé avant la mise en bière.

204

– Ce bijou me donne la chair de poule.

Le jour même, elle va le vendre à M. Moshewitz qui tient la petite bijouterie antiquaire au coin de la rue. Mais la bague ne va pas très loin :

– Isabelle, regarde ! Je viens de faire une affaire superbe ! J'ai trouvé une bague en or magnifique chez ton petit brocanteur.

Celui qui parle ainsi, c'est Frédéric Larminier, le propre beau-frère d'Isabelle Gampenon.

– Tu l'as achetée ! Je t'en prie ! C'est moi qui l'ai vendue. Michel l'a trouvée sur un cadavre et je suis persuadée que c'est cette bague qui l'a tué !

– Dis donc, mon Isou ! J'ai l'impression que le Congo, ça t'a drôlement secouée. Tu me diras qu'après tout ce qui vient d'arriver !

Frédéric Larminier porte la bague pendant quelques semaines. Un soir, il invite Isabelle et Véronique à dîner. Marie-Louise Larminier, la sœur d'Isabelle, n'attend pas le dessert pour aborder un sujet qui la préoccupe :

– Frédéric, mon chéri. Raconte ton rêve à Isou !

Frédéric veut se donner l'air courageux mais on sent son inquiétude quand il dit :

– Ce n'est rien. Mais enfin, il y a une semaine, j'ai fait un rêve bizarre. J'ai vu une sorte de pharaonne égyptienne qui m'apparaissait. Elle me disait : « Tu possèdes ma bague royale. Elle a été volée dans mon tombeau, mais ce bijou porte une malédiction. Jette-le dans le fleuve dès demain, sinon tu mourras ! »

Isabelle frissonne en entendant ce récit. Frédéric continue :

– Évidemment, je ne l'ai pas jetée et je suis toujours vivant.

Dans le mois qui suit, Marie-Louise Larminier s'inquiète un soir de ne pas voir son mari rentrer du travail comme d'habitude. La police le découvre dans une ruelle déserte, poignardé. On conclut à un crime de rôdeur. Jamais élucidé.

Frédéric, sans doute mû par un pressentiment, a laissé une petite note laconique :

– Si je meurs, je désire léguer mon cobra d'or à Joseph Pailleur.

Joseph Pailleur, un collègue de travail de Frédéric, accepte le legs sans sourciller. Il connaît l'histoire du bijou, il connaît l'histoire du rêve et de la pharaonne. Il enfile donc le cobra d'or à son doigt et annonce :

— Si cette bonne femme vient me déranger en rêve, elle va trouver à qui parler.

Pourtant, au bout de six mois, Joseph Pailleur est obligé d'avouer à ceux qui lui trouvent l'air soucieux :

— Eh bien oui, moi aussi, j'ai rêvé de la pharaonne égyptienne. Elle m'a dit aussi que j'avais vingt-quatre heures pour jeter la bague à l'eau.

C'est pourquoi personne ne s'étonne trop quand Joseph Pailleur meurt à son tour. Un accident de chasse. Il s'est pris les pieds dans une racine et s'est tué avec son propre fusil! Hector Pailleur, le frère de Joseph, devient l'héritier naturel du cobra d'or. Mais il ne tient pas à porter le bijou décidément bien maléfique :

— C'est fou! Cela fait trois mois que j'essaie en vain de fourguer cette fichue bague! C'est un bijou splendide mais personne n'en veut! Je l'ai même passé à la salle des ventes. Dans une bonne vente : personne ne s'y est intéressé.

— Forcément, tu as raconté l'histoire du rêve et de la malédiction! Les antiquaires sont souvent superstitieux. Personne ne veut tenter le diable. Il ne te reste plus qu'à en faire don au musée de Bruxelles! Si c'est bien un bijou égyptien et qui plus est royal, seul un musée peut en prendre possession sans craindre le mauvais sort!

Isabelle Gampenon a une idée :

— Essaie de la revendre à M. Moshewitz. Il me l'a bien achetée une fois, pourquoi pas deux?

Mais M. Moshewitz a changé d'avis. Il refuse absolument de reprendre la bague dans sa boutique :

— Vous savez, pendant le court temps où j'ai eu la bague, j'ai été cambriolé deux fois et il y a eu le feu dans la boutique. Non, merci! Ça suffit comme ça!

En désespoir de cause, Blanche Pailleur, la propre femme d'Hector, lui dit :

— Cet été, nous allons passer chez Henriette à Bruges. Elle trouvera bien un bijoutier intéressé par une bague de cette qualité !

Blanche et Hector Pailleur partent donc deux mois plus tard et ils font étape chez Henriette, la sœur de Blanche. Dès le premier soir, la bague en forme de cobra d'or est sortie du petit étui qui la contient :

— Honnêtement, Henriette, avant que tu te charges d'écouler cette bague, il faut que tu connaisses son histoire. Enfin, ce que nous savons de son histoire. Je ne voudrais pour rien au monde introduire cet objet chez toi sans que tu saches les risques qu'il pourrait te faire courir !

Henriette éclate de rire :

— Mais vous en faites une tête, mes pauvres cocos ! Franchement, Blanche, je croyais que l'éducation rationaliste que nous a donnée papa te mettrait à l'abri de telles élucubrations ! Bon, d'accord, Michel Gampenon est mort. Comme tout le monde. Et Joseph aussi. C'est ce qu'on appelle une série noire. Mais ce ne sont pas ces quelques grammes d'or qui vont me faire dresser les cheveux sur la tête. À propos, c'est de l'or à combien de carats ?

Elle examine la bague à l'aide d'une loupe :

— En tous les cas, c'est un bijou magnifique. Je ne sais pas si vous avez remarqué mais, à l'intérieur de l'anneau, il y a une inscription à demi effacée. Ça serait intéressant si quelqu'un parvenait à la traduire. Moi, elle me plaît bien, cette bague. Combien voudriez-vous en tirer ?

Blanche et Hector font une moue :

— Tu sais, n'importe quelle offre sera la bienvenue. Du moment qu'elle fiche le camp de chez nous !

— Et si je vous en offrais, disons, trente mille francs !

— Tu es folle !

— J'irais jusqu'à quarante mille ! Pas un sou de plus !

— Mais non, tu ne comprends pas. Ce n'est pas une question d'argent. Si tu veux, elle est à toi pour vingt mille francs. Mais ne fais pas ça, essaie de bien la vendre mais surtout n'en deviens pas propriétaire!

– Assez de balivernes. Bon, l'affaire est conclue. Demain matin, je passe à la banque et je vous paierai en liquide. Allez, tout le monde au lit et bonsoir.

Au-dehors, la pleine lune illumine le calme des canaux. Tout respire la tranquillité. Tranquillité trompeuse... Dans la nuit même, Blanche est réveillée par un bruit suspect. Comme un craquement sinistre du bois :

– Hector, tu entends?

Hector a entendu :

– Je n'arrivais pas à dormir. Cette histoire de bague me turlupine. Rien que de l'avoir sous le toit où l'on dort, ça me rend malade.

– Va voir en bas! J'ai l'impression qu'il y a quelqu'un dans la maison!

Blanche et Hector enfilent leurs robes de chambre et descendent le grand escalier de bois qui mène au rez-de-chaussée. Et là, ils constatent que deux ombres s'agitent dans la salle à manger. Hector crie :

– Ne bougez pas!

Un coup de feu claque. Blanche est mortellement blessée. Elle meurt entre les bras d'Henriette qui est accourue. Les deux hommes s'enfuient... Quand les gendarmes arrivent, Henriette constate que la bague a disparu.

– Je ne l'avais pas encore payée. Elle appartenait encore à mon beau-frère et à ma sœur. C'est pour cela que Blanche est morte!

La bague n'a jamais réapparu. Où est-elle? Ne serait-ce pas vous qui avez, sans le savoir, acheté cette bague maudite?

La Banshee

Ce matin, le groupe d'étudiants de l'université de Rouen se réveille de bonne humeur.

– À nous deux, l'Irlande! Tu vas voir comment nous sommes, nous autres les petits mangeurs de grenouilles!

Tout le groupe se retrouve bientôt dans la salle à manger de l'auberge Mac Tarish. Ils sont douze, filles et garçons, et commencent un séjour de quinze jours dans le comté de Clare. Le groupe est sous la direction du père Rivette:

– Aujourd'hui, nous allons rendre visite au père O'Donnell. Vous verrez, il est super-sympathique. Nous nous sommes connus quand il est venu faire ses études en France et nous nous voyons aussi souvent que possible, soit ici à Glamerley, soit dans ma paroisse.

– Eh bien, vive le père O'Donnell!

Graham O'Donnell est rouquin, souriant, barbu, un peu couperosé et athlétique. Il distribue aussi volontiers l'eau bénite que le whisky mais les jeunes Français se méfient des alcools irlandais. Le soir, à la veillée, tout le groupe est assis autour de la cheminée où flambent des bûches.

O'Donnell raconte, avec un accent rocailleux:

– Bien sûr, ici, en Irlande, vous êtes au cœur d'un pays catholique. Mais, sous la mince couche de la religion chrétienne, il existe la religion celtique. Impossible de le nier. Ici on croit aux fées, aux lutins, aux esprits cachés dans les arbres, dans les sources, aux nymphes de lacs et aux revenants des marais.

209

– Oh, père O'Donnell, vous nous charriez! On est au XXᵉ siècle. Ne me dites pas que vous croyez aux gnomes et autres balivernes irlandaises!

Le père O'Donnell prend soudain une expression grave. Il tire sur sa pipe en silence. Son regard vert se pose sur Daniel Méréal, le jeune homme qui vient de l'interrompre:

– Si j'étais vous, jeune... comment dit-on? jeune... présomptueux, je tournerais sept fois ma langue dans ma bouche avant... de dire n'importe quoi!

Le père Rivette, le Français, approuve:

– Tiens, Daniel, mets ça dans ta poche avec ton mouchoir par-dessus et attends d'avoir plus d'expérience.

Le père O'Donnell, les yeux tournés vers le plafond noirci de fumée, ajoute:

– Qui sait si avant la fin de votre séjour vous n'aurez pas eu l'occasion de changer d'opinion sur les dieux de l'Irlande éternelle. Bon, parlons d'autre chose. Demain, il y a un bal au village. Je crois que c'est une bonne occasion de faire connaissance avec notre beau folklore. Si vous êtes d'accord, je vous accompagnerai et je pourrai vous expliquer tous les détails, les costumes, les danses et les chansons.

– Ça ne sera pas du luxe. Parce qu'il y a un monde entre l'anglais qu'on nous apprend à l'université et la langue des villageois.

– Nous sommes irlandais et pas anglais!

Le lendemain, au moment où le soleil se couche, le père O'Donnell, avec un gros pull sur sa soutane et chaussé de gros souliers à clous, arpente d'un bon pas la route qui mène au village tout proche de Flaherty. Les étudiants et le père Rivette ont de la peine à suivre son rythme. Il commente le paysage.

– Ici, on entend parfois le cri de la Banshee...

– C'est quoi cet animal, votre banchie?

– La Banshee, B.A.N.S.H.E.E., n'est pas un animal, c'est une femme blonde et très pâle que l'on voit parfois en train de se peigner... Avec un peigne cassé...

— Si on la voit, je lui donnerai le mien, il est en corne garantie...

Le père O'Donnell ne relève pas l'interruption du plaisantin.

— Il paraît que son visage est si triste qu'elle donne envie de mourir. C'est ainsi que l'on explique les suicides ou plutôt les morts inexpliquées qui endeuillent souvent le pays...

— Vous ne pensez pas que le whisky irlandais y serait pour quelque chose?

— En tout cas, la Banshee crie parfois. Et cela annonce, dans certaines familles, la mort d'un enfant. Chez certains, elle ne crie que pour annoncer la mort de l'aîné. Chez d'autres, c'est le présage de la mort du cadet.

Du coup, tout le groupe se tait. La nuit est déjà tombée et chacun tend l'oreille pour essayer d'identifier tous les bruits, les cris d'oiseaux ou d'animaux qui se font entendre entre la lande et les collines...

— Ah! On arrive, j'entends déjà les binious!

— Espèce d'ignare, ce ne sont pas des binious, ce sont des cornemuses!

Après une soirée extrêmement joyeuse, tout le groupe se rassemble pour rentrer à l'auberge Mac Tarish... Il n'y a que trois kilomètres à faire. Le père Rivette, le père O'Donnell ouvrent la marche. Pas question d'aller s'enliser dans un marécage. La pleine lune éclaire le chemin et toute la troupe suit en ricanant. Dame, la danse a donné soif! Il a bien fallu goûter la bière et le whisky, histoire de se faire une opinion sur les spécialités locales...

Soudain, le groupe entier se fige. Personne n'ose rien dire mais tout le monde pense: « La Banshee! »

Un cri effrayant d'angoisse, interminable, vient de retentir quelque part, là, non loin de la route. Est-ce un cri humain? Personne ne le pense. Un animal? Cela semble impossible. Enfin, une des jeunes filles trouve la force de dire:

— Père, vous avez entendu? Qu'est-ce que c'est?

Le père O'Donnell est figé sur le bord du chemin. Il regarde dans le noir vers la forêt impénétrable et se met à hurler des horreurs en irlandais. Si quelqu'un du groupe comprenait, il serait étonné car il s'agit d'une série de blasphèmes bien surprenants dans la bouche d'un prêtre. Il hurle et, tout en même temps, fait un signe de croix. Le père Rivette l'imite machinalement. À nouveau, le hurlement perce la nuit. Tout le monde a soudain la chair de poule...

Daniel Méréal lance :

— Qu'est-ce qui se passe ? Qu'est-ce que vous avez tous à rester comme ça ? Vous avez vu quelque chose ?

Personne ne semble lui porter la moindre attention. Daniel saisit le père Rivette par la manche de sa soutane et répète sa question :

— Hé, vous m'entendez ? Qu'est-ce qui vous arrive ?

— Daniel, tu n'entends pas ce cri ?

Le père O'Donnell semble sortir d'un rêve :

— Daniel, vous n'avez rien entendu ?

— Entendu quoi ? Il y avait une chouette ou un hibou qui ululait. Ça vous suffit pour vous bloquer sur place ?

— Vraiment, mon petit Daniel, vous n'avez pas entendu ce long cri dans la nuit ?

Apparemment, Daniel n'a rien entendu du tout...

Le père O'Donnell prend soudain le père Rivette et l'entraîne à l'écart. Il lui murmure quelque chose à l'oreille. Le prêtre français écoute et recule brusquement avec un haut-le-corps :

— Graham ! Je t'en prie ! Tu es fou !

Mais Graham O'Donnell hoche silencieusement la tête comme pour dire :

— Tu verras ce que je te dis. Il n'y a aucun doute là-dessus...

Le père Rivette dit :

— Allez, il est temps de se mettre au lit. En route. Demain nous avons une longue balade le long de la côte. Il faut se lever de bonne heure.

Il attrape Daniel Méréal par le bras et l'entraîne avec lui. Toute la troupe suit, silencieuse, comme perdue dans ses pensées. Graham O'Donnell ferme la marche. Parfois, il se retourne pour considérer l'endroit d'où venait le cri inhumain. Mais la nuit a retrouvé son calme... Les étoiles brillent, on n'entend que le mugissement des vagues qui se brisent le long de la falaise, trente mètres plus bas.

Le lendemain, toute la troupe se lève de bonne humeur. Il pleut, mais cela n'entame en rien l'enthousiasme. On a bien un peu mal aux cheveux. La vieille Margaret, la bonne du père O'Donnell, marmonne :

— Si j'étais vous, je ne sortirais pas aujourd'hui. C'est un jour à attraper mal. Ces jeunes Français ne sont pas bâtis pour notre climat. Et puis, si vous avez entendu la Banshee !

Le père O'Donnell fait un signe de croix, sans lâcher la pipe qu'il tient à la main :

— Taisez-vous, Margaret...

Le père Rivette et son groupe s'éloignent et font des signes d'adieu en franchissant la petite barrière qui sépare le presbytère de la route...

Dans l'après-midi, le père O'Donnell ne parvient pas à se concentrer sur la lecture de son bréviaire. Toutes les cinq minutes, il jette un coup d'œil par la fenêtre. Soudain, il voit un groupe qui arrive, sous la pluie toujours battante :

— Ah, les voilà ! Enfin !

Margaret regarde elle aussi. Malgré son âge, elle a l'œil encore perçant :

— Par saint Patrick ! Il est arrivé quelque chose. Je vois les fils Parnell qui sont avec eux. On dirait qu'ils portent quelqu'un sur une civière.

Le père O'Donnell est déjà sur la route. Il retrousse sa soutane pour courir plus vite. Le père Rivette est en tête de la petite troupe. Rien qu'à voir son visage, on devine qu'il y a eu une catastrophe :

— Jean-François ! Que s'est-il passé ?

— Mon pauvre Graham ! C'est Daniel. Il a voulu faire des photos et, en s'approchant trop près du bord de la falaise, il a glissé sur le rocher mouillé. Il a fait une chute de quinze mètres. Rien eu à faire. Il était mort quand nous avons pu nous approcher de lui...

Les quatre frères Parnell, quatre colosses, ont posé la civière sur le sol. Sous un plaid multicolore Daniel Méréal repose. Il a

213

encore du sang sur le visage. De toute évidence, il est mort sur le coup.

Jean-François Rivette dit :

– C'est ma faute. J'aurais dû t'écouter. Nous n'aurions pas dû faire cette excursion.

Le père O'Donnell s'agenouille à même le sol détrempé pour dire la prière des morts. Puis il vient tenter de consoler son ami Rivette :

– Tu n'aurais rien pu faire. Il était condamné. Même s'il était resté au lit toute la journée, il serait mort. Hier, quand nous sommes rentrés du bal, Daniel était le seul à ne pas avoir entendu le cri de la Banshee. C'est un signe qui ne trompe pas.

L'ascenseur

— As-tu bien dormi, ma chérie?

C'est par cette question rituelle que Mme Lemonier réveille tous les matins sa fille, Béatrice. Béatrice ouvre les yeux en grognant :

— Maman, pourquoi ouvres-tu les rideaux? J'ai le soleil en plein dans l'œil!

— Et, justement, le soleil brille. Tu vas prendre ton petit déjeuner dans le jardin. Allez, ouste! Une grande fille de dix ans ne va pas passer toutes ses vacances au lit!

Béatrice se frotte les yeux et fait la moue :

— J'ai fait un drôle de rêve cette nuit...

— Comme de bien entendu! Je me demande s'il y a une seule nuit où tu ne feras pas un rêve des plus fous!

Il est vrai que Béatrice est la grande spécialiste des rêves en couleurs qui la plongent dans des univers étranges. Elle rêve très souvent d'une villa qui pourrait bien exister quelque part en Italie. Devant la villa, des bassins en terrasse sont encadrés par des ifs. Le plus étrange est que, à chaque visite que Béatrice fait en rêve dans « sa » villa, elle y rencontre des personnes différentes. Parfois ce sont des Anglais très joyeux qui boivent du vin et qui chantent. D'autres fois, ce sont des demoiselles d'un certain âge qui se promènent sous des ombrelles. Lors d'une visite, Béatrice raconte :

— C'était triste : ma villa était toute abandonnée. Il y avait

215

des mauvaises herbes dans les allées, les volets étaient fermés et la peinture des murs était pleine de moisissures.

Une autre fois elle se réveille très choquée :

— Quand je suis arrivée, il y avait des gens qui se baignaient dans les bassins. Ils s'amusaient bien. Il y avait des hommes, des femmes et des enfants, mais ils étaient tout nus. Je n'ai pas osé rester. Tu n'aurais pas été contente.

Mme Lemonier apprécie que sa petite Béatrice, malgré son très jeune âge, garde, même en rêve, un certain respect des convenances. Elle lui explique :

— Quand on rêve d'une maison, c'est qu'on rêve de soi-même.

Mais elle ne s'aventure pas à analyser le contenu psychanalytique des rêves de sa fille. Ce matin, donc, Béatrice a eu un nouveau rêve. Mme Lemonier s'assoit sur le bord du lit :

— Alors, mon poussin, raconte-moi ton rêve avant de l'oublier. On va bien voir si c'est du comique ou du tragique...

Béatrice se concentre et repart un peu dans son rêve.

— On était toutes les deux devant « ma » villa et j'ai vu sortir un gros monsieur barbu. Il avait le visage tout rouge, comme s'il allait exploser. Il avait une canne à la main, un chapeau de paille tout noir avec un ruban qui brillait comme de l'argent...

— Très intéressant, ma chérie ! Un chapeau noir avec un ruban argenté ! Ça devait être d'un chic ! Et qu'est-ce qu'il faisait, ce gros monsieur ?

Béatrice vit souvent des aventures époustouflantes de l'autre côté de la nuit mais, ce matin, Mme Lemonier doit rester un peu sur sa faim... Béatrice, un peu vexée, avoue :

— Il ne faisait rien, il sortait de « ma » villa — enfin, il m'a semblé que c'était « ma » villa —, et il s'en allait dans la rue en faisant tourner sa canne...

Mme Lemonier rabat d'un seul coup la couette de Béatrice :

— Bon, ce n'est pas palpitant. Je me demande même pourquoi il s'est dérangé pour venir se promener dans ton rêve.

Eh bien, Béatrice et sa mère vont très bientôt connaître la réponse à cette question un peu ironique...

216

Dans l'après-midi, Mme Lemonier annonce :

— Je vais aller faire des courses à Vichy et, s'il nous reste encore du temps, j'essaierai d'aller dire bonjour à Charlotte Duffaut. Elle fait une cure pour trois semaines. Elle est descendue à l'hôtel Taillefer. Tu viens avec moi ?

Béatrice décide d'accompagner sa mère. Elle a envie de voir du monde et elle aime beaucoup Mme Duffaut.

C'est ainsi que, vers dix-huit heures, Mme Lemonier et Béatrice montent les marches qui conduisent au hall de l'hôtel Taillefer. Un portier en grand uniforme, un haut-de-forme galonné sur la tête, sourit à chacun de ceux qui entrent ou sortent.

— Maman ! Regarde ! Regarde !

Mme Lemonier, un peu perdue dans ses pensées, ne comprend pas ce qu'elle doit regarder :

— Maman ! C'est lui ! Là ! Il descend les marches !

Mme Lemonier jette un œil sur les gens qui entrent et sortent de l'hôtel. Soudain, elle aperçoit un homme barbu qui descend les marches. Il est pratiquement obèse et son visage congestionné dégouline de transpiration. De la main gauche, il éponge son front avec un grand mouchoir. Il passe devant Béatrice et sa mère sans leur prêter la moindre attention. Il semble de bonne humeur et, de la main droite, il fait des moulinets avec une canne de jonc dont la poignée est dorée. Mme Lemonier remarque qu'il porte un chapeau de paille noire entouré d'un ruban qui brille au soleil comme s'il était tissé de fils d'argent...

— C'est lui, l'homme dont tu as rêvé ? C'est lui, tu en es certaine ?

Béatrice est devenue muette d'émotion. Elle fait des signes de tête pour répondre que c'est bien l'homme de son rêve...

Tout en parlant, Béatrice et sa mère ont traversé le hall de l'hôtel. Elles se trouvent maintenant devant l'ascenseur qui doit les conduire au troisième étage et à la chambre 321, celle de Mme Duffaut. Mme Lemonier tient à la main un paquet de pâtisseries variées : des « puits d'amour », une gourmandise qu'elle partage avec son amie.

— Maman, il faut suivre ce monsieur ! Viens vite.

Béatrice saisit la main de sa mère et l'entraîne vivement vers la sortie de l'hôtel. Sur l'esplanade ombragée, le gros monsieur congestionné s'éloigne en continuant à faire des moulinets avec sa canne. Elles descendent rapidement les marches de l'entrée et se mettent à courir pour rattraper le bonhomme. Le paquet de « puits d'amour » sautille au bout de sa ficelle. Vont-elles rejoindre l'homme à la canne ?

— Béatrice ! Ça suffit ! Qu'est-ce qu'on va lui dire, à ce monsieur ? « Bonjour, monsieur, je viens vous dire que cette nuit vous étiez dans un rêve de ma petite Béatrice. Et j'aimerais savoir ce que vous allez faire maintenant. » Non mais : il va nous prendre pour deux folles !

— Oh si, maman, allons lui parler !

— Non, ça ne rime à rien. Et puis les « puits d'amour » ne vont pas résister. À les secouer comme ça, ça va être un désastre. Quand je vais ouvrir le paquet, ça ne sera plus des puits d'amour, ça sera de la ratatouille ! Allez, on laisse ce gros monsieur tranquille et on retourne à l'hôtel.

Béatrice fait un peu la tête. Dame, ce n'est pas tous les jours qu'on a l'occasion de parler à quelqu'un qu'on a rencontré en rêve. Elle aurait bien voulu entendre le son de sa voix. Mais Mme Lemonier a tourné les talons, et elle fait remarquer à Béatrice :

— Et d'abord, rien ne dit qu'il soit français, ce monsieur. Suppose qu'il soit allemand ou tchécoslovaque. Qu'est-ce qu'on va lui dire ?

Béatrice ne trouve rien à répondre. Maman a raison. Elle se sent bien incapable de dire « bonjour » en tchèque...

À ce moment précis, Mme Lemonier et sa fille entendent le bruit d'un choc. Comme si deux voitures venaient de se percuter de plein fouet. Pourtant, il ne s'agit pas d'une collision. D'ailleurs la circulation semble normale. Mme Lemonier s'écrie :

— On dirait que ça vient de l'hôtel Taillefer !

Elle se met instinctivement à courir. Béatrice la suit comme elle peut. Le paquet de « puits d'amour » se remet à tanguer dangereusement au bout de la ficelle. Devant l'entrée de l'hôtel, le portier chamarré et son haut-de-forme ont disparu. Des gens sortent en courant. D'autres entrent tout aussi précipitamment.

Quand Mme Lemonier parvient au bas des marches, des ambulances aux sirènes hurlantes viennent se garer en catastrophe devant le péristyle de marbre. Une voiture de police est là, ainsi que les pompiers qui entrent à toute vitesse. Déjà, les agents font un barrage et filtrent ceux qui se pressent. Mme Lemonier demande :

– Qu'est-ce qui s'est passé ?

L'agent à qui elle s'adresse l'interroge en guise de réponse :

– Vous êtes cliente de l'hôtel ? Vous avez de la famille qui loge ici ?

– Non... oui, je viens voir ma... ma tante ! Mme Duffaut ! Elle occupe la chambre 323. Que s'est-il passé ?

Un officier s'approche et explique :

– C'est un problème d'ascenseur !

– D'ascenseur ! Qu'est-il arrivé ?

– L'ascenseur de l'hôtel a eu une défaillance. Il est tombé depuis le troisième étage.

– Mon Dieu !

Mme Lemonier se tourne vers Béatrice :

– Pourvu que... « tante » Charlotte ne se soit pas trouvée dedans. Elle m'a dit : « Si je m'ennuie trop en t'attendant je descendrai au salon de thé. »

En définitive, la « tante » Charlotte est indemne mais l'accident de l'ascenseur a fait six morts. On se perd en conjectures sur ses raisons techniques. La direction de l'hôtel avait fait réviser l'installation juste avant le début de la saison. L'ascenseur, il est vrai, avait plus de cinquante ans d'existence.

Mme Lemonier met deux heures avant de parvenir à rejoindre son amie Charlotte. Les puits d'amour, sans doute peu adaptés à toutes ces péripéties, ne sont plus présentables. Béatrice trouve cependant que « les morceaux sont très bons et qu'on peut très bien les manger avec les doigts ».

Mme Lemonier explique à son amie Charlotte :

— C'est un vrai miracle ! Sans ce gros monsieur, Béatrice et moi nous aurions dû nous trouver justement dans l'ascenseur qui est tombé. Quel dommage ! Je ne saurai sans doute jamais qui était ce gros homme barbu au visage tout rouge.

Béatrice objecte :

— Mais, maman, qu'est-ce qui te dit qu'il existe vraiment ? Si ça se trouve, il n'existe que dans mon rêve...

L'homme qui regarde

Ce jour de 1947, le téléphone sonne à la brigade de la police montée de Chenectady, au fin fond du Canada français.

– Lieutenant Delanoy à l'appareil.

– Ici Marcel Miremont, de la ferme des Castors. Venez vite, c'est affreux, je viens de rentrer de poser des pièges et toute ma famille a été assassinée.

– Toute la famille Miremont?

– Oui, tout le monde y est passé : mon père, ma mère, mon frère et même Gustave Quillet, notre ouvrier. C'est affreux : un vrai massacre...

– Ne touche à rien, mon garçon, nous arrivons tout de suite...

En arrivant à la ferme des Miremont, on s'aperçoit immédiatement que Marcel a donné un compte rendu très exact des faits. Il est assis sur un tronc d'arbre, la tête enfouie entre les mains. Le soleil baisse déjà à l'horizon.

Le lieutenant Delanoy et ses hommes se bornent d'abord aux constatations les plus évidentes. Dans l'entrée de la ferme, on découvre en premier la mère, Gabrielle, la tête éclatée par une balle de gros calibre qui l'a atteinte en pleine bouche. Elle a dû mourir sur le coup.

Un peu plus loin dans l'escalier qui mène à la cave, c'est Gilbert Miremont, le père, qui a été abattu d'une balle en plein front; lui non plus ne s'est pas vu partir. Mais le lieutenant Delanoy pense qu'il a dû apercevoir son assassin. Il a encore

221

une grosse hache serrée dans sa main, comme s'il s'en était emparé pour se défendre...

Le frère aîné de Marcel Miremont, Donadieu, est retrouvé dans la grange à foin. Lui a été abattu d'une balle dans le dos. Quant au malheureux Gustave Quillet, l'ouvrier agricole de plus de soixante ans, on le découvre au bord de la mare. Il a encore les yeux ouverts et dans le regard la terreur de la balle qui l'a atteint en plein cœur...

Les autopsies indiquent clairement que toute la famille a été massacrée par la même arme et le même type de balle : un gros calibre pour la chasse à l'élan. Marcel, le seul survivant, est complètement prostré. Il est incapable de donner la moindre indication sur un ennemi de la famille qui aurait pu se rendre coupable d'une telle boucherie.

Le lieutenant Delanoy rédige le compte rendu des faits :

« Les Miremont sont installés au Canada depuis trois générations. Leurs affaires sont florissantes mais ils sont loin d'être fortunés. Les deux fils, Marcel et Donadieu, respectivement âgés de quarante et un et quarante-sept ans, sont encore célibataires... »

Il faut dire que les occasions de rencontres matrimoniales sont un peu rares dans les forêts canadiennes. Quant aux filles de la ville, inutile de leur demander si elles veulent partir s'enterrer entre les élans et les castors...

Au bout de quelques mois, l'enquête tourne en rond. Marcel, faute de mieux, se trouve en première ligne parmi les suspects. Il a un alibi :

– J'étais parti depuis deux jours. Je suis rentré en fin de matinée pour découvrir cette horreur.

L'autopsie a établi que toute la famille a été massacrée presque vingt-quatre heures avant son retour... Mais aucun témoin ne peut confirmer ses horaires en ce qui concerne la pose des pièges à castors :

Quant à son mobile, il pourrait être l'intérêt :

– À présent, c'est Marcel Miremont qui hérite de la ferme.

Même s'il n'a pas l'intention de rester sur place, il trouvera certainement à vendre la maison qui est très belle et, avec l'argent, il pourrait partir à Montréal ou Québec pour s'y installer et se marier.

Se marier? Et si on cherchait quand même un peu du côté des femmes? Donadieu et Marcel sont de « belles bêtes ». Aux « assemblées », ils ne devaient pas laisser les filles indifférentes. Peut-être quelque donzelle aurait-elle pu les connaître mieux que les autres!

C'est ainsi que la police montée finit par découvrir une ou deux jeunes filles qui ont eu l'occasion de valser entre les bras musclés des frères Miremont. Avec quelque réticence, elles admettent que tout n'était pas rose dans la famille massacrée.

— Marcel était un peu jaloux de Donadieu. Surtout depuis que la Félicie Andrieu l'avait quitté pour son frère. On parlait mariage et Marcel ruminait sa haine. Il n'était pas commode, le Marcel, du genre renfermé mais capable de coups de colère épouvantables, tout comme son père... Mais de là à tuer toute sa famille...

Félicie Andrieu, interrogée à son tour, explique qu'elle a rompu avec Marcel à cause de sa violence :

— Un jour, après la danse de l'assemblée de printemps, il m'a fait une scène et j'ai cru qu'il allait me casser le bras. J'ai gardé un œil au beurre noir pendant plus d'une semaine. Donadieu, lui, était beaucoup plus doux. Même s'il n'était pas aussi bien bâti...

L'attitude de Marcel, ses hésitations quant à son emploi du temps, finissent par justifier son incarcération. Le procureur est d'accord avec le lieutenant Delanoy :

— On va le garder au frais pendant quelques jours. Lui qui est habitué à la liberté et aux grands espaces va la trouver mauvaise. Espérons que ses nerfs vont lâcher...

Mais les nerfs de Marcel ne cèdent pas. Il reste de longues heures assis sur son bat-flanc, perdu dans ses pensées... Jusqu'au jour où le lieutenant Delanoy a une idée. Il en fait part au procureur :

– Ma sœur connaît un homme extraordinaire. Ce n'est pas la première fois que la police fait appel à ses services. Voilà ce qu'il pourrait faire...

Le procureur donne l'autorisation d'engager l'homme en question, un certain Kenneth Woodruff. Ses états de service mettent tout le monde en confiance.

Deux jours plus tard, Marcel Miremont, à travers les barreaux de sa cellule, aperçoit un petit homme moustachu qui vient s'installer dans le couloir, à trois mètres de lui. Un policier lui apporte une chaise confortable et l'homme s'assied. Il regarde Marcel, sans rien dire, même pas « Bonjour ».

Marcel, au bout de quelques minutes, se désintéresse du nouveau venu. Puis il y revient : il se demande ce que signifie la venue de cet homme en vêtement civil, assis dans le couloir. Ce n'est pas un prisonnier, ce n'est pas un policier, ce n'est pas un avocat. Il est assis là et il le regarde.

– Hé! Vous! Monsieur! Vous pouvez me dire pourquoi vous êtes là?

L'autre ne répond pas. Ses petits yeux noirs enfoncés dans les orbites fixent Marcel. C'est à peine si on voit les paupières ciller de temps en temps. Mais l'inconnu ne répond pas : il fixe Marcel. Il fixe Marcel pendant quatre heures d'affilée.

Au bout de ce temps, un policier vient chercher l'homme qui se lève et disparaît au bout du couloir. C'est l'heure du repas et d'ailleurs on apporte le déjeuner de Marcel. Mais il n'a pas d'appétit et se trouve incapable d'avaler la moindre nourriture :

« Qu'est-ce qui m'arrive? Il m'énerve, ce bonhomme. Qu'est-ce qu'il veut? »

Après le repas, l'homme aux petits yeux noirs revient et s'assied à nouveau sur la chaise. De temps en temps, il croise ou décroise ses jambes, et il se contente de fixer Marcel. À la fin de la journée le même policier vient chercher l'inconnu et ils sortent tous les deux. Marcel soupire :

– Bon débarras, c'est qu'il commençait à m'énerver, ce zigue, à me regarder comme ça!

Mais Marcel a du mal à s'endormir ce soir-là. Quelles sont les pensées qui l'agitent? On l'ignore.

Le lendemain, dès huit heures du matin, voilà l'homme aux yeux noirs qui s'installe à nouveau sur la chaise dans le couloir. Marcel lui tourne ostensiblement le dos. Malgré tout ses nerfs craquent. Il se met à hurler :

— Sergent! À moi! À l'aide! Quelqu'un!

Quand le sergent arrive, son trousseau de clefs à la main, Marcel laisse exploser sa colère :

— Qu'est-ce que c'est que cet enquiquineur qui passe sa journée à me regarder? Faites venir mon avocat, je suis certain que c'est illégal de mettre un mec devant ma cellule pendant des heures. On n'est pas au zoo, ici. Je ne suis pas un singe. Est-ce qu'il a l'intention de me jeter des cacahuètes ou des bananes? C'est du harcèlement. J'en ai marre...

Le sergent répond :

— Mon gars, tu feras mieux de réfléchir à ce qui s'est passé à la ferme. Et aussi de fourbir un alibi qui soit nickel. Tu en auras certainement besoin d'ici quelques jours devant le juge fédéral.

Pendant tout ce dialogue, l'homme aux yeux noirs est resté parfaitement impassible sur sa chaise. Et il restera ainsi immobile huit heures par jour pendant quatre jours complets. Au bout des quatre jours, il quitte le couloir, se rend chez le lieutenant Delanoy et dit :

— Voilà, je crois que j'en sais assez pour que l'on puisse procéder à quelques vérifications. Si je visualise bien la ferme, c'est un grand bâtiment avec un pignon rouge. À côté, il y a la grange à foin. Là où on a découvert le corps de Donadieu. Et la mare est à un demi-mile à l'ouest. Il y a un bois de bouleaux et Gustave Quillet était étendu là : sa tête trempait dans l'eau.

Le lieutenant Delanoy acquiesce : tout ce que lui a dit Kenneth Woodruff est strictement exact. Mais cela ne prouve pas grand-chose. Il pourrait l'avoir lu dans la presse ou l'avoir constaté de lui-même en allant faire un tour à la ferme du crime. Woodruff ajoute :

— Heureusement, Marcel Miremont a passé de longues heures dans sa cellule occupé à revivre ce qui s'est passé réellement. Et il a commis une erreur. Il est obsédé par l'arme du crime. À force de me concentrer sur l'arrière de son crâne, j'ai fini par visualiser l'endroit où il l'a cachée. Vous trouverez l'arme et les munitions dissimulées sous un tas de bois dans la forêt, à deux miles au nord en partant droit devant vous depuis l'entrée de la ferme. À mon avis, il s'agit d'une carabine Winchester... Une arme de collection.

— Eh bien, nous allons vérifier.

Aussitôt, une patrouille est envoyée à la recherche du mystérieux tas de bois. On le trouve sans difficulté. C'est Marcel qui l'a monté de ses propre mains. Sous le tas une arme, une Winchester, et des munitions. Confronté à l'arme du crime, Marcel s'effondre et avoue tout :

— J'ai eu un coup de colère à propos de Félicie et j'ai abattu Donadieu. Ma mère, je l'ai tuée à bout portant quand elle est accourue. Et puis mon père, et puis Gustave pour éviter tout témoin.

Marcel Miremont croupit depuis en prison pour la vie grâce à l'homme qui peut lire dans les pensées des criminels.

L'hôtesse

Nous sommes à Singapour, ville en pleine expansion. Tout bouge sur ce petit territoire où l'on brasse plus de dollars au kilomètre carré que n'importe où dans le monde. Ce qui n'empêche pas la misère.

Dans le bureau de M. Long Si Wong, c'est l'heure d'une conférence au sommet. Quelques hommes d'affaires sont là. Tous les peuples de l'Extrême-Orient sont représentés : des Chinois, des Indiens, des Malais et quelques Européens au teint cuivré par le soleil et le whisky.

— Mon cher Wong, personne ne met en doute vos qualités d'homme d'affaires et de bâtisseur. Alors, en tant qu'actionnaire de la société, permettez-moi de m'étonner. Pourquoi refusez-vous absolument de répondre à l'appel d'offres de l'aéroport de Kallang ? Cet endroit est désaffecté depuis longtemps et le terrain vaudra bientôt de l'or. Expliquez-nous pourquoi vous ne voulez pas profiter de cette opportunité. C'est une occasion qui ne se présentera sans doute pas deux fois dans notre vie.

M. Wong reste indéchiffrable. Ses yeux bridés se sont réduits à deux fines rainures. Il arbore un sourire inquiétant :

— Mon cher Wallby ! Vous autres Européens ne croyez plus à rien. Eh bien, je vais vous dire pourquoi je ne veux même pas songer à construire sur les anciennes pistes de Kallang ! Il y a en fait deux raisons. La première est connue de tous, même de vous : Kallang est beaucoup trop près des cimetières de la ville.

— Raison de plus ! Les morts ne seront pas dérangés par le

bruit des réacteurs. D'ailleurs, il ne s'agit plus de réacteurs puisque la presque totalité de la surface doit être consacrée à la construction d'entrepôts !

— Pour nous autres Orientaux, il ne faut pas déranger les morts. D'ailleurs, l'aéroport de Kallang a été désaffecté à cause des trop nombreux accidents dont il était le cadre... C'est déjà une preuve évidente de la mauvaise volonté des morts qui reposent aux alentours.

— Nombreux accidents ! Comme vous y allez ! J'ai beau chercher dans ma mémoire, je ne me souviens de rien de très catastrophique...

Wong dit :

— Pourtant, votre frère a bien failli y rester il y a cinq ans, dans l'accident de l'Australian Airlines.

— C'est vrai ! Mais, comme il en a réchappé, j'ai gommé ce triste épisode de ma mémoire.

— Lui en a réchappé, mais il y a eu des victimes.

— J'y pense ! Nous pourrions transplanter les cimetières dans une autre zone. Cela ne serait pas trop coûteux et les chers disparus reposeraient au calme !

— Transplanter des morts. Croyez-vous que l'on puisse s'en tirer à si bon compte ?

Miss Lawder, nouvelle arrivée à Singapour, revient à l'accident de l'Australian Airlines :

— Ah oui ! C'était l'avion qui reliait Melbourne à Londres. Je me souviens que l'hôtesse de l'air était parmi les victimes. Elle se nommait Gloria Millford. Elle était de Severness, en Australie. La ville où mes parents habitent. Il paraît même que le fiancé de la pauvre fille était dans l'équipage. Il était pilote en second. Mais il a survécu. Il se nommait Arrington, je crois.

— Pauvre jeune fille ! Elle n'avait que vingt-trois ans ! Quelle tristesse ! C'était son premier vol long courrier. L'appareil a flambé comme une torche. C'est son fiancé qui l'a retirée de la fournaise. On l'a transportée jusqu'à l'hôpital dans un état abominable. Elle est morte le lendemain matin dans d'atroces souffrances.

Quelqu'un précise :

— Oui, il paraît même qu'elle était obsédée par une idée. Elle avait perdu sa bague de fiançailles. Elle répétait : « Retrouvez ma bague, retrouvez ma bague. Elle est tombée de mon doigt. » Ce furent ses derniers mots.

— Et cette bague, est-ce qu'on l'a retrouvée en définitive ?

— Jamais. Peut-être a-t-elle fondu dans le brasier. Peut-être est-elle encore enfouie dans l'herbe plus ou moins près du lieu du drame !

— On n'a jamais su exactement ce qui s'était passé. L'avion a fait un atterrissage en catastrophe. Il a explosé au sol. En tout cas, on a déploré trente victimes.

La réunion de la société de construction immobilière s'achève sans qu'aucune décision ait été prise. Les actionnaires continuent à en discuter dans les couloirs :

— Si Wong est contre le projet, il ne nous reste pas beaucoup d'espoir. De toute manière, je ne vois pas comment nous pourrions aller contre ses croyances. Trop de gens pensent comme lui à Singapour. Nous serions l'objet de la force d'inertie des Orientaux et, comme par hasard, tout irait de travers sur le chantier...

En définitive l'ancien terrain d'aviation de Kallang retourne à la nature et une végétation folle l'envahit à nouveau. Cela devient une sorte de parc sauvage où les jeunes de Singapour viennent pique-niquer et organiser des petites fêtes.

Dans les quelques bâtiments qui subsistent de l'aéroport, on a installé des dortoirs provisoires pour héberger des colonies de vacances et des groupes d'étudiants en voyage d'agrément. C'est ainsi que, deux ans après la réunion au sommet chez M. Wong, plusieurs jeunes assiègent un soir la chambre où leur directeur de colonie essaie de mettre de l'ordre dans ses comptes :

— Monsieur, monsieur, venez vite voir. Il y a une femme qui a l'air perdue. Elle se promène dans la nuit. Elle porte un uniforme et on dirait qu'elle cherche quelque chose...

Le directeur de la colonie est un peu grognon. Il n'aime pas les plaisanteries de mauvais goût :

— Eh alors, si cette dame aime se promener au clair de lune, c'est son affaire. Que voulez-vous que je lui dise?

— C'est drôle! Quand on lui a parlé, elle n'a pas semblé nous entendre. Et puis, ce qui est encore plus bizarre, c'est qu'à un moment elle est passée devant un bouquet de bambous...

— La belle affaire? Elle en a coupé?

— Non mais, quand elle était devant... on pouvait voir les bambous à travers elle. Elle était complètement transparente.

Or, près du bosquet de bambous, le directeur ne voit personne. Les étudiants sont pourtant tous d'accord :

— C'était une jeune femme mince. Elle portait un uniforme rouge, comme une hôtesse de l'air.

— Oui, mais elle n'était pas impeccable comme les hôtesses. Elle était décoiffée et elle avait de grandes taches noires sur le visage.

— Même son uniforme! Il était en charpie. Comme s'il avait brûlé. Elle boitait : il me semble qu'elle n'avait plus qu'une seule chaussure.

— Tenez, la voilà. Là-bas! Au bout de l'ancienne piste!

Le directeur consignera le lendemain qu'il a bien aperçu une silhouette de jeune femme. Apparemment une hôtesse de l'air, avec l'air égaré de quelqu'un qui vient d'échapper à un terrible accident. Il note dans son rapport :

« La femme — mais s'agissait-il bien d'une femme? — marchait en regardant le sol, comme quelqu'un qui cherche quelque chose. Plusieurs fois elle s'est agenouillée et s'est mise à gratter la terre avec ses ongles. J'entendais distinctement ses sanglots. Elle a dit, en anglais : " Ma bague! Où est ma bague? Qui me rendra ma bague? " Je me suis approché d'elle avec les quelques étudiants qui ont eu le courage de me suivre mais, dès que nous avons été assez près pour la toucher, la femme s'est littéralement dissoute dans l'atmosphère, comme une fumée de cigarette! »

M. Wong, ayant appris l'apparition de l'hôtesse éplorée, ne marque aucun étonnement :

— C'est évidemment le fantôme de la malheureuse Gloria Millford.

Les apparitions de Gloria se multiplient au cours des mois, surtout quand l'atmosphère est humide. Jusqu'au jour où M. Wong prend une décision :

– On me propose à nouveau de construire sur l'emplacement de Kallang. J'ai consulté les oracles, j'ai fait des offrandes aux morts de différents cimetières. Tout serait en ordre si cette pauvre Gloria Millford pouvait reposer en paix. Essayez de me retrouver l'ancien fiancé de cette malheureuse !

Il faut plusieurs mois d'enquête pour retrouver Stephen Arrington. Depuis la tragédie il a abandonné toute velléité de pilotage et il est parti s'enterrer au fin fond du désert pour se consacrer à la recherche des opales. Pierres magnifiques mais qu'on dit maléfiques. M. Wong lui fait parvenir un billet d'avion jusqu'à Singapour et le reçoit dans son luxueux bureau :

– Monsieur Arrington, vous voudrez bien m'excuser d'avoir eu l'outrecuidance de vous déranger dans votre nouvelle vie. Mais j'ai besoin de vous. Rassurez-vous, ce que je vais vous demander est de la plus parfaite honnêteté. Si vous acceptez de me rendre ce petit service, je saurai me montrer reconnaissant.

Stephen Arrington écoute en silence les propositions de M. Wong. Il hésite avant de donner son accord. De toute évidence, M. Wong vient de remuer des souvenirs encore trop récents qui lui mettent les larmes aux yeux.

C'est ainsi que, quelques semaines plus tard, un petit cortège se rend au cimetière de Severness, dans la province de Nouvelle-Galles du Sud. Les employés du cimetière ouvrent la tombe de la malheureuse Gloria Millford. On en extrait la bière. La chaleur de la région semble avoir parfaitement conservé le cercueil. Quand on ouvre celui-ci, l'assistance ne peut retenir un cri d'étonnement : à l'intérieur, le corps de la malheureuse jeune fille semble parfaitement intact, comme au jour de son inhumation. Les embaumeurs l'avaient joliment maquillée et étaient parvenus à dissimuler les horribles brûlures qui la défiguraient.

Ses cheveux blonds, remplacés par une perruque, semblaient intacts. Comme si elle dormait.

Stephen Arrington hésite un moment puis il sort un écrin de sa poche et en tire une bague. C'est la réplique à l'identique de celle que portait la pauvre Gloria lors de la catastrophe. Il glisse l'anneau à l'annulaire du cadavre. L'annulaire qui est resté un peu séparé des autres doigts, comme en attente.

Depuis ce jour, on n'a plus jamais revu le fantôme de Gloria Millford en train de gratter la terre de l'aéroport de Kallang.

Qui est là ?

Émile Fournille a le mal du pays. Depuis des années, il a quitté sa Normandie pour vivre au Canada. Et ses affaires ont prospéré. Il s'est marié, il s'est fait une nouvelle vie. Mais aujourd'hui il se sent las.

— Évelyne ! Je me demande si nous ne devrions pas retourner en France...

Évelyne, sa femme, est une Canadienne de vieille souche. Retourner en France ! Pour elle, cela veut dire s'expatrier. Car elle est née ici, dans la Belle Province. Elle adore Émile mais, pour elle, les jours de dispute, c'est encore un de ces « maudits Français » !

Émile chéri, repose-toi ! Tu es malade, tu es fatigué ! C'est normal que tu penses à revoir ta Normandie, comme dit la chanson. Je te le promets : quand tu seras rétabli nous irons passer un mois chez Béranger et Christine : ça te remettra les idées en place... Et puis tu verras bien que la vie ici est quand même plus confortable. Sur tous les plans...

— Oui, mais j'en ai un peu assez de ces hivers qui n'en finissent pas. Ce que je préfère ici, c'est l'été indien... Mais je me sens si fatigué. J'ai l'impression que je ne reverrai jamais la France...

— Tais-toi et relaxe-toi !

Évelyne est soucieuse. La santé d'Émile est plus que préoccupante. Elle ne lui a rien dit mais les médecins sont inquiets : un cancer du foie, c'est grave. Faudrait-il prévenir Émile du

233

sérieux de son état ? Elle en doute ! Il n'est pas du genre à lutter, à s'accrocher. Il pourrait très bien renoncer et se laisser glisser... Alors elle fait face, garde un visage serein, parle de l'avenir, des beaux jours qui vont revenir, comme si de rien n'était...

Pendant ce temps, au-delà de l'océan, en Normandie, Béranger Fournille profite de ce dimanche matin. Rien de prévu, son épouse Christine est occupée à préparer le gigot d'agneau dominical et, sur la table de la cuisine, une délicieuse tourte aux pommes qui sera servie arrosée de crème fraîche bien tiède. Béranger est plongé dans les mots croisés de son hebdomadaire habituel.

Il jette un œil par la fenêtre : la pluie tombe régulièrement et le ciel est bouché.

— Christine, je me demande si je vais avoir le courage d'aller faire la promenade au bois de Saint-Vérin comme nous l'avions prévu !

Christine, du fond de la cuisine, répond :

— Pluie ou pas pluie, tu vas me faire le plaisir de remuer ton popotin. Tu engraisses à vue d'œil. Et, après le gigot et la tourte, tu auras besoin d'un peu de marche à pied pour perdre ta bedaine...

Béranger se rassied et se met à chercher le sept vertical : « Frappe quand on lui parle. »

— Oui, chérie ?

Béranger vient de sentir la main de Christine sur son épaule. Sans lever les yeux de sa grille de mots croisés, il a demandé ce qu'elle voulait. Christine ne répond pas. Béranger se retourne pour en savoir davantage. Mais, derrière lui, personne. Il crie vers la cuisine :

— Christine ! C'est toi qui viens de me toucher ?

Christine arrive en s'essuyant les mains sur son tablier :

— Qu'est-ce qu'il y a encore ? Si tu me déranges toutes les cinq minutes, le déjeuner ne sera jamais prêt à temps. Qu'est-ce que tu veux ?

— Ce n'est pas toi qui es venue poser ta main sur mon épaule ?

— Quand ça ?

— Juste là, à l'instant ! J'ai senti ta main, enfin « une » main qui s'appuyait sur mon épaule. Et quand je me suis retourné il n'y avait personne !

Christine regarde Béranger avec un air de profonde commisération :

— À mon avis, tu dors encore. Tu sais bien : quand il pleut, tu as tendance à somnoler. Tu as pris un petit déjeuner trop copieux ce matin !

Béranger fait une moue, l'air de dire :

— Bizarre !

Puis il reprend sa grille : « Frappe quand on lui parle. »

Mais il n'a guère le loisir de se concentrer sur cette énigme : la porte du salon, celle qui donne sur le vestibule, vient de s'ouvrir. Le léger courant d'air a fait remuer la page des mots croisés. Béranger jette un regard et pense : « Allons bon, voilà que cette porte s'ouvre toute seule. Il va falloir que je regarde ça de près. »

Il se lève, et va refermer la porte. Dans le vestibule, sur le portemanteau il voit le duffle-coat de son fils Alain. À cette heure-là, Alain est devant son ordinateur, dans sa chambre, à l'étage. Ce n'est pas lui qui est descendu, ce n'est pas lui qui serait sorti de la maison...

À onze heures, juste avant que le carillon Westminster n'égrène les onze coups, Béranger entend la porte d'entrée qui claque brutalement.

— Qui est là ? Ben alors, qui a bien pu claquer la porte comme ça !

Béranger se lève et ouvre la porte qui donne sur le vestibule. Personne. Le duffle-coat d'Alain est toujours à sa place. D'ailleurs, voici Alain qui descend l'escalier :

— Qui est-ce qui a claqué la porte comme ça ?

— Je n'en sais rien. Il n'y a personne.

Personne non plus à l'extérieur. Si quelqu'un était sorti de la maison, on le verrait certainement entre le perron et la grille distante de plus de cinquante mètres. Personne dans le jardin mouillé par le crachin. Christine apparaît à la porte de la cuisine :

— Vous en faites, un barouf! En voilà une idée de claquer les portes comme ça. Le jour où le vitrail va dégringoler, on sera bien avancés!

— Justement, ce n'est ni moi ni Alain... Apparemment, ce n'est pas toi non plus. D'ailleurs, pour que la porte ait claqué, il fallait qu'elle soit ouverte. Eh bien, regarde, elle est encore fermée à clef. C'est moi-même qui ai donné un double tour hier soir avant qu'on se couche...

La famille Fournille se penche sur la serrure. Comment une porte fermée à clef peut-elle claquer? Et pourtant, le petit marin de métal qui orne le porte-clefs se balance encore... Ce petit marin est un cadeau d'Émile, le frère de Béranger, du temps où il servait dans la « Royale ». Aujourd'hui, Émile est installé bien loin, au Canada, et les nouvelles, quoique régulières, sont un peu rares.

— C'est quand même étrange. Personne de nous trois n'est sorti de la maison ce matin.

Christine est songeuse :

— C'est comme quand tu m'as demandé si j'étais venue te poser la main sur l'épaule. Juste au moment où je faisais la tourte : j'avais les mains pleines de farine. Comme si j'avais pu choisir de venir te coller de la farine sur ton pull en cachemire!

Alain se fait expliquer l'incident de la main sur l'épaule. Béranger repense alors à la porte du salon qui s'est entrouverte toute seule. Et personne n'ose avancer une opinion.

— Béranger! Tu ne diras pas que tu n'es pas sorti! Regarde-moi ça, sur mon parquet tout ciré!

Effectivement, dans le salon, juste devant le fauteuil où Béranger a passé une partie de la matinée, une superbe feuille d'érable est posée. Elle est toute humide de pluie.

— Tu peux m'expliquer comment cette feuille est arrivée là?

Béranger ne peut l'expliquer. Alain non plus. Christine se penche pour ramasser la feuille mais Béranger s'interpose :

— Non, ne la jette pas. Je sens qu'il y a un mystère. Je vais garder cette feuille. D'ailleurs, c'est une feuille d'érable : tu connais un érable dans le jardin? Tu en connais dans le voisinage?

Béranger reprend ses mots croisés :

— « Frappe quand on lui parle » ! Ça pourrait bien être « esprit »...

C'est le lendemain, lundi matin, que le télégramme arrive : « Émile décédé. Mort sans souffrances en pensant à vous ! Signé Évelyne. »

Jointe par téléphone, Évelyne explique que, grâce à la morphine, Émile est mort sans douleur. Elle ajoute :

— Juste avant de mourir il m'a dit : « Je suis heureux. Je suis allé en rêve rendre visite à Béranger, Alain et Christine... Il pleuvait, Christine préparait de la tourte aux pommes et j'ai même appuyé ma main sur l'épaule de Béranger sans qu'il s'en rende compte. »

Béranger, la voix brisée par le chagrin, dit :

— C'est vrai, j'ai bien senti sa main. Il a même laissé une feuille d'érable qui devait être collée à ses souliers...

Retour en arrière

Le colonel Delmas, dans les premières années du XXᵉ siècle, s'intéresse beaucoup à l'hypnose. Les travaux et les études du professeur Charcot, les découvertes de Freud concernant la vie et la sexualité féminine l'amènent à étudier de près le phénomène hypnotique. Il en devient le fervent utilisateur et n'hésite pas à expliquer ses expérimentations à ses amis :

— Vous prenez un sujet, homme, femme ou enfant. Vous lui demandez de s'installer confortablement et de se détendre au maximum. Puis vous mettez devant ses yeux un objet, de préférence brillant. Tenez, comme ma montre en or, et vous lui demandez de fixer intensément cette masse luisante qui se balance.

Pour mieux faire comprendre la technique, le colonel Delmas invite Madeline Daremont, une jeune fille de l'assistance, à se prêter au jeu. Elle prend place sur un fauteuil confortable qui lui permettra éventuellement de s'endormir en toute quiétude. Delmas commence à balancer sa grosse montre de gousset devant les yeux de la jeune fille. Il parle lentement, d'une voix sourde.

— Vous êtes bien, vous êtes reposée... Vous regardez la montre qui se balance. Vous ne pensez à rien...

Les phrases arrivent, très calmes, comme un murmure. La jeune fille fixe la grosse montre brillante. Ses yeux se ferment peu à peu...

Delmas continue à lui suggérer le sommeil :

— Vos yeux se ferment, vous êtes bien, vous êtes détendue. Vous ne pensez à rien. Rien qu'à ce disque lumineux qui se balance devant vos yeux... Madeline, vous allez dormir, dormir très profondément. Et vous ne vous réveillerez que quand je dirai le mot... « abricot ».

Pourquoi « abricot » ? Sans doute parce que c'est la saison de ces beaux fruits dorés. Il y en a une coupe pleine sur la table...

La jeune fille ferme enfin complètement les yeux. Sa tête bascule en arrière et se repose sur l'appuie-tête du fauteuil. Elle semble complètement endormie et sa respiration est régulière. Delmas continue :

— Madeline, vous m'entendez ? À présent, vous dormez tranquillement. Vous allez rechercher au fond de vous-même les raisons qui font que vous ne supportez pas les chats...

L'assistance s'étonne :

— Elle ne supporte pas les chats ? Comme c'est triste ! Mais, au fond, c'est assez courant. Elle est peut-être allergique au poil de chat...

Delmas continue, doucement :

— Madeline, vous allez remonter dans le temps. Vous allez essayer de revivre tous les moments où vous avez eu peur d'un chat...

Madeline semble toujours dormir. Soudain, elle fait un geste de répulsion. Delmas demande :

— Madeline, vous êtes en présence d'un chat ?

Madeline répond d'une voix effrayée :

— Oui, la méchante bête ! Chassez-la, elle veut me faire du mal ! Elle veut me griffer !

La voix de Madeline est étrange. Ce n'est plus la voix d'une jeune fille de vingt-deux ans : c'est la voix un peu haut perchée d'une fillette. Sur le fauteuil, toujours profondément endormie, Madeline serre convulsivement ses jupes autour de ses genoux. Elle fait mine de remonter ses jambes sur le fauteuil, de les éloigner du sol, comme si un vilain matou essayait de se frotter contre ses petites bottines à boutons.

Delmas continue :

— Madeline. Ce chat vous a-t-il griffée ?

— Non, mais j'ai eu peur. La vilaine bête. C'est le chat des voisins, les Dumirail. Je le déteste et il me déteste aussi.

— Quel âge avez-vous, Madeline?

Madeline, toujours avec une voix de petite fille, répond :

— J'ai sept ans et demi.

Les personnes présentes font entendre un murmure d'étonnement. Est-il possible que Madeline, qui va se marier à la fin de l'année, soit en train de revivre une scène qui l'a effrayée quinze ans auparavant? Apparemment oui!

Le colonel Delmas semble satisfait de ce résultat. Mais il a sa petite idée :

— Madeline, ce vilain chat de la famille Dumirail est reparti. Il vous a fait peur. Maintenant, vous allez essayer de retrouver d'autres chats qui ont pu marquer votre enfance. Remontez dans le temps, Madeline... N'ayez pas peur.

Madeline a repris une respiration plus calme. Delmas l'encourage d'un même ton très doux et très paternel :

— Madeline, vous êtes très jeune. Vous allez essayer de retrouver le premier chat dont vous ayez le souvenir. Vous êtes jeune, de plus en plus jeune. Vous voyez un chat! C'est la première fois que vous voyez ce genre d'animal!

Madeline se tortille soudain, se débat. Son attitude est étonnante. À la place de la jeune fille élégante qui s'est assise quelques instants plus tôt sur le fauteuil capitonné, l'assistance a l'impression de voir un bébé qui s'agite convulsivement. Madeline ne parle plus, elle laisse sortir de sa bouche une sorte de vagissement. Quelqu'un dit :

— On dirait un bébé qui a peur!

La mère de Madeline s'écrie :

— Mon Dieu, c'est vrai, c'est tout à fait comme ça qu'elle criait quand elle avait... Quand elle avait six mois à peine. Je reconnais l'espèce de petit sanglot. Madeline!

Delmas intervient :

— Inutile de l'appeler. Elle ne réagira qu'au mot code que je lui ai donné au départ.

Madeline, pour l'instant, continue à se débattre. On dirait qu'elle essaie de chasser quelque chose qui lui pèse sur la poitrine. Sa mère pousse un cri :

— Ah! Ça y est! Je me souviens! J'ai compris pourquoi elle a horreur des chats! C'est incroyable. Réveillez-la, colonel, je vous en prie.

Delmas essaye d'interroger Madeline mais elle ne peut répondre que par ce vagissement, ce cri de peur d'un bébé de six mois! Rien d'autre à en tirer, et toujours ses gestes pour enlever un poids qui lui pèse sur la poitrine.

— Abricot!

À la seule mention de ce fruit, Madeline ouvre les yeux. Elle semble tout étonnée de se voir assise en biais, tout de travers. D'un geste de la main, elle remet de l'ordre dans ses longs cheveux blonds qui sont un peu mouillés de sueur :

— Qu'est-ce qui s'est passé? J'ai rêvé... J'ai rêvé que j'avais un gros chat noir sur la poitrine.

Sa mère l'interrompt :

— Mais oui, ma chérie, je me souviens très bien. Quand tu avais à peine six mois, je t'avais laissée dans ton berceau et, quand je suis revenue voir si tu dormais bien, j'ai trouvé un gros chat noir inconnu couché sur ta poitrine. Il était entré par la fenêtre ouverte. Il avait dû être attiré par la chaleur de ton corps. Et peut-être aussi par une odeur de lait frais... Si je n'étais pas arrivée, il t'aurait sans doute étouffée. J'ai eu une de ces peurs...

Delmas explique :

— Madeline, c'est sans doute de ce moment-là que vient votre phobie des chats. Vous revivez chaque fois le moment où le chat noir inconnu était en train de vous étouffer.

L'assistance convaincue applaudit. Et il faut bien dire que, par la suite, Madeline Daremont parviendra de nouveau à accepter et même à caresser les chats qui croiseront sa route.

Les expériences du colonel Delmas l'amènent un jour à se poser une question intéressante :

— Je parviens à faire régresser la plupart des sujets jusqu'à leurs premières sensations. Celles qui suivent presque immédiatement la naissance... Le processus est toujours le même :

l'accompagnement et la persuasion. Et si j'essayais de remonter plus avant encore dans le temps ? Pourrait-on obtenir des « souvenirs » du fœtus dans le ventre de sa mère ?

— Mon cher Delmas, je me demande comment le fœtus pourrait exprimer ses sensations intra-utérines. Le langage risque d'être plus que sommaire...

Mais Delmas est un expérimentateur-né. Lors d'une séance particulièrement spectaculaire, il pousse le sujet endormi à remonter au-delà des souvenirs des premiers jours :

— Vous remontez le temps, Jérémie. Vous allez au-delà de la naissance. Où êtes-vous ?

Au grand étonnement des assistants, Jérémie Longueval, le sujet endormi, change soudain de voix. Il se met à parler comme un vieillard et dit :

— Je suis très malade ! Je vais mourir ! Je suis seul, dans la neige ! J'ai froid !

— Où êtes-vous, Jérémie ?

— Je suis en Russie, avec l'Empereur. Nous essayons de rentrer en France.

Quelqu'un comprend :

— Un grognard ! Jérémie est devenu un grognard de l'Empire. Pendant la retraite de Russie ! C'est fantastique.

— Jérémie, comment vous appelez-vous ?

— Simon Dieulafoi ! Je suis caporal. J'ai été blessé d'un coup de sabre. Je vais mourir.

La séance laisse les spectateurs en larmes. Jérémie-Simon a donné des détails particulièrement impressionnants sur son agonie là-bas dans les neiges lointaines. Il a décrit les corbeaux qui attendent sa mort pour le dépecer... Jérémie serait-il la réincarnation d'un grognard ?

Quelqu'un propose :

— On pourrait retrouver sa trace dans les archives de l'armée. Ça ne devrait pas être trop difficile !

On retrouvera effectivement la trace du grognard Dieulafoi, disparu dans les neiges russes.

Après avoir longuement essayé les retours vers d'anciennes incarnations, Delmas a une toute nouvelle idée :

— Et si, au lieu de remonter vers le passé, on essayait d'aller vers l'avenir ?

— Pour connaître nos futures réincarnations ? Mon cher Delmas, vous êtes d'une audace ! Cela touche à la nature même de l'existence de Dieu. L'Église catholique n'appréciera guère !

Mais rien n'arrête le colonel Delmas. Un autre soir, en 1913, il interviewe un autre candidat endormi.

— Vous êtes en 1915, Samuel, que faites-vous ?

— Je suis à la guerre !

La réponse glace d'effroi : la guerre, si proche ? C'est donc vrai !

— À présent, vous êtes en 1918, Samuel, que faites-vous ?
Samuel répond :

— Qui êtes-vous ? Je ne vous connais pas !

— Je suis le colonel Delmas !

— Le colonel Delmas ! Impossible : il est mort depuis deux ans.

Le colonel Delmas blêmit : il a compris. Il sera effectivement tué à Verdun en février 1916, trois ans presque jour pour jour après cette séance d'hypnose.

Trompe-la-mort

Ernesto Perdrigon marche d'un bon pas pour rentrer chez lui. Il est presque deux heures et c'est l'heure d'aller déguster le *cocido* que son épouse, Asunción, fait mijoter depuis ce matin. Nous sommes en août 1967, le temps est beau. Ernesto, solide fermier d'Aragon, se sent au mieux de sa forme... Sur la route, devant lui, une voiture de sport arrive à grande vitesse. Soudain, le soleil se reflète dans le pare-brise de la voiture et don Ernesto est aveuglé par le rayon de soleil :

— Aïe ! *Madre mia !* Qu'est-ce qui m'arrive ?

Ernesto Perdrigon n'aura pas le temps de se poser une autre question. Il s'écroule d'un seul coup au bord du chemin de campagne à une portée de pierre de chez lui. Heureusement pour lui, Antonio Sanz, son domestique, valet fidèle depuis plus de vingt ans, l'avait aperçu sur le chemin. Soudain, plus personne. Antonio appelle la señora Perdrigon :

— Je viens de voir don Ernesto sur le chemin. Il devrait être arrivé et il n'y a plus personne. Je me demande où il est passé.

— Va donc jeter un coup d'œil. Il n'y a pas un arbre jusqu'au carrefour. On ne sait jamais...

Et la señora soulève le couvercle pour vérifier l'onctuosité de son *cocido* tandis qu'Antonio part aux nouvelles. Il revient en courant dix minutes plus tard :

— Doña Asunción ! Vite ! Venez ! Ou plutôt non, appelez un médecin, une ambulance ! Don Ernesto, je l'ai trouvé étendu raide au bord du chemin. Il ne respire plus! J'ai bien peur qu'il soit mort!

– Où est-il?

– Au premier tournant, près du petit pont romain! Il faut faire vite!

– Antonio, je vois la camionnette de Guillermo qui arrive. Dis-lui d'emmener mon mari à l'hôpital de La Granja!

Et c'est ainsi qu'Ernesto Perdrigon arrive à l'hôpital moins d'une demi-heure après avoir perdu connaissance en plein soleil. Antonio l'accompagne. Dona Asunción arrive une heure plus tard. Le médecin prend un visage de circonstance pour lui annoncer la mauvaise nouvelle :

– Je suis désolé. Il est trop tard. Il a dû faire une embolie foudroyante. Quand il est arrivé ici, il était déjà mort. Je vous présente mes condoléances.

Dona Asunción se laisse tomber sur la banquette la plus proche. Elle ne réalise pas tout de suite son malheur et reste les yeux fixes, sans même une larme. L'infirmière en chef s'approche et dit doucement :

– Pour l'instant, étant donné la chaleur ambiante, nous allons garder la dépouille de votre mari. C'est mieux!

Dona Asunción fait un signe de tête pour approuver cette décision. Quelques minutes plus tard, Ernesto Perdrigon est étendu sous un drap blanc dans la morgue de l'hôpital, en attendant qu'on lui attribue un tiroir. On le munit d'une étiquette portant son nom et le voilà officiellement parti pour l'autre monde.

Quand, le lendemain, Asunción Perdrigon se présente à l'hôpital, la surveillante dit :

– Veuillez me suivre, je vais vous accompagner...

Mais, quand le préposé à la morgue les fait entrer dans la pièce où règne une fraîcheur sinistre, il est impossible de trouver la moindre trace d'Ernesto Perdrigon :

– Enfin, ne me dites pas que vous avez égaré le corps de mon pauvre mari! Depuis hier, c'est un comble.

– Mais c'est à n'y rien comprendre. Il est la seule personne qui soit arrivée hier. Tenez, il était là, sur ce brancard. Il y a encore le drap qui le recouvrait. Et regardez ce qu'il y a par terre : l'étiquette portant son nom, son âge et la date de son arrivée.

— Alors où l'avez-vous mis ?

On n'aura la réponse à cette question que trois heures plus tard. Quand doña Asunción rentre chez elle, elle croit mourir de frayeur : là, assis tranquillement au milieu de la grande salle, Ernesto est en train de déguster un bon verre de cognac. Il s'exclame :

— Ah c'est toi ! Tu ne devineras jamais ce qui vient de m'arriver !

— Ernesto, es-tu vivant ?

— En voilà une question. Mais figure-toi que j'allais franchir le petit pont romain quand... une voiture est arrivée. Le soleil. Eh bien, je ne me souviens plus de rien. Je me suis retrouvé à l'hôpital, dans une pièce sinistre où il faisait un froid de canard. Je ne sais pas pourquoi ils m'avaient mis un drap rabattu sur le nez. Et pas la moindre couverture. Je me suis levé, j'ai appelé un taxi et me voilà. Et toi, où étais-tu passée ?

Quand Asunción lui raconte ce qui est arrivé, Ernesto prend la chose du bon côté :

— Ha ! ha ! La camarde a essayé de m'avoir. Mais elle a raté son coup ! Il ne faut pas croire que je vais mourir comme ça, pour un coup de soleil dans l'œil !

Quelque temps plus tard, Ernesto propose à Asunción :

— Tiens, pour fêter ma résurrection, je t'offre une soirée au théâtre. À La Granja, il y a un gala samedi prochain, une troupe de Madrid qui vient interpréter *La Verbena de la paloma* avec Raquel Concher en vedette...

Asunción est ravie d'assister à une *zarzuela*, ce style d'opérette espagnole qui réunit avec entrain musique, couplets drolatiques et costumes charmants...

C'est au cours du second acte que l'incident survient. Ernesto

246

est installé avec son épouse dans une loge d'avant-scène. Les lumières brillent et Ernesto laisse son regard se fixer sur un des cuivres de l'orchestre. Qui brille sous les projecteurs, qui brille, qui brille :

– Mon Dieu, Ernesto, qu'est-ce qui t'arrive?

Asunción n'obtient aucune réponse. Ernesto vient de glisser au bas de son fauteuil, blême, sans vie.

– Il est mort, je le crains.

C'est ce que déclare le médecin de service en examinant le corps d'Ernesto que les ouvreuses ont traîné dans le foyer.

Cette fois, on est en plein hiver. C'est donc chez lui qu'on ramène Ernesto et on l'installe comme il convient sur le lit conjugal, les mains croisées, un rameau de buis bénit entre ses doigts raidis par la mort. Doña Asunción revêt des vêtements de deuil et on attend le moment de la mise en bière.

C'est au moment où le fabricant de cercueils vient prendre les mesures du défunt que celui-ci se relève avec un grand soupir :

– Bon Dieu, mais qu'est-ce que c'est que tout ce cinéma?

Il comprend d'un seul regard :

– Ah non, ne me dites pas que je viens de mourir une fois de plus...

Puis il réfléchit :

– C'est bizarre, j'étais en train de rêver que j'étais dans une file de gens. Nous attendions devant une porte illuminée pour entrer. Mais, quand mon tour est arrivé, une créature lumineuse m'a fait signe que non... et je me réveille ici...

Asunción ne sait que répondre. De toute manière, elle pleure à chaudes larmes. Ernesto dit :

– À propos, *La Verbena de la paloma,* ça t'a plu?

– Parce que tu crois que je suis restée à regarder la fin du spectacle pendant qu'on emmenait le cadavre de mon mari?

– Ah oui, c'est vrai! J'étais mort : je n'arrive pas à me faire à l'idée.

Ernesto se met pourtant à réfléchir :

– J'ai eu deux fois le même problème. Deux fois, je perds connaissance et l'on me croit mort. Et les deux fois cela arrive

247

juste au moment où une lumière particulièrement vive me vient en plein dans l'œil. Il faut absolument que je me méfie. Peut-être serait-il plus prudent que je porte des lunettes noires en permanence ?

Le docteur Rafael Gutierrez, le médecin de famille, arrive à la conclusion qu'il s'agit d'un phénomène d'autohypnose.

– Vous savez, don Ernesto, en Inde, les fakirs hindous arrivent à des résultats surprenants en pratiquant sur eux-mêmes l'hypnose. On dit qu'ils parviennent à sortir de leur propre corps. Ils sont en état de mort apparente et, paraît-il, ils parviennent à se déplacer par l'esprit.

Don Ernesto se met à rire :

– Ça doit être bien commode. J'irais bien faire un petit tour à Barcelone. Il y a un quartier où j'ai repéré quelques belles petites pouliches joliment bien tournées. Si je viens les voir en esprit, elles n'auront rien à me refuser et cela ne me coûtera pas cher !

À partir de ce moment, don Ernesto décide d'être prudent.

– Tiens, ma chérie, regarde. J'ai rédigé un petit carton que je porterai bien en vue à l'intérieur de mon portefeuille. Écoute : « Le porteur de cet avis, don Ernesto Perdrigon, est sujet à des états cataleptiques accidentels qui présentent tous les symptômes de la mort apparente. Si tel est le cas, veuillez contacter le docteur Gutierrez à La Granja ou l'hôpital de la ville, service du docteur Benavente, avant tout permis d'inhumer. » Et j'ai mis notre numéro de téléphone.

Don Ernesto Perdrigon a bien fait de rédiger ce petit avis car il va, à nouveau, tomber en état de catalepsie profonde.

La troisième fois a lieu lors d'une corrida quand une des trompettes de la *banda* lui envoie un grand coup de soleil dans l'œil.

La quatrième fois est provoquée par une porte en miroir à l'entrée d'un immeuble moderne. La cinquième a lieu devant la télévision. La sixième au cours d'un examen chez son ophtalmologiste. La septième en contemplant un vitrail frappé par le soleil à l'intérieur de la cathédrale. La huitième, simplement en regardant le feu qui flambe dans la cheminée. Cette fois-là, don Ernesto reste quatre jours sans reprendre connaissance. Les médecins se montrent particulièrement inquiets. Doña Asunción, quand Ernesto se réveille, exige que son époux se fasse examiner sous toutes les coutures :

– Il faut savoir ce qui te provoque ça.

Don Ernesto se soumet à toute une batterie d'examens mais on ne découvre rien d'anormal dans son métabolisme. Pas plus que dans ses fonctions vitales. Les examens du cerveau ne révèlent rien de particulier...

Ce qui finit par énerver don Ernesto c'est que, à chacun de ses retours à la conscience, il a la sensation d'être bredouille :

– C'est comme si je partais pour explorer la Lune ou Mars et qu'à chacun de mes retours sur terre je revenais sans en savoir plus... Je me retrouve toujours devant cette fichue porte. Une lumière aveuglante en sort. Ceux qui y pénètrent sont comme absorbés par un grand feu. Par une lumière. Il n'y a ni son ni odeur. Personne ne semble avoir peur, au contraire. Mais je n'approche jamais assez près pour apercevoir ce qu'il y a à l'intérieur.

Le docteur Gutierrez remarque :

– J'ai l'impression qu'à chaque fois la mort se décourage un peu. Vous allez finir immortel. Je ne sais pas si vous êtes au courant mais, quand les gens du coin vous croisent dans la rue, ils font un signe de croix !

Une mère inquiète

Nous sommes en Bretagne, il y a une dizaine d'années. La petite paroisse est tout émue. L'évêque vient enfin de se décider à nommer un nouveau curé. Cela fait au moins dix ans que les catholiques sont obligés d'aller faire leurs dévotions au village voisin, à plus de dix kilomètres.

— Les jeunes, avec leur voiture, ça va encore, mais les gens âgés... ils sont obligés de compter sur les autres...

Le boulanger est le plus amer :

— Autrefois, à chaque fête carillonnée, cela donnait un coup de fouet à mon commerce, avec les gâteaux... Maintenant, les paroissiens achètent tout ça à Glemor. Espérons que la réouverture de l'église au culte va redonner du cœur à mon commerce !

L'abbé François Le Dantec est breton mais il vient du sud du Morbihan et ne connaît pas du tout la région. Il est sympathique et on l'a vite adopté. Il s'inquiète des habitants du domaine qui niche dans la forêt auprès d'un étang un peu inquiétant.

— Oh ! Ce sont les châtelains des Genêts noirs, ils ne sont pas très intéressés par la religion. Mais vous aurez l'occasion de les voir à l'occasion du comice agricole.

Un soir d'automne, à la nuit tombée, le village est tout endormi. Les petites ruelles sont noyées de brouillard. Quelqu'un sonne à la porte du presbytère.

François Le Dantec va ouvrir et se trouve face à une dame aux cheveux blancs. Élégante mais sans ostentation. Elle est vêtue d'un tailleur de très bonne qualité et s'appuie sur une fine canne à pommeau d'or. Ses chaussures sont de toute évidence signées d'un très bon faiseur. François Le Dantec se dit : « Cette personne est venue jusqu'ici en voiture. Pas une trace de boue sur ses chaussures. Elle n'a pas dû faire trois pas dans la rue. »

Il jette un bref coup d'œil au-dehors mais n'aperçoit pas l'ombre d'un véhicule. D'ailleurs, il n'a pas entendu de moteur. Sans doute cette dame possède-t-elle un chauffeur qui attend sur la place de l'église :

— Bonsoir, madame, je suis le nouveau prêtre de la paroisse. L'abbé François Le Dantec.

La dame entre comme en glissant sur le sol :

— Oui, je sais, je suis la marquise du Faré, j'habite au manoir des Genêts noirs.

— Entrez donc, asseyez-vous, je vous en prie. Vous voudrez bien excuser l'inconfort de la cure. Mais, pour l'instant, je dois me contenter du strict minimum. Les deniers du culte ont mieux à faire que d'améliorer mon mobilier.

La marquise du Faré prend place sur l'unique fauteuil de paille cannée. L'abbé s'assied devant elle sur un petit tabouret.

— Que puis-je faire pour vous ? Étant donné l'heure tardive... De quoi s'agit-il ?

— Monsieur l'abbé, si je viens vous voir, c'est à cause de mon fils. J'ai un grand service à vous demander.

Le visage de la marquise devient un peu terreux, presque livide. L'abbé, avec un petit sourire, répond :

— Votre fils ? Ah oui ! on m'a parlé de lui. Si j'en crois la rumeur publique, il ne faut pas trop compter sur sa visite à l'église. Il serait un peu... disons « indifférent » aux choses de la religion...

La marquise ne semble pas entendre cette remarque un peu ironique :

— Mon fils est un grand sportif, robuste, taillé en armoire à glace, comme son père. Il a la tête près du bonnet. Je suis inquiète : il a une nouvelle folie en tête... Vous savez, ces petits appareils volants à moteur...

251

— Vous voulez dire les ULM?

— ULM, oui je crois.

— C'est un sigle : Ultraléger motorisé. Effectivement, quand je vois ces jeunes gens s'élancer depuis la falaise du saut du Diable, je les envie un peu. Ce doit être une sensation grisante d'être seul au-dessus des vagues. Ils parviennent même à suivre les mouettes dans leur vol...

— Mais vous ne connaissez pas mon fils, Jean-Yves. Il ne se contente pas d'utiliser les modèles classiques en suivant les règles. C'est un passionné, il veut toujours inventer des nouveautés, faire des essais. Et des acrobaties... J'ai beau lui dire d'être plus raisonnable, rien n'y fait. Il ne veut rien entendre.

La marquise semble de plus en plus fatiguée. Elle a du mal à retrouver son souffle :

— Dans une semaine, Jean-Yves a organisé une réunion de... comment dites-vous? d'ULM. Il mijote quelque chose : un nouveau type d'appareil qu'il a construit en secret dans les dépendances du manoir. Il veut, comme il dit, « leur en mettre plein la vue »! Je suis venue vous demander d'intervenir pour qu'il renonce à cette démonstration. Son appareil n'est pas au point, il va se tuer...

— Chère madame, toutes les mères du monde s'inquiètent quand leurs enfants prennent des risques. Bien sûr, ces petites machines volantes semblent à peine capables de soutenir un homme en vol. Mais je crois que vous vous inquiétez à tort, je suis certain que votre fils est très capable de mesurer les risques...

La marquise interrompt l'abbé :

— Non! Je sais! Je suis certaine que mon fils va se tuer quand il voudra l'essayer!

Et elle ponctue sa phrase d'un coup de sa canne sur le sol. François Le Dantec voit le geste de la canne mais il n'entend pas le bruit du choc sur le carrelage...

— Eh bien, chère madame, j'irai dès demain vous rendre visite. Cela me fera une occasion de faire la connaissance d'un de mes paroissiens les plus en vue. Et peut-être cela lui redonnera-t-il le goût de la messe. Dans la chapelle, les tombes de vos ancêtres sont en bonne place mais les plaques qui marquent vos prie-Dieu sont devenues un peu ternes...

— Ne pourriez-vous lui rendre visite dès ce soir? Demain matin, il a prévu un essai sur sa machine...

L'abbé objecte que l'heure est bien tardive pour aller jusqu'au manoir des Genêts noirs.

— Allez-y maintenant, je vous en conjure! Sinon, il va se tuer!

Elle joint brusquement les deux mains dans un geste de supplication. À son annulaire droit, une fine chevalière ornée d'un blason jette un éclat presque fulgurant.

François Le Dantec finit par accepter. Il va jusqu'au porte-manteau pour y prendre sa pèlerine noire et son béret. Après tout, la marquise va sans doute lui proposer de l'emmener jusqu'au manoir...

Mais, quand il se retourne, la marquise a disparu. Sans faire le moindre bruit. La porte de la cure est encore entrouverte. L'abbé reste un moment interloqué :

— Eh bien, voilà une dame qui ne manque pas d'autorité. Elle ne sait pas qu'il y a eu la Révolution. Enfin, maintenant que je suis habillé, allons jusqu'au manoir!

Au manoir des Genêts, c'est une vieille femme en coiffe blanche qui ouvre la porte. L'abbé se présente et demande à voir M. Jean-Yves du Faré. Le voici qui arrive :

— Ah! C'est vous, le nouveau cureton! Ravi de vous connaître! Entrez donc! Que diriez-vous d'un petit verre de chouchen? J'en ai du fameux et ça m'ennuie de boire en suisse!

Jean-Yves du Faré a la quarantaine joviale et moustachue, un sourire désarmant et l'accueil chaleureux.

Après quelques propos à bâtons rompus, l'abbé François Le Dantec se décide à aborder le sujet du sport.

— On m'a dit que vous mettiez au point un tout nouveau type d'ULM. C'est bien comme ça qu'on dit? Que vous aviez l'intention d'en faire la démonstration au meeting de dimanche en huit. Et même que, dès demain matin, vous alliez faire une petite sortie depuis la falaise du saut du Diable...

Jean-Yves du Faré cesse soudain de rire. Il fronce les sourcils et semble perplexe :

253

– Non mais, dites-moi, l'abbé. Ça, c'est un peu fort. Qui a bien pu vous renseigner ? Je travaille sur mon nouvel appareil dans le plus grand secret depuis trois ans. Personne n'est au courant. Et ce n'est pas Anne, ma vieille gouvernante, qui aurait pu vous en parler. Depuis que je peaufine mon projet, elle ne veut plus entrer dans mon atelier. Elle fait des signes de croix quand elle passe devant la porte. Alors, expliquez-moi un peu comment vous savez que je dois faire une sortie demain matin. Je l'ai décidé il y a à peine deux heures. Est-ce que vous lisez l'avenir dans vos bénitiers ?

L'abbé Le Dantec rit franchement devant cette sortie :

– Mon cher monsieur, vous devez bien vous douter de la source de mes informations ! C'est votre maman. Elle sort pratiquement de chez moi. Elle m'a tout expliqué et elle a beaucoup insisté pour que je vienne vous voir à cette heure tardive. Pour vous dissuader de faire votre essai. Sinon, croyez bien que j'aurais choisi un moment plus convenable pour vous faire une visite protocolaire...

– Comment ça, ma mère ? Ce n'est certainement pas ma mère qui est venue vous voir. Pour une raison bien simple : elle est morte il y a dix ans. Et d'ailleurs, sa tombe est dans l'enclos paroissial. Qu'est-ce que c'est que cette histoire ?

– Écoutez ! Il y a à peine une heure, une femme qui pouvait avoir dans les soixante-cinq ans, vêtue d'un tailleur en tweed beige et gris, très élégante, est venue à la cure. Elle marchait en s'appuyant sur une très jolie canne ornée d'un pommeau doré. Peut-être était-ce de l'or d'ailleurs...

Jean-Yves du Faré bondit de son fauteuil : il court jusqu'au porte-parapluies qui se trouve dans le vestibule :

– Une canne à pommeau d'or ! C'est celle-là ?

– Oui, effectivement, il me semble bien que c'est celle-là.

– Il y a dix ans qu'elle est là, à l'endroit même où ma mère l'a déposée avant de tomber morte dans le vestibule. Quelqu'un a trompé votre bonne foi. Quelqu'un a osé venir vous voir en se faisant passer pour ma mère ! Mais je saurai qui c'est. Je sais que mes concurrents sont prêts à tout pour me décourager. Ils ont trop peur de ma réussite. Mais enfin, de là à se faire passer pour ma défunte mère, ils ne manquent pas d'air !

L'abbé ne sait plus trop que dire :

— En tout cas, la personne que j'ai reçue n'avait de toute évidence qu'une idée en tête, vous protéger ! Je revois encore le geste qu'elle a fait en joignant les mains. Sa chevalière en or s'est mise à briller sous la lampe d'un éclat vraiment très fort. Une chevalière comme celle que vous portez au petit doigt.

— Justement, cette chevalière est celle de ma défunte mère ! Bon, l'abbé. Excusez-moi, je vous remercie de votre démarche mais toute cette histoire me tape un peu sur les nerfs. Je ne vous raccompagne pas jusqu'à la grille. Vous n'allez pas vous perdre. Nous nous reverrons à l'occasion. Et merci de votre visite.

Malgré la politesse des propos, le ton de Jean-Yves du Faré a perdu toute cordialité.

Au village, le lendemain, on confirme à l'abbé que la marquise est bien morte depuis dix ans. La tombe, soigneusement entretenue, est là, dans l'enclos paroissial. L'abbé Le Dantec est en train de la contempler quand on l'appelle :

— Monsieur l'abbé ! Monsieur l'abbé ! Un malheur est arrivé. Le marquis du Faré : il vient de se tuer en essayant un nouvel engin... Il est bien parti du saut du Diable, et puis son truc s'est plié en deux. Ceux qui connaissent disent qu'il s'est mis en portefeuille ! Il est tombé tout droit. Mort sur le coup.

Le trésor des Templiers

— Jean-Michel ! Dimanche prochain je fête mon anniversaire chez ma sœur, à Chantilly. Si tu es libre, ça me ferait plaisir que tu viennes...

Jean-Michel est d'accord. Il faut dire que, depuis qu'il a fait la connaissance de Grégoire Moulin, là-bas en Algérie, ils sont devenus une véritable paire d'amis. Tout les réunit : un même goût pour la littérature, un même sens de l'humour et de la dérision. À présent qu'ils sont tous les deux revenus à la vie civile, il ne se passe pas de semaine sans qu'ils se fassent une « petit bouffe » dans un bistro parisien. Ils partagent tout : les copains, les filles. Deux amis inséparables...

Le dimanche suivant est une journée magnifique. Danielle, la sœur de Grégoire, habite une petite maison à l'orée de la forêt de Chantilly. L'atmosphère est campagnarde. Grégoire fait les présentations :

— Maman, ma sœur Danielle, Salomon, mon beau-frère, et voici Chantal, ma nièce qui veut être vétérinaire.

Tout ce petit monde est très sympathique. Danielle a préparé un déjeuner simple mais raffiné. Le vin est généreux et tout le monde fait honneur au repas. Au moment du café, on se demande comment on pourrait bien continuer la journée. Une promenade en forêt ? On en a déjà fait une très longue ce matin en guise d'apéritif. Tout le monde a déjà visité le château et les grandes écuries...

Jean-Michel propose :

256

– Est-ce que ça vous amuserait de faire un peu de spiritisme ?
Étrange question à un moment étrange.
Grégoire demande :
– Ah bon. Pourquoi, tu es médium ?
– Non, pas vraiment. Enfin, disons qu'avec moi ça marche...
Grégoire dit :
– Eh bien, c'est curieux que tu proposes ça. Parce que, dans la famille, nous sommes médiums. Maman et moi on s'amusait à faire sauter les guéridons quand j'étais plus petit. Et Danielle aussi. Mais on n'y a pas prêté trop d'importance. Et le curé a dit à maman que c'était des diableries. Alors on n'y a plus pensé.

Chantal, la nièce de treize ans, est enthousiaste :
– Oh oui, faisons tourner les tables ! Je voudrais voir ce que ça fait.

Salomon, le beau-frère, bourre sa pipe. Il est un peu sceptique et pas du tout porté vers les domaines mystiques.
– On ferme les volets ?
– Pourquoi, il fait beau, autant laisser le soleil rentrer.
– Quel est le système que tu préconises ?
– Moi, j'aime bien le verre renversé et les lettres de l'alphabet.

Jean-Michel explique cette façon d'interroger l'au-delà. Les entités qui viennent faire bouger le verre frôlé par les doigts des médiums. Les messages lettre par lettre.
– J'espère que ça ne sera pas trop long. Sinon, tant pis...

Toute la famille, Salomon excepté, tend un doigt vers le verre renversé. Et l'attente commence... Pas trop longue, il faut le dire :
– Ça y est, je sens quelque chose. Le verre bouge. Qui es-tu ?

Le verre va toucher les lettres. Danielle note les lettres d'une main sur un bloc de papier : NOTIVO.
– Notivo ! Qu'est-ce que ça veut dire ?
– Tu lui demandes son nom : il te le donne. Notivo, c'est comme ça qu'il s'appelle.
– Ça n'a pas l'air français. De quel pays es-tu ?
– NORVÈGE.
– Norvégien. Un Norvégien, ce n'est pas banal. En tout cas, il comprend bien le français...

— À mon avis, les esprits de l'au-delà n'ont pas besoin de traducteur. Ils doivent comprendre toutes les langues.

— Où es-tu ?

La réponse vient, sans hésitation :

— Je suis en enfer.

La famille Moulin reste un moment silencieuse. « En enfer », ça fait quand même un drôle d'effet.

— C'est quoi, l'enfer ?

— Je suis seul.

— Pourquoi es-tu en enfer ?

Lettre par lettre, la réponse arrive :

— Parce que j'ai défié Dieu !

Il s'agit donc d'un damné. Mais rien n'indique une souffrance atroce. Il faut en savoir davantage. Jean-Michel demande, à haute voix :

— Que faisais-tu dans la vie ?

— J'étais moine.

— De quoi es-tu mort ?

— De la varicelle.

Grégoire remarque :

— Ce n'est pourtant pas une maladie mortelle.

Jean-Michel, le doigt toujours collé au verre baladeur, rectifie :

— Aujourd'hui non, mais j'ai lu qu'au Moyen Âge il y avait eu des épidémies mortelles de varicelle.

On continue l'interview de Notivo, moine norvégien qui veut bien faire des confidences. On n'est pas au bout des surprises.

Chantal, la petite nièce, lance une question qui la préoccupe :

— Où vivais-tu ?

— Dans une ferme.

Pourquoi pas ? Les moines norvégiens ont dû être assez près de la nature. Chantal, future vétérinaire, obsédée par les animaux, demande soudain :

— Combien y avait-il d'animaux dans la ferme ?

Grégoire la rabroue :

— Tu parles d'une question! Qu'est-ce que ça peut bien te faire, combien il y avait d'animaux dans sa ferme?

Mais Notivo, bonne pâte, veut faire plaisir à la petite et il se met en devoir de répondre... De manière surprenante. Délaissant les chiffres arabes qui sont posés sur la table à la suite des lettres, le verre promeneur se met à désigner la lettre I. Une fois, deux fois, trois fois. Jean-Michel, Grégoire, Danielle et la maman Moulin ont de la peine à suivre. Le verre leur échappe parfois. Et il fait un va-et-vient entre la lettre I et le centre de la table.

— Qu'est-ce que ça veut dire : I.I.I.I.?

— Mais non, ce n'est pas I qu'il nous montre, c'est le chiffre 1. Il est en train de compter tous les animaux de la ferme.

Aussi incroyable que cela puisse être même pour ceux qui ont l'habitude de pratiquer ce genre d'exercice, le verre va taper sur la lettre I (ou le chiffre 1, comme on veut) plus de mille fois. Mille deux cent trente-quatre fois exactement. Pendant plus de trente minutes sans interruption. C'est un peu lassant mais Notivo a l'air si content de parler avec quelqu'un. Grégoire conclut :

— Pas de doute, il a dû tout compter : les vaches, les cochons, les chevaux, les chèvres, les poules, les canards, les élans. Pour une question idiote, c'était une question idiote!

Maman Moulin demande :

— À quelle époque vivais-tu?

— Au XIIIe siècle...

Bigre, c'est bien loin. Il est rare que des esprits se manifestent aussi longtemps après leur décès. Six cents ans! Cet esprit doit avoir une belle énergie. Jean-Michel fait un rapide calcul : XIIIe siècle. Un moine... immédiatement une question lui vient aux lèvres :

— As-tu connu les Templiers?

— Oui, très bien...

Tout le monde retient son souffle. Une question s'impose, comme ça, pour voir :

— Sais-tu où se trouve le trésor des Templiers?

Sans hésitation le verre répond :

— Oui, je le sais.

— Où est-il ?

— À X...

— Où ça, à X... ?

— Près de la cathédrale.

— Comment reconnaître l'endroit ?

Notivo, sans réticence, donne alors tous les détails nécessaires :

— Il se trouve dans un petit bâtiment détruit, près de la cathédrale. Il y a un signe sur le mur mais personne ne comprend ce que cela signifie. C'est très clair, mais personne ne comprend.

Puis il ajoute :

— Inutile d'essayer de prendre ce trésor car seul un templier pourra le faire...

Toute la famille est sous le choc de cette révélation. C'est stupéfiant. On entre en contact avec une entité lointaine qui vous révèle tout à trac où se trouve un des trésors les plus fabuleux de l'humanité !

Grégoire propose :

— Et si on prenait contact avec la municipalité ?

— Tu nous vois arrivant et disant : « Ça y est, on sait où est le trésor des Templiers. Il suffit de trouver un bâtiment détruit non loin de la cathédrale et de déchiffrer un signe sur un mur pour que le magot soit à vous... » Ils nous feraient enfermer.

— Et rien ne prouve qu'il y ait un templier dans le conseil municipal.

Ça ne fait rien, la séance se termine, le soleil se couche et, après cette journée passionnante, il est temps pour Jean-Michel de regagner Paris avec le plaisir d'avoir reçu une révélation surprenante, même si, pour Grégoire :

— Si ça se trouve, c'était un esprit farceur. Enfin, de toute manière, ça fait rêver.

Le rêve va continuer car, quelques jours plus tard, Jean-Michel rencontre une relation qui « fait dans l'ésotérisme ». Il lui raconte la séance, en donne tous le détails sans mentionner le nom de la ville de X... L'ami réfléchit un moment.

– Notivo? Notivo. Ah oui! il me semble qu'il s'agit en effet d'un grand « initié » du Moyen Âge. C'est très intéressant comme communication.

Et quelques années plus tard, lors d'un voyage commercial, Jean-Michel se trouve à X... pour la première fois de sa vie. Soudain, les révélations de Notivo lui reviennent en mémoire. Il se précipite vers la cathédrale et là, reste béat d'étonnement. Près de la cathédrale, existe un petit square entouré d'une grille avec, au centre, les restes d'un bâtiment gothique détruit. Sur le pignon encore dressé, en levant les yeux, on aperçoit une plaque. Jean-Michel y lit : « Square du Trésor »...

Les habitants d'X... reconnaîtront d'eux-mêmes leur ville...

Vengeance à Turin

Le poste de police du quartier du palais royal à Turin reçoit ce matin-là un coup de téléphone. Un tenancier de café appelle pour demander de l'aide :

— En sortant les poubelles, j'ai découvert un homme à moitié mort dans la ruelle de derrière. Il baignait dans son sang. Je lui ai mis une couverture sur le corps et un coussin sous la tête. Ma fille est à côté de lui. Mais nous n'avons pas voulu le bouger, il a l'air si mal en point. Il a perdu beaucoup de sang : il y en a partout sur le pavé. Et puis...

Le cafetier hésite une fraction de seconde :

— Et puis, il a un poignard serré dans sa main droite. Ça a l'air d'une bagarre ou quelque chose comme ça. En tout cas, il respire encore mais il faut faire vite...

L'ambulance arrive toutes sirènes hurlantes et les carabiniers aussi. L'homme qui gît sur le carreau porte des papiers au nom de Tibaldo Perigioni. Mais il est incapable de dire quoi que ce soit. On le transporte à l'hôpital. Le sergent des carabiniers Malfieri, qui s'occupe du dossier, en apprend un peu plus :

— C'est un antiquaire et prêteur sur gages de la via Garibaldi. On dit qu'il est même usurier et, d'ailleurs, ceux qui ont recours à lui se méfient car il est sans pitié pour ceux qui ne peuvent pas payer.

Le sergent examine le rapport du médecin :

— D'après l'hôpital, il pourrait s'agir d'un suicide. Le poignard qu'il tenait encore à la main semble bien être l'arme qui a

262

provoqué la blessure. D'ailleurs, il était encore tout couvert de son sang... Se suicider comme ça, au poignard, en pleine rue! Quelle idée curieuse!

À l'hôpital, quand le prêteur sur gages retrouve ses esprits, il n'a qu'une question aux lèvres :

— Où est Montalfiore? Où est Montalfiore? Empêchez-le d'entrer ici. Il veut me tuer!

Le sergent Malfieri, qui est venu rendre visite à Perigioni, demande :

— Qui est ce Montalfiore?

Perigioni répond d'une voix éteinte :

— C'est lui qui a essayé de me tuer. C'est un de mes anciens clients. Il est revenu pour avoir ma peau. Il dit que c'est moi qui l'ai poussé au suicide...

— Calmez-vous un peu. Je ne comprends pas grand-chose à votre histoire. Ce dénommé Montalfiore vous en veut. Bon! Je suppose que vous lui avez prêté de l'argent.

— Oui, il y a deux ans.

— Et il n'a pas pu vous le rendre, n'est-ce pas? Je ne vous demanderai pas à quel taux vous le lui aviez prêté.

— Oui, c'est cela. Il n'a pas pu me le rendre.

— Il vous avait donné des garanties, sans doute?

— Oui, j'avais une hypothèque sur son appartement.

— Il s'agissait d'une grosse somme?

— Quelques millions de lires...

— Et ensuite?

— Ensuite, il a commencé à prendre du retard dans le paiement des intérêts. Puis il a cessé tout paiement. Je l'avais prévenu, mais il n'a rien voulu savoir. Alors, il s'est pendu!

— Répétez-moi ça. Il s'est pendu? Quand ça?

— Il y a six mois...

— Excusez-moi mais, s'il s'est pendu il y a six mois, comment a-t-il pu vous poignarder hier soir? Ou bien il s'est mal pendu peut-être?

— Non, il s'est bel et bien pendu. On l'a décroché et on l'a enterré. J'ai récupéré l'appartement. Cent cinquante mètres carrés au second étage du palais Nazzarini, via Colleone. C'était normal... c'était dans nos accords.

— Je pense que vous êtes un peu fiévreux. Je ne comprends rien du tout à votre histoire... Comment ce dénommé Montalfiore, pendu, mort et enterré depuis six mois, a-t-il pu vous poignarder hier soir ?

— D'abord, il n'a pas essayé de me poignarder. Il a voulu m'étrangler, ce n'est pas la même chose...

— Bien, je vous laisse. Je reviendrai demain, monsieur Perigioni, et nous reprendrons tout de zéro. J'y verrai peut-être plus clair.

Le sergent Malfieri fait vérifier les faits nouveaux. Effectivement, Tibaldo Perigioni est bien le tout nouveau propriétaire d'un appartement situé au second étage du palais Nazzarini, via Colleone. L'ancien propriétaire Guillermo Montalfiore s'est pendu six mois plus tôt. Le concierge précise :

— Il paraît qu'il devait énormément d'argent à Perigioni, l'usurier. D'ailleurs, il menaçait souvent de passer aux actes si l'usurier ne lui accordait pas de nouveaux délais. Et je me souviens que le matin même du jour où il s'est pendu, il a dit une phrase bizarre. Il a dit : « Je vais aller voir là-haut ce qui se passe, mais je reviendrai pour me venger de ce salaud de Perigioni. » Quand il a dit : « Je vais aller voir là-haut », j'ai cru qu'il allait jeter un coup d'œil dans les combles. Pour voir s'il n'y avait pas quelques objets ou tableaux de valeur dont il aurait pu tirer un peu d'argent. Mais là-haut, pour lui, cela voulait dire... au ciel. Ou en enfer.

Donc, la chose est certaine, Montalfiore détestait Perigioni. Mais Montalfiore est mort. Le sergent Alfierini revient voir Perigioni sur son lit de douleur.

— Alors, reprenons les choses calmement. Racontez-moi un peu votre soirée de vendredi. Un vendredi 13 d'ailleurs. Ça ne vous a pas porté chance...

— Je suis allé dîner chez Luigi Camparini. C'est là que je prends tous mes repas du soir. Je suis célibataire et je ferme ma boutique assez tard. Puis j'ai décidé d'aller prendre un verre de grappa au café Florian... Je suis entré et je me suis assis à ma table habituelle, au fond. En général, c'est le moment où je refais mes comptes de la journée. L'éclairage est bon pour prendre mes notes et taper sur ma calculette. Mais, ce soir-là...

Perigioni est devenu très pâle. Il revit une scène qui lui donne encore des sueurs froides.

– J'étais en train de refaire mes comptes. Je songeais à un client qui était venu me solliciter. J'ai levé les yeux de dessus mon petit carnet noir et, tout à coup, je l'ai vu, assis sur la banquette en face de moi... J'ai cru que j'avais une hallucination. Mais non, c'était bien lui, Guillermo Montalfiore. Avec son feutre gris, son manteau de poil de chameau et cette écharpe de soie à pois beiges qui ne le quittait jamais hiver comme été. Les derniers restes de sa splendeur ancienne. Il était là et son regard me fixait avec une lueur de haine. Comme je n'en ai jamais vu auparavant...

– Pourtant, monsieur Perigioni, dans votre... métier, vous avez dû en voir, des regards peu aimables...

– Quand j'ai vu ses yeux, j'ai attrapé le *Corriere della Serra* qui traînait sur la table d'à côté et je l'ai déplié devant moi, pour faire un écran entre Montalfiore et moi. Entre le fantôme de Guillermo Montalfiore et moi, devrais-je dire... J'étais incapable de lire mais de temps en temps je baissais le journal. Et, à chaque fois, Montalfiore était toujours là, immobile, me fixant de ses yeux horribles. Il me semblait y voir des lueurs rouges comme les flammes de l'enfer. Ce qui me semblait bizarre, c'est qu'il était là depuis un long moment et que Raimondo, le garçon, n'était pas encore venu lui demander ce qu'il désirait... Quand Raimondo est passé tout près de moi, je lui ai chuchoté :

« – Connaissez-vous l'homme qui est assis en face ?

« – Quel homme, monsieur Perigioni ? Il n'y a personne.

« Effectivement la banquette était à nouveau vide.

« – Mais il y avait quelqu'un tout à l'heure. Ça fait une demi-heure qu'il est là à me regarder. C'est un nommé Montalfiore, un de mes clients. Il vient de...

« J'allais lui dire : " Il vient de se pendre ", mais j'ai réalisé que Raimondo me prendrait pour un fou. D'ailleurs, il me regardait d'un drôle d'air.

« — Cette banquette est restée vide toute la soirée. Ça doit être le portrait du roi Victor-Emmanuel qui décourage les clients !

Le sergent Alfierini intervient :

— Et ensuite, que s'est-il passé ?

— J'ai pris un peu de temps pour retrouver mon calme. J'ai rangé mon carnet de comptes et ma calculette, j'ai bu un second verre de grappa et je suis sorti.

— La grappa, c'est fort. Vous êtes certain que vous aviez toute votre lucidité en sortant ?

— J'ai l'habitude. J'ai fait la guerre et j'en ai vu d'autres. Quand je suis sorti, il y avait une brume épaisse qui envahissait les rues. Je ne sais pas si vous vous en êtes rendu compte.

— Oui, effectivement, cela fait bien dix jours que ça dure. Mais, à présent, le temps est moins humide...

Perigioni poursuit :

— J'ai pris la via Emmanuelli et j'ai traversé le corso dei Frati Neri. J'étais presque arrivé chez moi. J'habite au cortile Santa Lucia. Au n° 7, rez-de-chaussée. Soudain j'entends un bruit de pas dans la rue. Comme des souliers ferrés. Une démarche d'homme. Irrégulière. La démarche d'un homme qui boite ! Je ne vous ai pas dit que Guillermo Montalfiore avait été blessé lors de la dernière guerre. Il avait une jambe plus courte que l'autre... En entendant ce bruit de pas, je me retourne. Avec le brouillard, je ne vois personne derrière moi. J'ai alors saisi mon poignard espagnol...

— Parce que vous vous promenez avec un poignard espagnol ?

— Oui, une *navaja* du XVIIIᵉ siècle, un objet de Tolède superbe, en acier damasquiné. Je porte toujours cette *navaja* car il m'arrive assez souvent de transporter du liquide et les rues ne sont pas trop sûres.

— Vous savez que les chèques et les comptes bancaires permettent d'éviter bien des risques ? Donc, vous saisissez votre *navaja*...

– Oui, et je l'ouvre. Je la tenais fermement dans ma main droite. Soudain, le bruit de pas qui me suivait dans la ruelle s'interrompt. Je m'arrête et voilà que quelqu'un me barre la route, de l'autre côté, juste en face de moi... C'était Guillermo Montalfiore! J'en suis absolument certain...

– Celui qui est mort et enterré!

– Mort! Enterré! Peu importe, c'était lui. J'en suis sûr. Il hurle : « Usurier du diable, tu vas payer tout le mal que tu m'as fait! » En disant ça, il me saisit à la gorge. J'ai reconnu l'étreinte de ses grosses mains velues. Il me serrait à me briser les os. J'étouffais. Je réussis à me dégager et je lui crie : « Non, Montalfiore, vous êtes mort! vous êtes mort! Vous ne pouvez rien contre moi! » Mais Montalfiore me saisit à nouveau à la gorge. Je ne peux plus respirer. Je sens son corps de colosse qui m'écrase. Alors, je l'ai frappé dans le dos avec ma *navaja*, une fois, deux fois, trois fois. J'ai senti une douleur atroce dans mon ventre et j'ai perdu connaissance...

Le sergent Alfierini dit :

– En effet, vous vous êtes donné trois coups de *navaja* dans l'abdomen. Croyez-vous que votre poignard ait pu traverser le fantôme de Guillermo Montalfiore avant de vous frapper? Après tout, pourquoi pas?

Voyage posthume

« Être ou ne pas être ? Là est la question. »

Nous sommes dans la dernière année du XIXe siècle. En 1899 exactement, c'est pourquoi la suite de notre histoire est de notre époque. Enfin presque. Nous sommes aux États-Unis, et là-bas on vit encore à l'heure des voitures à chevaux, des cols durs et des bottines à boutons.

Ce soir-là, toute la troupe de la Shakespearien Company est inquiète. Edward Weston Mackenzie, l'acteur vedette de la troupe, se sent très mal. Le directeur confie au régisseur :

— Pendant le dernier acte, Edward n'a pas cessé de tousser et de cracher du sang. C'est très mauvais signe.

— Alors c'est donc vrai, il est phtisique ?

« Phtisique » est le mot qu'on emploie à l'époque pour dire « tuberculeux ».

Le régisseur s'inquiète :

— Vous ne pensez pas qu'il va nous lâcher comme ça, en pleine tournée ?

— J'ai fait appeler un médecin de Galveston. Il est très pessimiste. Je crains le pire.

Effectivement, Edward Weston Mackenzie décline rapidement. Son habilleuse, Mary Ann, et sa partenaire principale, Philomena Parkson, sont auprès de lui. Philomena, malgré ses cinquante ans bien sonnés, est encore vêtue de la robe blanche de la tendre et virginale Ophélie. Mackenzie n'a pas eu la force de quitter le pourpoint de velours noir d'Hamlet. Dans un souffle, il murmure :

— Je voudrais tellement avoir le temps de revoir mon cher Ouskamegui, ma terre canadienne, avant de mourir !

Du Texas au Canada, il y a loin, surtout pour une troupe de théâtre. Impossible de faire transporter le malheureux Macken-zie. Et que deviendra la troupe sans lui ? C'est d'ailleurs un faux problème car, dans l'état où il se trouve, Mackenzie est bien incapable de lancer à nouveau le célèbre « Être ou ne pas être... ».

— Patron ! Je crois qu'il est mort !

Ophélie-Philomena Parkson vient de pousser ce cri dans les coulisses du théâtre Impérial. La catastrophe attendue est arri-vée. Le directeur de la troupe tient à fermer lui-même les yeux naguère si bleus et si impressionnants de sa chère vedette.

— Que comptez-vous faire de lui, patron ?

— Et que croyez-vous que je puisse en faire ? Certainement pas le traîner avec nous à travers toute l'Amérique, même dans un tonneau de whisky. On l'enterre sur place et voilà tout !

La troupe se cotise pour offrir une belle tombe à Mackenzie. Tout le monde s'est montré généreux, dans la mesure de ses moyens. Edward Weston Mackenzie est enfermé dans un magnifique cercueil en chêne. L'intérieur est une caisse de plomb hermétiquement close. Évidemment, avec la chaleur de l'été texan... L'inhumation se fait dans la fraîcheur relative du soir. Déjà, on fait imprimer de nouvelles affiches. L'acteur qui jouait le rôle modeste de Rosencranz reprend le rôle vedette, non sans une secrète jubilation. Le lendemain soir, la Shakes-pearien Company joue déjà au loin, c'est-à-dire à cinquante miles.

De temps en temps on évoque le souvenir du pauvre Mac-kenzie enterré là-bas, loin des siens et de son cher Canada. Sa femme et ses deux enfants ont d'autres problèmes à résoudre : impossible de faire les frais d'un rapatriement, on verra plus tard. Un mort, de toute manière, doit posséder toute la patience du monde. Que peut-il attendre, à part la résurrection ?

Mais, connaissant Edward Weston Mackenzie, il aurait fallu se méfier.

En 1900 très exactement, soit un an après la mort de l'acteur vedette, un cyclone épouvantable dévaste la région de Galveston. Le cimetière lui-même est inondé. Inondé est un mot faible : le cimetière est ravagé par les flots. Les tombes sont bouleversées, les cercueils remontent à la surface.

Deux ans plus tard, la Shakespearien Company revient à Galveston. Toujours avec le répertoire classique. Les acteurs taquinent Michael Subbleton, le nouvel Hamlet :

— Tu te sens bien, coco ? Pas de problèmes pulmonaires ? N'oublie pas que c'est ici que notre « vrai » Hamlet a terminé sa carrière. Espérons que tu ne vas pas nous faire la même sortie !

Subbleton n'apprécie guère ces piques plus ou moins aimables :

— Oh, Mackenzie par-ci, Mackenzie par-là ! Il toussait tellement que ce n'était pas *Hamlet* qu'il nous donnait, c'était plus *La Dame aux camélias*. Avec des moustaches.

Le directeur de la compagnie calme le jeu en déclarant :

— Demain, après le déjeuner, je vous propose d'aller porter quelques fleurs sur la tombe de notre cher Mackenzie. Philomena, tu as reçu tellement de fleurs ce soir... Je crois qu'Ophélie pourrait bien se séparer de quelques roses.

C'est une troupe recueillie qui entre dans le cimetière de Galveston. Un cimetière encore modeste : l'Amérique est un jeune pays et la ville n'est pas une métropole :

— Excusez-nous, monsieur ! Vous êtes le gardien ? Nous cherchons la tombe du célèbre Edward Weston Mackenzie, le « grand » acteur de la fameuse Shakespearien Company. Nous l'avons nous-mêmes enseveli ici. Vous vous souvenez sans doute de l'événement. C'était tout près de la chapelle.

Le gardien ne se souvient de rien. Il ignore tout de la gloire d'Edward Weston Mackenzie :

— Ah oui, c'est vous, les saltimbanques ! Mackenzie, vous dites ? Oh, vous savez ! C'était en quelle année, votre enterrement ?

— En 1899 !

— Hé, mais depuis nous avons eu la grande inondation de 1900 ! Ç'en a fait, du dégât. Certains des cercueils ont été emportés par le reflux des eaux sur la plage même. On dit que d'autres sont partis en mer...

— Impossible que la dépouille de notre cher grand Edward Weston Mackenzie soit partie en mer. Nous l'avons fait inhumer dans un cercueil entièrement doublé de plomb.

Quoi qu'il en soit, la tombe de Mackenzie demeure introuvable. Philomena dépose son bouquet de roses à l'endroit où l'on aurait dû retrouver le « grand » acteur shakespearien. Et l'on repart afin de se maquiller pour la représentation du soir.

Les années passent. Là-bas, à Ouskamegui, au Canada, la veuve de Mackenzie a fait ériger une petite stèle dans le gazon du cimetière. C'est là que son cher époux aurait dû être enterré... Tous les ans ses enfants et elle viennent s'y recueillir...

Un jour, en mer, au large de l'île du Prince-Edward, des pêcheurs de la *Marie-Rose* s'activent pour remonter leurs filets chargés de cabillauds frétillants :

— Capitaine, on a fait une pêche miraculeuse ! Jamais le filet n'a pesé aussi lourd ! Ça va payer !

Le capitaine, l'air dubitatif, jette un regard par-dessus le bastingage :

— Si ça se trouve vous allez me remonter une charogne, un cachalot pourri ou quelque chose dans le même style ! Allez-y, souquez ! Qu'on voie un peu ce que la chance nous apporte...

Effectivement, le filet ne remonte rien de bien comestible :

— C'est une caisse en bois ! Ç'a l'air ancien !

Le mousse crie :

— C'est peut-être un trésor. On dit que des pirates ont enfoui des caisses de pièces d'or sur la côte...

— La ferme, moussaillon ! Tu parles d'un trésor ! Tu ne vois pas que c'est un cercueil ?

Du coup, tout l'équipage se tait. À part les marins qui souquent dur pour remonter le filet, tous les autres ôtent leurs bonnets de laine. Certains font un signe de croix. Là, dans le filet, c'est bien un cercueil couvert d'algues et de coquillages qui apparaît, au milieu d'un tas de poissons frétillants.

Une fois le cercueil à bord du bateau, tout l'équipage se rassemble. Certains sont partisans de rejeter immédiatement à l'eau la sinistre découverte. D'autres veulent l'ouvrir, histoire de voir si, par hasard, il ne serait pas rempli d'or et de pierreries...

— Regardez, il y a une plaque gravée! Ce doit être le nom du mort.

On nettoie la plaque de cuivre verdi :

— « Edward Weston Mackenzie, acteur, 1846-1899. »

Le capitaine déchiffre péniblement une citation gravée dans le métal :

« Il y a plus de choses dans le ciel et sur la terre que n'en rêve notre philosophie. »

Personne à bord ne sait qu'il s'agit d'une réplique du *Hamlet* de Shakespeare. En définitive, le capitaine décide que le cercueil ne sera pas ouvert :

— On ne doit pas déranger un mort. S'il a décidé de venir dans nos filets...

— Mais, patron! S'il y avait un trésor dedans!

— La ferme! De toute manière, s'il y avait un trésor, c'est moi le maître à bord et c'est donc moi qui le récupérerais...

Bien évidemment, lorsque le chalutier arrive au port, la nouvelle se répand plus rapidement qu'une traînée de poudre :

— La *Marie-Rose* rapporte un cercueil!

Certains considèrent qu'il s'agit d'un mauvais présage. Mais l'étonnement est à son comble quand on apprend l'identité du mort :

— C'est Edward Weston Mackenzie! C'est lui!

Pourquoi les habitants de ce port minuscule du Canada connaissent-ils le « grand » acteur shakespearien? Tout simplement parce que le port d'attache de la *Marie-Rose* est Ouskamegui, le village même où Mackenzie est né...

Quelle est la force qui l'a poussé à revenir ici? Quel est le miracle qui a permis que son cercueil de plomb dérive à travers le golfe du Mexique, qu'il aille se perdre dans les courants du Gulf Stream, qu'il remonte toute la côte est des États-Unis et qu'il se manifeste enfin en s'accrochant dans les filets de la *Marie-Rose* après avoir parcouru sept mille cinq cents kilomètres en mer, pendant huit ans ? Comprenne qui pourra.

Depuis 1908, Edward Weston Mackenzie repose dans l'église même où il avait été baptisé soixante-deux ans plus tôt...

Voir Naples et mourir

Au fin fond de l'est de la France, au cœur des Vosges, une famille modeste exerce son métier depuis des générations. Chez les Brémond, on est brodeurs de père en fils. Et de mère en fille. La réputation de la famille est établie depuis longtemps et bien au-delà de nos frontières. Certains des Brémond n'ont pas hésité à partir au loin pour exécuter des broderies pour les têtes couronnées étrangères. On a vu des Brémond au fin fond de la Perse, d'autres ont travaillé pour la cour d'Espagne. Une branche s'est établie en Angleterre, après de longues années passées à broder les robes de la reine Victoria. Des Brémond enfin sont allés jusqu'à Saint-Pétersbourg pour y enrichir par leur talent les fastes de la cour des tsars...

Mais, depuis toujours, il est resté des Brémond à Saint-Val, le berceau de la famille. C'est au foyer de Ferdinand et Germaine Brémond que naît un premier fils, Emmanuel, juste après la seconde guerre mondiale...

Emmanuel n'est pas admis dans l'atelier de la famille, là où son père, sa mère, ses tantes se crèvent les yeux sur des travaux d'aiguilles qui semblent faits de toiles d'araignées scintillantes. Il court les champs, apprend à ramasser les champignons, à pêcher dans la rivière. Une vraie vie de petit paysan... Pourtant, ses parents ont de l'ambition :

— Quand il va arriver sur ses sept ans, on verra si la broderie le tente. Jusque-là... attendons un peu.

Un beau soir de Noël, Emmanuel reçoit, parmi les cadeaux

modestes qui ornent l'arbre illuminé, une superbe boîte de fruits confits... Il sait ce que contient la boîte mais, avant de l'ouvrir, il prend le temps de contempler le paysage qui orne le couvercle. C'est une vue de Naples. Rien que de très normal puisque les friandises sont de la marque Napoli. Le petit Emmanuel admire le paysage : la mer toute bleue, les pins parasols qui penchent sur le côté de la boîte. Le « château des Normands », énorme monument qui défendait le port de Naples.

— Maman ! Regarde !

Germaine se penche vers le petit visage d'Emmanuel. Il n'a encore que cinq ans.

— Oui, mon poussin ? Qu'est-ce qu'il y a ?

— Tu vois cette maison ?

Emmanuel pose son petit index sur le château des Normands, un lourd bâtiment fortifié :

— Oui, mon chéri. Ça te plaît ?

— Tu vois, maman, c'est *ma* maison !

— Ta maison ? Eh bien, il y a de la place. Tu crois que tu vas pouvoir faire le ménage ?

Mais Emmanuel garde l'index sur le château pour préciser :

— Non, maman. C'est *ma* maison. J'ai déjà habité là !

Germaine éclate de rire :

— Ah bon, tu as déjà habité cette « maison ». C'est très bien. Je ne sais pas trop quand tu as pu vivre à Naples. Nous n'y sommes jamais allés, ni ton père ni moi, ni avant ni après ta naissance... Il paraît que nous avons une branche de la famille là-bas, une certaine cousine Veronica... Mais, à part ça...

L'incident est vite oublié. Plus personne ne parle de Naples pendant des années. La boîte de friandises, vidée de son contenu, se transforme en boîte à boutons et se trouve remisée dans un placard. À chaque fois qu'Emmanuel a l'occasion de la voir, il reste un long moment songeur, mais n'affirme plus jamais qu'il a vécu là...

Sommes-nous soumis à un destin écrit d'avance ? On peut se poser la question car, avec les années, Emmanuel fait une carrière qui n'est pas sans rapport avec la mode et la broderie. Il suit des études de joaillerie et, quand il atteint ses trente ans, on lui propose un poste de dessinateur créateur. Vous avez deviné où, bien évidemment. À Naples.

En arrivant dans cette ville qu'il n'a jamais visitée, Emmanuel ressent une étrange impression de « déjà vu ». C'est plus qu'une impression. D'instinct il se dirige à travers les ruelles étroites. Il croit reconnaître des palais et devine quelles sont les statues qui l'attendent au coin des rues. Au bout d'une première journée, il est obsédé par une idée : « J'ai déjà vécu ici. C'est impossible autrement. Je me retrouve chez moi... »

En trois mois seulement il maîtrise non seulement l'italien mais aussi le dialecte « napolitain ». Il prend même l'accent à la perfection. On le croirait napolitain si sa carrure de bûcheron et son teint d'homme de l'Est ne trahissaient ses origines.

Bien des surprises attendent Emmanuel. À Naples, entre les visites de Pompéi et les trésors accumulés dans les musées, notre joaillier vosgien trouve rapidement une inspiration féconde. Il serait heureux comme un coq en pâte. Il ne lui manque qu'une chose... l'amour.

« Mon cher Emmanuel, je donne une petite soirée intime. Je vais porter les bijoux que vous avez créés pour moi. J'aimerais tellement que vous soyez des nôtres. »

La marquise de Fontecaldini est une superbe femme du Sud. D'une élégance absolue. Emmanuel accepte l'invitation. Le destin noue ses liens autour de lui. Sans qu'il s'en doute.

— Mon cher Emmanuel, permettez-moi de vous présenter Mme Carmigione et sa fille Malvina. Malvina est une des mannequins qui vont présenter le défilé de mode.

D'un seul regard Emmanuel, la quarantaine barbue, et Malvina, quinze ans à peine, se sont reconnus. Pourquoi ? Personne ne le saura, et surtout pas eux. Une astrologue napolitaine leur donne quelques mois plus tard un élément de réponse :

— Mes chers enfants ! Comment voudriez-vous échapper à votre destin ? Emmanuel, tu es un Cancer ascendant Scorpion.

Malvina, ma chérie, tu es un Scorpion ascendant Cancer. Vos destins sont irrémédiablement liés. Mais attention : quatre signes d'eau, cela va engendrer des remous et des courants extrêmement forts. Votre union ne sera pas de tout repos...

C'est l'évidence même.

Tout d'abord, les parents de Malvina voient d'un mauvais œil leur fille qui se dévergonde avec cet étranger :

– Un Français! Et en plus un artiste! Quel avenir! Et il a vingt-cinq ans de plus que toi! Si jamais il te quitte, tu seras déshonorée et tout à fait incapable de te marier dans la bourgeoisie napolitaine!

Papa Carmigione voit les choses d'un œil encore plus sévère :

– Si jamais il s'imagine que nous sommes riches, il se trompe lourdement! Il n'aura rien! Mais alors strictement rien!

Les millions des Carmigione peuvent dormir tranquilles dans les coffres de la banque. Ce qui intéresse Emmanuel, c'est Malvina. Et ce qui intéresse Malvina, c'est Emmanuel, envers et contre tout... Emmanuel est jaloux. Un soir il appelle Malvina au téléphone. Quelqu'un lui répond :

– Elle est sortie.

– Comment, sortie? Elle vient de me quitter en me disant qu'elle était fatiguée et allait se coucher!

Emmanuel traverse tout Naples à minuit pour aller tambouriner chez les Carmigione. C'est Malvina qui répond par l'interphone.

– Pourquoi viens-tu si tard? Je dormais.

– Mais ton père vient de me dire que tu étais sortie!

En fait, Emmanuel a fait un faux numéro. Quelqu'un a mal compris et a répondu en parlant d'une autre. Mais Emmanuel réalise qu'il est capable de tout sous l'empire de la jalousie. Il va bientôt savoir pourquoi...

Un soir d'été, Emmanuel va livrer un bijou chez une riche cliente, une princesse au nom célèbre. L'appartement est plein de personnes très élégantes et la maîtresse de maison accueille Emmanuel avec un soulagement non dissimulé :

— Emmanuel! Comme vous tombez bien! Vous m'apportez ma broche? C'est magnifique. Nous cherchions un treizième. Nous allons faire une séance de spiritisme et il nous faut un treizième pour former la chaîne des mains.

Emmanuel se laisse entraîner par le flot de paroles de la princesse. Il se retrouve assis au milieu d'un cercle de smokings et de robes du soir. La séance commence. Aussitôt des coups font trembler les armoires peintes du XVIIIᵉ siècle. Aussi violents que des coups de marteau. Emmanuel sent ses cheveux se dresser sur sa tête. Une dame au teint crayeux semble prise d'une syncope. Sa tête se renverse sur le dossier capitonné de velours cramoisi. Elle se met à parler:

— Emmanuel! Emmanuel! Je suis venue te voir.

L'assemblée s'écrie, à mi-voix:

— Mais elle parle en français! Elle n'en connaît pas un mot!

Le médium continue:

— Je suis Teresa, je suis venue te dire que je te pardonne. C'était un malentendu. Je te pardonne de m'avoir assassinée!

Soudain, la médium change de voix. À présent, c'est un homme qui parle par sa bouche. Avec un fort accent espagnol:

— Emmanuel! Emmanuel! Je suis Carlos de Miraventes! J'ai vécu ici, il y a trois cents ans. J'étais espagnol... Emmanuel! Tu es ma réincarnation. Je suis un assassin! J'ai tué ma fiancée, Teresa di Limpiezzi. J'ai cru qu'elle me trompait. C'était faux, mais je l'ai noyée dans sa baignoire...

L'assistance est glacée. Teresa et Carlos reviennent du fond des temps pour raconter leur tragédie. Et sans doute pour mettre Emmanuel et Malvina en garde contre les dangers de la jalousie. Et aussi contre ceux de l'éternel retour...

Malvina est-elle une réincarnation de la malheureuse Teresa noyée dans sa baignoire? Dans les semaines qui suivent, Emmanuel et ses nouveaux amis spirites se mettent à la recherche des traces de Carlos de Miraventes. Et ils les trouvent: les vieilles chroniques donnent les détails de ce meurtre. Carlos, hidalgo originaire d'Estrémadure, a fini ses jours en prison pour le meurtre de l'innocente Teresa injustement soupçonnée... On découvre ses anciennes adresses et ses fonctions militaires à Naples.

Emmanuel n'a d'abord pas cru devoir informer Malvina de ses toutes nouvelles activités spirites. Un jour, pourtant, alors qu'il y a renoncé définitivement pour garder toute sa santé psychique, il lui en fait l'aveu. Malvina écoute l'histoire et conclut gentiment :

– Mais alors, mon minou... dans cette vie-ci, c'est peut-être bien moi qui vais t'assassiner.

Depuis quinze ans, ils ne cessent de se poser la question.

Une maison de rêve

Adrienne Pertinaux se réveille de bonne humeur ce matin-là. Elle s'étire dans le lit. À son côté, son mari, Joël, dort encore. Adrienne résiste à l'envie de le réveiller. Mais Joël ouvre un œil.

— Alors, chérie, as-tu bien dormi?

— Comme une bûche! Et tu sais...

Joël sait.

— Tu as encore rêvé de ta maison!

— Oui, je me suis encore retrouvée dans cette villa. Elle est très belle, avec un joli parc et des parterres de fleurs. Il y a un bassin avec des poissons rouges juste devant. Et je me promène toujours dans la même pièce : une sorte de salon. Il y a une console en bois doré et sur la console une statuette : un bronze. Très beau. C'est un hercule, barbu, revêtu d'une peau de bête. Avec une grosse massue à la main...

— À mon avis, si tu retournes si souvent dans ta villa de rêve, c'est parce que tu as le béguin pour cet hercule!

— Que tu es bête, c'est une statuette qui doit faire quarante centimètres de haut, au maximum! D'ailleurs, j'ai remarqué que le socle en marbre est abîmé. Un des coins est écorné.

Voici plusieurs mois qu'Adrienne Pertinaux fait ce rêve. Un rêve récurrent, comme dit son médecin. Car elle a consulté son médecin de famille pour savoir si ces voyages perpétuels dans une villa si extraordinairement présente n'indiqueraient pas une petite fatigue. Un petit dérangement mental?

— Mais non, chère madame. Peut-être, dans votre enfance,

avez-vous eu l'occasion de visiter cette demeure. Elle aura frappé votre imagination enfantine et puis vous avez tout oublié et maintenant cette maison revient vous hanter. Simplement parce que vous arrivez à un âge où beaucoup de personnes rêvent de devenir propriétaires d'un petit « chez-soi ».

Adrienne n'est qu'à moitié convaincue. Elle explique à Joël et à ses amies les plus intimes :

— Ce qui est incroyable c'est que, de rêve en rêve, je retrouve les mêmes pièces, les mêmes meubles. Parfois, j'ai l'impression de présences humaines. Comme si quelqu'un, une femme ou deux, habitait cette maison. Mais je ne les vois jamais distinctement. Simplement des silhouettes qui disparaissent par une porte, des ombres sur le mur. Jamais un visage de face. Parfois un reflet dans un miroir...

Joël conclut :

— Après tout, peut-être que cette maison existe vraiment. À ton avis, dans quel coin pourrait-elle se trouver ? Est-ce qu'elle est même en France ?

— Oui, j'ai l'impression qu'elle est en France. Je ne sais pas trop pourquoi. La manière dont elle est décorée. C'est sans doute une maison d'été, ou bien d'un pays tempéré. Pas la Méditerranée. Au-dehors, le soleil n'est jamais violent. Il fait beau mais il passe des nuages. Et puis, je n'entends pas de cigales...

— Ah, alors, s'il n'y a pas de cigales ! Ça ne sent pas le varech par hasard, ça pourrait nous aider ?

Adrienne décoche un petit coup de poing à Joël. Elle déteste qu'il rentre dans son jeu pour piétiner son rêve...

Quelques mois plus tard, Joël revient du bureau avec un pli bien creux entre les deux yeux :

— Quelque chose ne va pas, chéri ?

— Eh bien, oui et non. La direction me propose un poste plus important. Avec un salaire qui augmente de près de vingt pour cent.

Adrienne saute au cou de son mari :

— Mais c'est merveilleux! À nous les Hispanos! Avec vingt pour cent de salaire en plus je sais déjà tout ce qu'on va pouvoir s'offrir.

— Oui, mais il y a un revers à la médaille. Ce poste concerne la province et il va falloir quitter Paris...

— Ah bon? Et pour où?

— Pour La Rochelle.

— La Rochelle? C'est une belle ville. On est près de la mer. Il y a des huîtres, du poisson, des fruits de mer...

— Adrienne, dès qu'on te parle sérieusement, il faut que tu commences à te lécher les babines. Pas étonnant que tu sois aussi... dodue.

— Et pour le logement, chéri?

— J'ai une allocation, mais il va falloir lâcher l'appartement. Adieu ton cher quinzième arrondissement. Avec les enfants, il va falloir trouver quelque chose de pas trop petit.

Adrienne précise :

— Si nous nous installons au bord de la mer, il va falloir prévoir que ta famille viendra passer l'été.

— Parce que *ta* famille n'aura pas l'intention de nous envahir, peut-être.

— Et c'est pour quand, ce nouveau poste? Si tu l'acceptes, bien entendu!

— C'est pour septembre, dans six mois. Et pas question de refuser. Ça serait mettre tout mon plan de carrière par terre. Par les temps qui courent!

Joël profite désormais de ses séjours en Charente pour prendre contact avec les agences immobilières de la région, après ses visites aux concessionnaires de sa marque.

— Je cherche une villa assez grande. Avec un peu de verdure autour. Plutôt quelque chose d'ancien. Je ne tiens pas à acheter. Louer. Pour l'instant. Tant que je ne suis pas implanté dans mon nouveau poste. Et puis, ma société pourrait me nommer tout à fait ailleurs dans quelques années.

— Tenez, vous tombez bien. Nous avons depuis hier matin une charmante villa de style 1900. Les propriétaires rentrent sur Paris. Pour des raisons de santé. Lui est ingénieur à la retraite mais il doit aller subir une opération très délicate. Avec un suivi médical qui va nécessiter un ou deux ans de présence dans la capitale. Alors, ils sont prêts à louer. Si vous êtes libre cet après-midi, nous pourrions y jeter un coup d'œil.

Et c'est ainsi que l'après-midi même, Joël accompagné de l'agent immobilier découvre la villa « Les Tamaris ». La propriétaire est là. Elle explique :

— Mon mari est déjà parti à Paris. Je reste encore quelques jours, juste le temps de tout régler. Voici Françoise, c'est elle qui s'occupe de tenir la maison. Si vous voulez, elle peut continuer à le faire pour vous et votre famille.

Joël est ravi. La maison lui plaît beaucoup. Son perron orné de balustrades en pierre blanche a une belle allure. Au-dessus des fenêtres, des vitraux multicolores en arc de cercle. Des plantes, un petit parc, un bassin rempli de nénuphars.

La propriétaire, Mme Boatmelle, lui fait les honneurs de la maison :

— Bien sûr, je laisse les meubles les plus importants.

— C'est parfait! Cela nous permettra de garder notre appartement à Paris, comme pied-à-terre!

Mme Boatmelle lève un doigt pour attirer l'attention de Joël Pertinaux :

— Pour être franchement honnête, je dois vous avertir d'un petit détail. Cette maison a été construite par mon arrière-grand-père. Toute notre famille y a vécu. C'est pourquoi... Bref, vous pourriez avoir l'impression de présences insolites. Particulièrement quand le temps est humide.

— Des présences insolites?

— Oui, c'est difficile à expliquer. Des reflets dans les miroirs, des ombres qui disparaissent au coin de l'escalier, entre deux portes.

Joël ne prête pas grande attention à ces histoires de portes et d'escaliers. Il signe le contrat de location. Sans même consulter Adrienne. Puis il rentre à Paris pour lui annoncer la bonne nouvelle :

— Samedi prochain, je t'emmène en week-end. La propriétaire nous donnera les clefs et nous pourrons envisager la manière de nous installer.

Adrienne est tout excitée à l'idée de partir vivre au grand air :

— À propos, chérie, où en es-tu avec ta maison de rêve ? Pas de nouvelle incursion ? L'hercule de bronze est toujours sur son socle ébréché ?

— Non, depuis quelques jours, je n'y suis pas retournée.

Le samedi suivant, les Pertinaux arrivent en voiture devant la villa des Tamaris. Adrienne descend la première et regarde le portail, la grille, le jardin et ses arbres, le perron, le bassin aux nénuphars :

— Chéri ! Chéri !

Elle n'en dit pas plus. Joël demande :

— Alors, ça te plaît ?

— Mais c'est à peine croyable. C'est elle, c'est ma maison ! Je la reconnais, avec les vitraux au-dessus des fenêtres. D'habitude je suis à l'intérieur et je vois toutes les couleurs. Je reconnais le bassin aux poissons rouges !

Françoise, la femme de ménage, apparaît sur le perron :

— Madame, monsieur, Mme Boatmelle vous prie de l'excuser, elle a dû s'absenter. Elle m'a priée de vous faire visiter en détail et de vous proposer un rafraîchissement.

Adrienne ne l'écoute pas vraiment. Déjà elle est à l'intérieur des Tamaris :

— Oui, c'est ma maison. C'est ma maison ! Je reconnais l'escalier et ce drôle de papier à fleurs ! Et le tapis...

Au bout de la visite, Joël remarque :

— Dis donc, en tous les cas je n'ai pas vu ton bel hercule en bronze. Celui-là, tu l'as bien rêvé !

— Oui, c'est bizarre. Dites-moi, mademoiselle, est-ce qu'il ne devrait pas y avoir une autre pièce qui donne sur ce salon ?

— Il y en a une. La porte de communication est derrière la grande tenture à fleurs. Mais Mme Boatmelle préfère ne pas louer cette pièce. C'est là qu'elle a l'intention de mettre les objets de famille. De façon à éviter des problèmes. Avec vos enfants... s'ils venaient à casser par inadvertance un bibelot. Vous comprenez...

Adrienne hésite un peu :

— Mes enfants sont très raisonnables, ce ne sont pas des vandales. Mais, au fond, Mme Boatmelle a raison. Cependant j'aimerais bien voir cette pièce. Si c'est possible.

Françoise va chercher une clef dorée, soulève la tenture aux mille fleurs et ouvre la porte :

— C'est curieux, madame, comment saviez-vous qu'il y avait une pièce ici ?

Adrienne n'a pas le temps de répondre. Elle s'écrie :

— Joël, regarde, sur la console dorée ! Mon hercule, il est là.

Ils s'approchent tous les deux et se penchent en avant :

— Le solde en marbre ! Il est ébréché ! Comme dans ton rêve.

C'est à ce moment-là que Mme Boatmelle fait son entrée :

— Ah ! Françoise vous a fait visiter ma chambre secrète...

Adrienne se retourne brusquement. Mme Boatmelle pousse un cri :

— Vous ! C'est vous ! Ce n'est pas possible !

— C'est moi qui... quoi ?

— C'est vous, la femme qui vient hanter la maison depuis des mois, la femme qui apparaît et disparaît soudainement sans dire un mot. Vous êtes notre fantôme.

Un bon Samaritain

Rémy Mayrinieu est visiteur médical. Jour après jour, il se rend chez les médecins de son secteur et il attend patiemment que le praticien puisse le recevoir. Il doit alors le convaincre en quelques minutes afin qu'il prescrive les produits de son laboratoire. Les journées sont parfois longues et Rémy a l'habitude de circuler de nuit sur des petites routes de campagne. Ce soir une pluie fine s'est mise à tomber et Rémy, bien qu'il connaisse parfaitement cette petite route départementale des environs d'Auxerre, est attentif. Qui sait ce que peut dissimuler chaque tournant... ?

— Aïe! Qu'est-ce qu'il se passe?

Rémy se pose machinalement la question. Ce qu'il se passe, c'est qu'il vient d'y avoir un accident. Sur le bas-côté de la route, une jeune fille fait des signes désespérés pour que Rémy veuille bien s'arrêter. Un peu plus loin, Rémy distingue une moto couchée dans l'herbe. Un gros engin qui dissimule à moitié un corps immobile.

Rémy freine sur le bas-côté. Il met ses feux clignotants en marche et fait descendre la vitre de sa portière droite. Il se penche un peu. Dehors, la jeune femme, vêtue d'un blouson et d'un pantalon de cuir noir, tête nue, le visage ensanglanté, est trempée par la pluie. Elle penche la tête vers lui et dit d'une voix faible :

— Monsieur, aidez-moi, nous venons d'avoir un accident avec mon ami. Il ne bouge plus. J'ai peur qu'il ne soit mort.

Rémy arrête son moteur et sort de sa voiture. La pluie lui dégouline sur le visage. Il remonte la capuche de sa parka et s'approche rapidement de la moto. C'est un énorme engin. Apparemment il a dû heurter une borne de ciment après un freinage violent sur la chaussée mouillée. La jeune femme dit :

– Je n'ai pas pu soulever la moto. C'est beaucoup trop lourd pour moi.

Rémy, avant de toucher à l'énorme moto, se penche au-dessus du corps qui est coincé sous l'engin. Il s'agit d'un jeune homme dont le casque gît un peu plus loin. Rémy lui touche la carotide. Il ne ressent aucun battement et fait la grimace :

– J'ai l'impression que c'est trop tard.

La jeune femme le regarde d'un air hagard. Rémy remarque alors qu'une traînée de sang coule sur le pantalon de cuir. Elle vient sans doute d'une blessure que dissimule le blouson. Rémy se relève et dit :

– Je ne peux rien faire pour votre ami. Mais je vais vous emmener à l'hôpital municipal et ils enverront du secours. Voyons, ici nous sommes pratiquement au carrefour de la Grenière. Venez, vous n'aurez qu'à vous allonger sur la banquette arrière de ma voiture. C'est l'affaire d'un quart d'heure.

Rémy ouvre la portière arrière de sa Renault et la jeune femme se laisse glisser sur la banquette sans dire un mot. Rémy s'installe au volant et démarre sans perdre un instant. Pendant tout le parcours, il s'abstient de poser la moindre question à sa passagère. Elle a l'air très choquée et n'est certainement pas en état de tenir une conversation. Dès qu'il arrive devant l'entrée de l'hôpital, Rémy se précipite à l'intérieur en laissant son moteur en marche :

– Vite, j'ai une jeune femme blessée sur ma banquette arrière. Elle saigne abondamment et a eu un accident de moto avec un jeune homme. Il faut envoyer du secours. Mais j'ai l'impression qu'il est déjà mort. Ça s'est passé au carrefour de la Grenière en arrivant de Saint-Julien.

L'infirmière de l'accueil regarde Rémy, et ne semble pas paniquée par l'accident. Pour elle, c'est son pain quotidien. Elle appuie sur un bouton qui doit mettre une sonnette en branle quelque part dans l'hôpital. Puis elle appelle à la rescousse dans l'interphone. Enfin elle revient à Rémy qui s'est assis sous le coup de l'émotion :

— Alors, vous me dites un accident de moto au carrefour de la Grenière en arrivant de Saint-Julien ?...

Deux infirmiers surgissent :

— Il y a une blessée sur la banquette arrière de monsieur. Vous êtes garé où exactement ?

— Juste devant les marches de l'entrée. Une Renault verte... Le moteur est en marche.

Les deux infirmiers foncent avec un brancard à roulettes. Ils reviennent au bout de cinq minutes :

— Monsieur, c'est bien la Renault verte qui est juste devant l'entrée ? Il n'y a personne sur la banquette arrière.

Rémy se lève d'un bond :

— Personne ? Elle ne doit pas être loin. Elle était si mal en point. Elle a dû sortir. Elle s'est peut-être évanouie dans un coin. Vous avez bien regardé autour de la voiture ? De toute manière, elle saignait tellement qu'il doit y avoir des traces sur le plaid qui recouvre ma banquette.

Mais non, ni traces de sang, ni personne, la motocycliste a vraiment disparu. On ne la retrouve nulle part. Rémy dit :

— Elle n'est certainement pas repartie vers le lieu de l'accident. À cette heure de la nuit. Comment aurait-elle fait ?

L'ambulance qui doit récupérer le jeune homme est là, moteur en marche :

— Monsieur, c'est vous qui avez été témoin de l'accident ? C'est à quel endroit exactement ?

— Si vous me laissez garer ma voiture, je vous accompagne !

Rémy saute sur la banquette avant de l'ambulance et voilà l'équipe de secours qui s'élance.

— On arrive : c'est juste après le tournant. C'est une très grosse moto, vous ne pouvez pas la manquer. J'aurais dû jeter une couverture sur le jeune homme mais j'étais si pressé d'amener la jeune femme à l'hôpital. C'est égal, je me demande où elle a pu se fourrer ?

— Monsieur, vous êtes certain que c'est ici que vous avez vu la moto et son conducteur. On ne voit rien.

288

Rémy est descendu de l'ambulance. Les secouristes aussi. Ils examinent l'herbe du bas-côté de la route.

– On ne voit aucune trace. Vous avez dû vous tromper d'endroit !

– Mais pas du tout. Tenez, j'avais remarqué le panneau qui est à l'entrée du chemin. La ferme des Prémontrés. Il n'y en a certainement pas deux dans le coin...

– En tout cas regardez vous-même. Aucune trace, rien dans le fossé, l'herbe est intacte. C'était quoi comme moto ?

– Une grosse Harley-Davidson. Je ne suis pas spécialiste mais j'ai vu la marque. Et le conducteur était là, la moto lui écrasait la poitrine. C'est à n'y rien comprendre...

– C'est bizarre, votre histoire me rappelle quelque chose... Bon, nous allons faire un petit tour dans le coin, au cas où. Mais nous ne pouvons pas nous attarder. S'il y avait *vraiment* un accident dans les environs et qu'on ait *vraiment* besoin de nous...

Rémy n'aime pas la façon dont le chef des secouristes insiste sur le mot « vraiment ». Est-ce qu'on le prendrait pour un fou... ou un ivrogne ?

Le visiteur médical, un peu vexé, n'est pas au bout de ses peines. On lui demande de passer au poste de police pour faire une déposition. Qu'est-ce que cela veut dire exactement ? Est-ce qu'on irait jusqu'à lui chercher des noises ? Dans le genre « fausse déclaration ou déclaration d'accident fantaisiste » ?

Le brigadier qui recueille et note soigneusement sa déposition se montre pourtant parfaitement aimable. Il inscrit les noms et adresse de Rémy et lui pose tout un tas de questions qui semblent soudain un peu ridicules :

– Avez-vous noté le numéro d'immatriculation de la moto ? Les accidentés étaient-ils français ? Métropolitains ou d'outre-mer ? Leur taille, leur poids apparent ? La jeune femme avait-elle un accent ? Y avait-il des bagages sur la moto ?

Quand Rémy parvient à rejoindre son lit, sa nuit est assez agitée. Il ne parvient pas à comprendre la soudaine disparition des deux jeunes gens blessés.

Quelques jours plus tard, Rémy reçoit une convocation à

l'hôtel de police du chef-lieu de département. Il est reçu par un officier qui lui dit :

— Nous vous avons demandé de passer au sujet de l'accident que vous avez signalé le 27 octobre. Vous vous souvenez ?

— Bien sûr que je me souviens. Vous croyez que je découvre des accidentés chaque fois que je fais ma tournée ? Vous avez une explication concernant ce mystère. Vous avez retrouvé la jeune femme ? Vous avez identifié le malheureux conducteur ?

— Peut-être bien. Cela dépend de vous. Pensez-vous que vous pourriez reconnaître ces personnes sur des photographies ? Des photographies de l'accident s'entend ?

— Des photographies de l'accident ? Alors, vous les avez retrouvés ! Vous voyez bien que je n'ai pas rêvé !

— Calmez-vous un peu, cher monsieur. Vous n'êtes peut-être pas au bout de vos surprises. Tenez, regardez ces clichés. À votre avis, est-ce l'accident que vous avez découvert au bord de la route ?

Rémy examine les photos. Des documents noir et blanc éclairés violemment par un flash. La scène a été prise la nuit.

— Ça a l'air d'être la moto en tout cas. Et je crois bien reconnaître la manière dont le jeune homme était coincé sous la moto. Et, ah oui, j'avais oublié ce détail. Il portait ce « bandana » autour du cou...

Instinctivement, Rémy a retourné les clichés pour voir les inscriptions qui doivent figurer au dos :

— Accident de la route, 27 octobre 1986. Lieu-dit « carrefour de la Grenière ». Victimes : Jean Laurimont, né le 21 janvier 1960 et Yvette de La Merville, née le 14 juillet 1962. Décédés.

Rémy dit :

— Ah, il y a une petite erreur de frappe. C'est le 27 octobre 1992, pas le 27 octobre 1986.

— Non, cher monsieur, c'est là le problème. Vous avez signalé le 27 octobre 1992 un accident de la route qui a bien eu lieu, à l'endroit exact indiqué par vous. Mais il a eu lieu en 1986. Allez trouver une explication à ça ! Mais rassurez-vous, vous n'êtes pas suspect de folie. Vous êtes le sixième à nous signaler cet accident. Vous êtes le sixième à prendre cette jeune femme en charge jusqu'à l'hôpital et le sixième à ne plus la retrouver en arrivant. Nous essayons de ne pas ébruiter la chose, c'est pour cela que pratiquement personne n'était encore au courant à l'hôpital. Mais à force, cela va finir par se savoir... Il sera difficile de se faire secourir si l'on a un accident de moto un 27 octobre...

Avis de décès

Jusqu'à une époque récente, toute la ville d'Halsinborg, en Suède, connaissait la présence dans ses murs d'un certain Edwin Ramundsen, un marchand d'articles pour la chasse et la pêche qui était célibataire et sans famille proche.

Un jour Edwin Ramundsen a convoqué son médecin habituel, le docteur Robert Molmonar, pour que celui-ci veuille bien l'examiner :

— Vous comprenez, j'ai le cœur qui bat la breloque. Alors j'aimerais savoir ce qui se passe exactement.

Le médecin pratique l'auscultation et son stéthoscope se promène un moment sur la poitrine velue d'Edwin Ramundsen :

— Bon, vous faites un peu d'arythmie cardiaque. Rien de grave. Mais enfin il faut surveiller ça. Avec quelques examens réguliers et le médicament que vous allez prendre dorénavant, vous allez faire un centenaire.

Edwin Ramundsen se met à rire. D'un rire franc et éclatant :

— Vous vous trompez, docteur. Tenez, j'ai cinquante-cinq ans, eh bien, je peux vous dire qu'il me reste exactement dix-huit ans à vivre.

— Dix-huit ans ! Mais pourquoi dix-huit ans ? pas quinze... ou vingt-cinq ? Seriez-vous atteint d'une maladie incurable ! Avez-vous reçu un tel pronostic de la part d'un spécialiste ? À votre âge, comment peut-on annoncer que l'on n'a plus que dix-huit ans à vivre. Il ne faut pas se laisser aller à la dépression...

— Enfin, cher docteur Molmonar, ai-je l'air déprimé? Avez-vous déjà rencontré un autre homme dans la force de l'âge qui vous annonce en riant que dans dix-huit ans très exactement il sera mort?

— Non, je l'avoue. Et moi, je vous dis que dans dix-huit ans, jour pour jour, c'est-à-dire le 27 mai 1970, je viendrai, si je suis encore en vie, ce qu'à Dieu ne plaise. Je viendrai donc le 27 mai 1970 vous rendre visite et vous féliciter pour votre bonne santé...

— Eh bien, si vous passez le 27 mai 1970, vous pourrez vous adresser à mon cercueil. Il sera là, sur deux tréteaux, dans le salon. Espérons qu'il y aura quelques fleurs...

— Vous avez l'intention de vous suicider?

— En aucune manière. Je tiens trop à la vie. Cependant, je serai mort. D'ailleurs voulez-vous parier?

Le docteur Molmonar hésite un peu :

— Parier? Quoi? Combien?

Edwin Ramundsen allume un cigare et dit :

— Je vous parie 1 000 couronnes que je serai mort, sans m'être suicidé à la date du 27 mai 1970.

Le médecin jette un œil sur sa montre-calendrier. Il dit en martelant ses mots :

— ... je vous affirme que dans dix-huit ans, c'est-à-dire le 27 mai 1970, vous serez encore vivant et dans le cas contraire...

Edwin Ramundsen se remet à rire :

— Et dans le cas contraire, c'est vous qui me paierez les 1 000 couronnes? Impossible puisque je serai mort...

— Attendez au moins que je vous les paie. Ne serait-ce que pour avoir le plaisir de les dépenser. Vous vivrez encore, Edwin Ramundsen, je vous paierai les 1 000 couronnes et nous irons les dépenser en faisant un gueuleton faramineux...

— Bon, comme vous voudrez, mais je sais, moi, que je ne serai plus là. N'allez pas me demander pourquoi.

— Eh si! Justement je vous le demande. Pourquoi prétendez-vous connaître dix-huit ans à l'avance la date de votre mort? Et pourquoi pas les raisons de votre mort, pendant que vous y êtes?

Edwin Ramundsen secoue la cendre de son cigare :

– Pourquoi je connais la date ? C'est un rêve que je fais souvent. Je suis en train de marcher dans la rue et je me vois en train de lire un journal, l'*Arbetet*. Je vois très nettement la date : 27 mai 1970.

– Et alors, le fait que vous rêviez que, le 27 mai 1970, vous êtes en train de lire le journal du jour, dix-huit ans à l'avance, n'indique en rien que vous allez mourir ce jour-là, non ?

– Mais ensuite ce rêve que je fais régulièrement est très clair. Je rêve très distinctement d'un camion : un poids lourd. Le chauffeur dévale la rue et me percute de plein fouet. Je suis mort...

Le docteur Molmonar reste un moment perplexe. Il secoue la tête comme pour essayer de protester. Mais quels arguments logiques opposer à ce rêve ?

– Et vous faites souvent des rêves prémonitoires, mon cher monsieur Ramundsen ?

– Justement, jamais. C'est pourquoi celui-ci m'impressionne à ce point. Mais je me suis fait une raison. Autant mourir d'un seul coup. Dans mon rêve, je ne vois pas le poids lourd arriver : je suis trop occupé à lire mon journal.

Le docteur Molmonar se lève :

– Bon, moi je vous dis que ce rêve n'est qu'un rêve.

– Et moi, je vous enverrai 1 000 couronnes le 27 mai 1970 au matin car je serai mort ce même jour.

Le 28 mai 1970, par une belle matinée, la boutique d'articles de sport reste obstinément close bien que la foire batte son plein dans les rues alentour. On s'étonne :

– Bizarre que Ramundsen n'ait pas ouvert son rideau de fer. Ce n'est pas un homme à laisser passer la foire sans ouvrir sa boutique.

– Et si quelque chose lui était arrivé ? C'est dans l'ordre des choses possibles. Quel âge a-t-il après tout ?

– Ben, je crois qu'il doit avoir dans les soixante-treize ans, plus ou moins.

— Oui, c'est à peu près ça. Il voulait s'engager dans la Légion étrangère en 14-18, mais il a dû attendre un peu car il était trop jeune au début de la guerre.

On frappe encore au rideau de fer, on sonne à la porte de l'appartement qui est juste au-dessus de la boutique. Aucune réponse. On prévient alors la police qui fait procéder à l'ouverture. Pas de doute, Edwin Ramundsen est mort et bien mort.

— Eh bien, le pauvre vieux, il ne s'est pas vu partir. Mort dans son lit. En dormant. Au fond, c'est la mort idéale. On s'endort et on se réveille au paradis.

— Et qu'est-ce qu'on va faire pour l'enterrement? Qui va payer?

En fouillant dans le bureau proche de la chambre du mort, on trouve des papiers. Pas de doute : Edwin Ramundsen était un homme organisé. Il avait tout prévu. Et même bien davantage que le commun des mortels...

On trouve une enveloppe sur laquelle M. Ramundsen a marqué au crayon gras : « En cas de décès... » Comme si quelqu'un pouvait ne jamais mourir!

Dans cette enveloppe, un papier indique que, depuis de nombreuses années, Edwin Ramundsen est propriétaire d'une concession à perpétuité dans le cimetière communal. Un des voisins, accompagné d'un employé des pompes funèbres, se rend au cimetière et s'enquiert de la localisation de la concession :

— C'est dans l'allée 18, le carré H. Mais vous allez être surpris.

Le gardien du cimetière disparaît avant que les deux autres hommes aient pu lui demander de quelle surprise il peut s'agir...

— Voyons, nous sommes sur l'allée 18, et voici le carré H.

L'employé des pompes funèbres s'exclame :

— Ah mais oui, j'y suis, c'est bien du célèbre Edwin Ramundsen qu'il s'agit... J'ai entendu parler de cette histoire. Tenez, nous y voilà. Regardez vous-même.

Le voisin s'approche de la pierre tombale, taillée dans un beau granit brillant. Tout autour une herbe verte soigneusement entretenue. Une inscription en lettres d'or figure sur la stèle. On peut lire : « Edwin M. Ramundsen, né le 14 mars 1897, mort le 27 mai 1970. »

— C'est incroyable, nous sommes le 28 mai. Ramundsen est mort le 27. Comment la pierre tombale peut-elle être déjà en place avec la date exacte de sa mort ?

— Ah ! c'est la question que toute la ville s'est posée. Quand il a fait ériger cette pierre tombale il y a une vingtaine d'années, tout le monde s'est dit qu'il avait un petit grain. Ou bien qu'il était doté d'un sens de l'humour macabre... Mais il n'a fait aucun commentaire. Il a commandé la pierre. Il a surveillé la mise en place et voilà tout.

— Mais il n'y a pas que cela, on raconte que feu Edwin Ramundsen avait parié avec son médecin personnel qu'il serait mort à cette date exacte.

En effet, le matin de sa mort, Edwin Ramundsen, certain de son destin, s'est rendu à sa banque et il a fait effectuer un virement bancaire au crédit de son fidèle médecin, le docteur Molmonar.

Après ce décès dont la date avait été prévue avec tant d'exactitude, la petite communauté qui s'intéresse à Edwin Ramundsen se pose des questions sur cette prémonition incroyable. Cependant, un détail retient l'attention. En suivant le convoi funèbre de son client, le docteur Molmonar, un peu vexé d'avoir eu tort, parle à voix basse avec un autre ami du regretté Edwin :

— Il m'a fait un virement bancaire de 1 000 couronnes. Il est bien mort à la date prévue. Bon ! Mais là où il s'est complètement trompé, c'est dans la manière de mourir. Je me souviens parfaitement de ce qu'il m'avait dit à l'époque. Il se voyait en train de lire l'*Arbetet* tout en marchant dans la rue. Et un camion surgissait avant de l'emboutir. Il m'avait dit qu'il mourrait écrasé, sans avoir le temps de comprendre ce qui lui arrivait. Or, il est mort chez lui, d'une rupture d'anévrisme. Pas le moindre poids lourd en folie dans sa fin...

— Oui, c'est curieux en effet. Est-ce que ça voudrait dire, par hasard...

L'ami qui entre dans le cimetière en compagnie du docteur Molmonar n'a pas le temps de terminer sa phrase. Un camion survient. Le chauffeur actionne son avertisseur. Il se passe quelque chose d'anormal. Les témoins comprennent immédiatement : les freins ont lâché et le chauffeur cherche à prévenir ceux qui pourraient se trouver sur sa route. Mais il ne parvient pas à interrompre la course folle de son véhicule. Le poids lourd percute de plein fouet le corbillard qui emmène le cercueil du défunt Edwin Ramundsen. Sous la violence du choc, le cercueil explose, projetant la dépouille de l'homme qui était tellement certain de la date de sa mort. Les témoins horrifiés qui voient le corps gisant sur le trottoir sont tous d'accord : « On aurait dit qu'il avait une sorte de sourire ironique. »

Une grand-mère attentionnée

Nous sommes dans les années cinquante et Dorothée Gere-noode est un peu nerveuse. Elle attend son premier enfant. Dorothée et son mari Norbert vivent à la campagne. Ils ont tous les deux prévu que leur enfant naîtrait chez eux. D'ailleurs le docteur Cassinave, leur voisin, est là en cas de problème. Ainsi que Marguerite Vérand, la sage-femme du village.

— Ma chère petite madame, je suis non seulement médecin mais aussi un peu voyant! Je peux vous prédire que votre garçon, car ce sera un garçon, va naître le 24 décembre exactement.

— Ah, alors, si c'est vous qui le dites! Vous avez en effet une jolie réputation dans le domaine des prévisions extra-ordinaires. Ne seriez-vous pas un peu sorcier en plus de médecin?

— Bah, je ne sais pas. Un don de famille peut-être.

— Cela m'amuserait de mettre votre don en défaut. J'aime-rais beaucoup que mon fils naisse avant Noël. Ce sera si triste pour lui d'avoir deux fêtes en une seule journée.

— Hélas, il faudra qu'il s'y fasse. Tenez, je vous parie mes visites. Si votre fils ne naît pas le 24 décembre, tous mes soins seront gratuits pour vous.

— Eh moi, s'il voit le jour à la date que vous prévoyez, je vous offrirai une caisse de saint-émilion dont vous garderez le souvenir.

Le 24 au matin Norbert Gerenoode avertit le docteur Cassinave que les premières douleurs se font sentir. Le docteur répond :

— Je le savais, je passe chercher Mme Vérand et nous arrivons chez vous !

Mais il faudra attendre le douzième coup de minuit pour que le jeune Hector Gerenoode arrive dans ce bas monde. À peine remise, Dorothée Gerenoode, le front encore brillant de sueur dit au docteur Cassinave :

— Tenez, je savais que vous auriez raison. Hector est bien né le 24 décembre. Regardez dans l'armoire normande : votre caisse de saint-émilion vous attend. Et maintenant je crois que je vais dormir un peu, ç'a été une rude journée. En tout cas pour moi !

— Je vais vous faire une petite piqûre qui va vous aider à récupérer.

Et Dorothée, l'injection administrée, s'endort presque instantanément. Le docteur Cassinave décide de rester quelques instants à son chevet. Le nouveau-né est dans un berceau, déjà très occupé par son premier rêve sur cette terre. Mme Vérand quitte la chambre.

À peine est-elle partie que la porte s'ouvre à nouveau. Le docteur Cassinave tourne la tête et aperçoit une femme inconnue qui entre en prenant soin de ne pas faire craquer le plancher. Elle porte un tailleur en tweed dans les verts. Une tenue classique et élégante. Elle claudique légèrement. Sa chevelure d'un roux flamboyant resplendit dans la pénombre illuminée par le feu qui brûle dans la cheminée. Elle demande :

— Tout s'est bien passé ? Est-ce que l'enfant est en bonne santé ? Pas de problèmes ? Pas de malformations ?

— Regardez vous-même. C'est un des plus beaux bébés que j'aie jamais mis au monde. Un beau petit gars, bien charpenté. À la fois tout le portrait de son père et de sa mère.

La visiteuse se penche sur le berceau et sourit avec une pointe de mélancolie. Puis elle s'approche du lit de Dorothée Gerenoode et dépose un baiser léger sur le front de la nouvelle maman. Le docteur Cassinave l'entend murmurer quelque chose à l'oreille de la jeune femme qui dort profondément.

299

Enfin, elle fait un dernier sourire au docteur Cassinave et sort de la pièce.

Le lendemain, le docteur Cassinave revient faire une visite de contrôle à la jeune accouchée. Elle est dans son lit, le jeune Hector entre les bras, et accueille le médecin avec joie :

— Ah ! je suis si heureuse que tout se soit bien passé. À présent, je me sens d'attaque pour donner à Norbert les cinq enfants que nous désirons.

— Cinq ! Bravo, chère madame, j'aurai encore du pain sur la planche.

— Et nous verrons bien si vous arrivez encore à pronostiquer les dates d'arrivée des suivants avec autant de certitude que pour Hector. Ah ! docteur, je me sens bien et puis il faut que je vous dise : cette nuit j'ai fait un rêve. J'ai rêvé que ma chère maman venait me rendre visite et qu'elle déposait un baiser sur mon front... Elle me disait : Bravo ma chérie. Je suis si heureuse que tout se soit bien passé.

Dorothée Gerenoode ferme les yeux et se laisse retomber sur son oreiller. C'est pourquoi elle ne prête pas vraiment attention à ce que lui répond le médecin :

— Mais ma chère enfant, ce n'était pas un rêve. Je n'ai jamais rencontré votre mère et j'ignorais même qu'elle fût chez vous en ce moment. Hier soir, dès que je vous ai administré la piqûre calmante, une dame est effectivement entrée dans la chambre et m'a demandé comment cela s'était passé. D'après son âge, ce devait être votre mère. Vous dormiez profondément et elle vous a embrassée sur le front en murmurant quelque chose que je n'ai pas saisi.

Mme Vérand est entrée sur ces entrefaites. Elle entend ce que dit le docteur Cassinave et proteste hautement :

— Qu'est-ce que c'est que cette histoire, docteur ? Vous devriez savoir qu'il n'y a personne dans la maison à part M. et Mme Gerenoode, vous, moi et Hector !

Dorothée Gerenoode ne comprend pas très bien de quoi le docteur et la sage-femme sont en train de parler. Elle a du sommeil à rattraper.

Le lendemain, le docteur Cassinave revient pour prendre des

300

nouvelles d'Hector et de sa maman. Norbert Gerenoode l'invite à venir fêter cette heureuse naissance en buvant un verre :

— Venez, j'ai un cognac de 1925 dont vous me direz des nouvelles. Je me réservais de l'ouvrir pour la naissance de mon premier fils. Il est bien normal que vous soyez le premier à en goûter la saveur.

En pénétrant dans le salon, le médecin remarque une photo dans un cadre argenté sur la commode et demande :

— Qui est cette personne ?

— C'est ma belle-mère. Enfin, je devrais dire : c'était ma belle-mère ! Une femme adorable mais qui a été tuée il y a dix ans dans un accident de chemin de fer.

Le docteur examine la photo en noir et blanc. La femme porte un tailleur en tweed. Une tenue de sport élégante et campagnarde.

— Est-ce que votre belle-mère était rousse ?

— Absolument, elle possédait des cheveux magnifiques, d'un blond vénitien qui lui venait de ses origines italiennes.

— Votre belle-mère ? Est-ce qu'elle boitait un peu ?

— Oui, et souvent elle s'appuyait sur une canne. Sauf en présence d'un étranger. Mais pourquoi ces questions. Est-ce que vous auriez connu ma belle-mère ? Cela me semble improbable : elle n'est jamais venue chez nous depuis que nous sommes installés ici.

Le docteur Cassinave vide son verre d'un seul trait. Il hésite un peu et dit :

— Alors, j'ai dû la rencontrer... ailleurs.

Deux ans plus tard, Dorothée Gerenoode et le docteur Cassinave découvrent ensemble la nouvelle naissance à venir :

— Alors, docteur, je compte sur vous pour me prédire la date exacte de l'événement. Et mon pari tient toujours ! Vos soins gratuits si vous vous trompez et une nouvelle caisse de bordeaux si mon nouvel enfant arrive à l'heure prévue par vous.

— Marché conclu. La nouvelle héritière, car ce sera certainement une fille, débarquera chez vous le 17 octobre très exactement. Et puis, si vous voulez bien, j'aimerais bien une caisse de bourgogne cette fois-ci.

Dorothée éclate de rire en entendant les exigences de ce diable de docteur Cassinave.

Comme pour la première fois, les mêmes personnages rejouent la même pièce. Mme Vérand, la sage-femme experte et flegmatique. Le docteur Cassinave et Norbert Gerenoode qui cache sa nervosité en fumant cigarette sur cigarette dans le salon du rez-de-chaussée...

Comme pour la naissance d'Hector, la naissance d'Anaïs se passe fort bien. Et comme pour la naissance d'Hector, une fois les choses en ordre, le bébé est installé dans son berceau douillet. Norbert Gerenoode, enfin rassuré, est venu embrasser son épouse puis il est parti pour se coucher, plus épuisé que la maman. Le docteur Cassinave s'installe dans un fauteuil près du lit de Dorothée. Il a complètement oublié l'incident étrange survenu le 24 décembre au soir, deux ans plus tôt. Et soudain, un peu effaré, il voit la porte de la chambre qui s'ouvre : de nouveau la dame rousse et boiteuse entre dans la chambre. Elle est vêtue du même tailleur en tweed qu'elle portait deux ans plus tôt. La même tenue qu'elle porte sur la photo du salon.

La visiteuse regarde le docteur Cassinave qui sent une transpiration glacée lui couler le long de la colonne vertébrale. La visiteuse demande :

— Tout s'est bien passé ? Est-ce que l'enfant est en bonne santé ? Pas de problèmes ? Pas de malformations ?

Le docteur Cassinave reconnaît les mêmes mots et les mêmes intonations qu'il a entendus deux ans auparavant quand la dame est venue s'informer d'Hector. Automatiquement, il répond en utilisant les mêmes termes :

— Regardez vous-même. C'est un des plus beaux bébés que j'aie jamais mis au monde. Une belle petite fille, bien charpentée. À la fois tout le portrait de son père et de sa mère.

De nouveau, l'apparition se penche sur Dorothée Gerenoode endormie et de nouveau murmure des paroles inaudibles. Puis elle ressort de la chambre.

Le lendemain le médecin se précipite chez les Gerenoode dès

que possible. C'est un dimanche et Norbert Gerenoode lui ouvre :

– Comment se porte votre épouse ? Et la petite Anaïs ?

Sans attendre la réponse, il explique :

– Il faut que je vous dise. Vous vous souvenez, il y a deux ans je me suis intéressé à votre belle-mère ? Vous m'aviez dit qu'elle était morte depuis une dizaine d'années dans un accident. Eh bien...

Le docteur Cassinave raconte alors les deux visites fantomatiques. Quand Norbert Gerenoode entend la question que le fantôme de sa belle-mère pose : « Tout s'est bien passé ? Est-ce que l'enfant est en bonne santé ? Pas de problèmes ? Pas de malformations ? »

Il explique :

– Ma belle-mère avant de donner le jour à ma femme avait eu deux enfants, qui sont morts en bas âge. Tous les deux victimes de malformations cardiaques. Elle n'a jamais pu s'en consoler.

Lors de la troisième naissance chez les Gerenoode, celle d'un petit garçon prénommé Gabriel, elle ne vient pas aux nouvelles. Et le bambin meurt au bout de trois mois, lui aussi victime de cette malformation cardiaque qui désespéra sa grand-mère. Pour la quatrième et la cinquième naissance, elle apparaît à nouveau, toujours aussi rousse, et pose à nouveau la même question...

Le docteur Cassinave n'était plus là pour lui répondre.

La villa des monstres

Si vous êtes un amoureux de l'Italie, et plus particulièrement de la Sicile, vous avez peut-être parcouru cette île qui recèle mille merveilles. Au printemps de préférence, pour que la Sicile s'offre à vous comme un énorme bouquet de fleurs. Et si vous avez visité la Sicile, vous vous êtes peut-être arrêté à Baghiera, au sud de Palerme.

Baghiera est loin de la mer et un peu à l'écart des circuits classiques, mais elle attire bon an mal an quelques milliers de touristes. Son principal attrait, c'est la villa Palagonia. Dès qu'un autocar de visiteurs s'arrête devant la villa, on entend toujours les mêmes commentaires :

— C'est une vraie collection de monstres ! Non mais, regardez-moi celui-ci ! Et celui-là, il est encore plus laid ! C'est à avoir des cauchemars toute la nuit !

D'autres se montrent moins sensibles :

— En tout cas, on peut dire que ça sort de l'ordinaire ! Ça date de quelle époque ? Et qui est-ce qui a fait construire ça ?

Le guide s'empresse de répondre aux questions en racontant la terrible légende de la villa Palagonia. Mais s'agit-il bien d'une légende ?

— Mesdames, messieurs, vous êtes ici dans le parc de la villa Palagonia, dite « Villa des monstres ». Elle fut construite sur l'emplacement d'un domaine plus modeste par Don Francesco Ferdinando Gravina, prince de Palagonia. Ce noble sicilien était le chambellan de Sa Majesté Charles III, roi de Naples et

304

de Sicile sous le nom de Charles VII. Charles VII est né à Madrid en 1716. Il y est mort en 1788. Il a régné sur la Sicile de 1734 à 1759...

Le guide reprend son souffle tout en pénétrant dans la villa – enfin, dans ce qui reste de ce palais qui dut être splendide :

– Don Francesco Ferdinando Gravina était connu dans toute la Sicile pour sa laideur proverbiale. Dès son jeune âge, il était gras et chauve. En plus, il était affecté d'une gibbosité énorme qui le rendait bossu. On le surnommait « le Chameau ». Mais ce n'est pas tout !

Le groupe de touristes se fait attentif. Que pouvait-il donc avoir de plus ce pauvre Don Francesco Ferdinando ? N'était-ce pas suffisant comme ça ?

Une jeune fille intervient :

– Il était peut-être affreux mais il avait les moyens... Pour se faire construire un palais de cette dimension ! Avec toutes ces affreuses statues !

Le guide poursuit, sans relever la remarque :

– Non seulement il était gras et bossu mais son visage était un chef-d'œuvre de disgrâce. Imaginez une figure tout en longueur, comme une lame de couteau. Sur ce visage étroit, la nature, ou Dieu le Père, avait jugé bon de greffer un nez énorme, rouge, gonflé, et la peau de son visage avait été marquée d'une manière indélébile par la petite vérole...

Quelqu'un du groupe lance, pour détendre l'atmosphère :

– Rien n'est petit chez les grands !

Mais les touristes sont fascinés par le récit du guide. Qui continue en ménageant ses effets :

– Ce malheureux Don Francesco Ferdinando possédait pourtant de magnifiques yeux bleus...

– Ah ! tant mieux ! soupire une dame.

– ... Hélas ! ces deux yeux ne regardaient pas dans le même sens. Don Francesco Ferdinando Gravina louchait à faire peur...

Le groupe reste songeur. Le guide continue :

– Quand il arriva à l'âge de quarante-deux ans, Don Francesco Ferdinando Gravina, malgré sa laideur, tomba amoureux.

Jusque-là, il n'avait jamais songé à s'unir à personne. Qui aurait voulu de lui, même parmi les princesses les plus laides de l'Italie ? Et voilà qu'il tomba amoureux d'une jeune fille de Palerme. C'était la fille d'un petit commerçant et il l'avait croisée par hasard en se rendant aux cérémonies de la Fête-Dieu, ou du Saint Corps du Christ. Quand il la vit, Don Francesco Ferdinand dit : « Voilà celle qui sera ma femme ! »

La jeune fille se nomme Maria Gioachina. Elle est effrayée de l'honneur qui lui échoit. Comment pourrait-elle imaginer de se retrouver entre les bras d'un tel monstre ? Devant ses réticences, Don Francesco plaide sa cause :

« N'ayez pas peur de moi. Je suis laid, mais mon cœur est bon. Et puis je suis riche, puissant. Entre mes bras, vous oublierez ma laideur. Vous serez une des reines de la Sicile. »

Maria Gioachina ne peut répondre. Elle secoue simplement la tête en signe de dénégation. La terreur que lui inspire l'aspect de Don Francisco lui coupe la parole. Mais Don Francisco possède les moyens de persuader le père de Maria Gioachina et, le 12 juin 1747, les noces sont célébrées. Toute la noble assistance remarque les yeux rougis de larmes de la pauvre Sicilienne lors de la fête somptueuse qui a lieu dans la villa de Baghiera et où le duc de Messine, cousin de Charles VII, représente le roi. Immédiatement après la fête, les époux partent en voyage de noces, à Rome.

Un impatient demande :

– Et alors ?

– Et alors, durant son voyage de noces, Don Francesco se rend compte du succès de sa trop belle femme. Il en devient jaloux et se demande comment retenir un tel trésor. Il convoque alors les sculpteurs les plus talentueux de Sicile, qu'ils soient italiens, allemands ou espagnols. Et il leur commande toute une série de statues. De statues monstrueuses. Chacune doit être le portrait d'un monstre encore plus répugnant que lui-même. Les artistes sont enfermés dans la villa, avec, à leur disposition, des tonnes de marbre de Carrare. Pour retrouver leur liberté, ils doivent sculpter sans relâche. Au bout de quelques mois, Don Francesco possède des dizaines de monstres qu'il fait installer tout autour de sa villa. Il en remplit les chambres, les couloirs, les toits de son palais. Mais ce n'est pas tout...

Le guide reprend son souffle :

— Sous l'effet de sa jalousie obsessionnelle, Don Francisco est pris d'une folie morbide. Il cherche à s'entourer d'œuvres de plus en plus répugnantes et macabres. Les tables des salons sont des tombeaux, les pendules figurent des femmes éventrées. Des monstres mi-humains mi-animaux sont disposés partout. Un véritable cauchemar en marbre blanc. Il fait enfin exécuter un buste de Maria Gioachina où elle est représentée à demi dévorée par les vers et les insectes... Puis une nouvelle idée lui vient.

Sous le coup de l'émotion, plusieurs personnes éprouvent le besoin de s'asseoir. Le guide poursuit, imperturbable :

— Don Francesco fait supprimer tous les miroirs de son palais et les fait remplacer par des glaces déformantes : Maria Gioachina n'a même plus la consolation de contempler sa propre beauté. Toujours à l'affût d'une nouvelle folie, il décide de faire sculpter un homme affublé de deux têtes de bouc. Il choisit comme modèle Giacomo, un berger des environs : un jeune homme d'à peine vingt ans. Mais Maria Gioachina, en voyant le jeune homme blond et musclé, en tombe amoureuse. Elle a besoin de connaître d'autres caresses que celles de son monstre de mari. Alors, l'inévitable a lieu. Elle se donne au joli Giacomo... Elle connaît le bonheur pour la première et la dernière fois...

— Il les a surpris ? demande quelqu'un.

— Oui, prévenu par on ne sait qui, Don Francisco surgit dans la chambre de la belle Maria Gioachina et surprend les deux amants en flagrant délit. D'un seul coup d'épée, il tranche la tête du pauvre Giacomo. Puis il resserre ses grandes mains sur le cou de la pauvre Maria Gioachina. Mais, ensuite, Don Francisco Ferdinando Gravina est inconsolable de la mort de son épouse. Il se suicide d'un coup de pistolet quelques mois plus tard au pied d'une statue qui la représente... Depuis cette époque, la « Villa des monstres » a la réputation d'être aussi la « Villa du malheur ». Les légendes commencent à se répandre...

On raconte que des marins en goguette disparaissent en mer après avoir, la veille, brisé une des statues. On ne trouve plus de jardiniers pour entretenir le parc de la villa...

– Pourquoi donc, avec tout le chômage..?

– Simplement parce que les jardiniers qui se sont employés à maintenir le parc en état meurent tous de maladies mystérieuses avant d'avoir quarante-cinq ans. L'âge même auquel Don Francisco a mis fin à ses jours...

– Mais vous-même, monsieur le guide, n'avez-vous pas peur de succomber à la malédiction?

– Non, je porte toujours sur moi la médaille bénie de sainte Rosalie. Elle me protège. C'est pourquoi je suis la seule et unique personne qui ait le courage de pénétrer dans la villa...

Une touriste s'écrie :

– Et si nous allions dans un lieu moins sinistre ? Je crois que je vais m'évanouir. La municipalité devrait démolir ce lieu maudit...

– Justement, il en est fortement question. La municipalité socialiste n'entend pas laisser Baghiera subir la malédiction de Don Francesco. On voudrait ouvrir le parc pour en faire un lieu de loisirs et de détente, y organiser un jardin d'enfants. Deux conseillers municipaux vont faire mettre aux voix le projet de détruire la « Villa des monstres » jusqu'à ses dernières fondations.

Aux dernières nouvelles, ce projet n'a pas vu le jour, sans doute par peur de quelque maléfice... La « Villa des monstres » attend votre visite.

Réveillon

Ce soir, Arlette Dubourg, dans l'appartement qu'elle occupe au quatrième étage d'un immeuble cossu de Saint-Germain-des-Prés, est en train de mettre la dernière main au buffet qui doit accueillir ses invités pour le réveillon du 31 décembre 1957. Son mari, Alexis, et elle forment un couple un peu bohème. Elle est comédienne et on l'a déjà remarquée tant au théâtre qu'au cinéma. Lui est antiquaire et sa boutique de la rue des Saints-Pères est renommée pour l'élégance des objets qu'il y propose à des prix assez raisonnables.

Arlette aujourd'hui est tout heureuse d'un nouveau contrat qu'elle a signé et elle a décidé de réunir le ban et l'arrière-ban de ses amis du « show-business ». Oh! pas de grosses vedettes mais des « vrais copains », garçons et filles. Déjà la sonnette retentit : ce sont les premiers invités. Les bras chargés de fleurs ou de bouteilles de champagne bien fraîches. Les exclamations fusent sous les guirlandes. La soirée s'annonce une vraie réussite.

On a dansé, on a bu, on a rit. On n'a pas flirté. Enfin, pas trop, la plupart des couples sont déjà formés et l'appartement est trop petit pour permettre des apartés discrets, vingt-cinq personnes, ça prend de la place...

— Minuit! Ça y est, 1957 est terminé. Bonne année, et que 1958 soit meilleur que l'an passé. Bonne santé et beaucoup de boulot!

Tout le monde s'embrasse, hommes et femmes. Enfin ceux qui se connaissent suffisamment. Et ceux qui veulent mieux faire connaissance profitent de l'occasion... Puis, l'ambiance se calme un peu :

— Tiens, un ange passe !

— Normal, il est une heure moins vingt. Les anges passent toujours à vingt ou moins vingt.

Arlette sent que sa soirée flotte un peu :

— Qu'est-ce qu'on pourrait faire ? Et si on jouait aux charades ? Si on faisait des mimes ? À moins que quelqu'un ait une meilleure idée ?

Un jeune comédien lance :

— Ça vous dirait de faire une séance de spiritisme ?

Les invités sont perplexes.

— Faire du spiritisme en plein réveillon ? Est-ce qu'il ne faut pas une ambiance plus calme ? Feutrée ? Concentrée ?

Le comédien qui a pris la parole, Marius Melmont, ajoute :

— Ce n'est pas moi qui suis médium : c'est ma femme, Romane. Elle fait ça de temps en temps. Et le plus curieux, c'est que chaque fois qu'elle fait une séance, c'est Louis Jouvet qui se manifeste.

— Louis Jouvet !

Du coup, les invités sont tous intéressés. Louis Jouvet ! Le maître du théâtre moderne. Adoré ou détesté peut-être, mais quand même Louis Jouvet ! Pour des comédiens en herbe ou confirmés, cette proposition est irrésistible : converser avec Louis Jouvet disparu depuis peu. Seuls quelques-uns d'entre eux ont eu l'occasion de le voir, ou de l'apercevoir, ailleurs qu'au cinéma.

— Que faut-il faire ?

Romane explique. Elle a l'habitude de faire parler le verre. Technique classique : une table bien lisse, un verre assez léger. Des lettres inscrites sur de petits papiers qui forment un cercle. Et il suffit de frôler le verre renversé au centre du cercle et d'attendre. Le silence est général. Romane, les yeux fermés, tend un index léger vers le verre. Deux ou trois autres personnes, volontaires, frôlent aussi le pied du verre.

— Esprit, es-tu là ?

Presque aussitôt le verre se met à glisser sur le bois de la table et il se dirige vers un des cartons du cercle. Celui où l'on a inscrit le mot « Oui ». De l'autre côté du cercle, un autre carton porte le mot « Non ».

— Qui es-tu ?

Le verre glisse très rapidement : c'est à peine si les trois « médiums » peuvent garder le contact. Le verre désigne la lettre L puis, après un petit arc de cercle, le verre va toucher la lettre J.

— L. J. C'est lui, Louis Jouvet.

Du coup, l'assistance est électrisée. Louis Jouvet. Est-ce possible ? Romane annonce !

— Si vous avez des questions à poser, chacun à tour de rôle, s'il vous plaît !

Soudain, personne ne semble plus savoir quelle question poser au « maître ».

Un jeune apprenti comédien se lance :

— Où êtes-vous ? Je veux dire où es-tu ? On peut le tutoyer, non ?

Romane fait signe que oui. Les esprits, on les tutoie toujours.

— Où es-tu en ce moment ?

Le verre n'hésite pas et court de lettre en lettre. Quelqu'un, sur un bloc de papier, note la série de lettres : E.N.E.N.F.E.R.

— En enfer !

Jouvet, en enfer ? C'est incroyable ! Un tel génie. Mais, après tout, peut-être est-ce une blague ? Jouvet avait l'humour assez glacial.

— C'est quoi, l'enfer ?

Le verre répond :

— C'est un endroit où il n'y a pas de public !

— Formidable ! Ça, c'est une réponse digne de lui ! Et est-ce que vous avez remarqué le petit arrêt entre « pas » et « de public » ! C'est tout à fait sa manière de phraser. On dirait qu'on l'entend respirer avec son asthme si caractéristique.

Du coup, toute l'assemblée se presse pour poser des questions professionnelles ou personnelles. De temps en temps, on change de médium. Dame! c'est fatigant de rester ainsi le doigt tendu dans le vide, en effleurant à peine le fond d'un verre qui court sur une table bien cirée. Romane, en maîtresse de cérémonie, dit :

— Pour bien contrôler ce qui se passe, nous allons procéder autrement. Chacun de ceux qui voudront poser une question le fera « mentalement », sans rien dire. Et nous dira simplement, après, si la réponse correspond à la question posée.

Ainsi est fait et chacun doit avouer que « Louis Jouvet » reçoit bien les questions mentales.

L'un voudrait trouver un nom pour la compagnie théâtrale qu'il envisage de fonder et la réponse arrive, à toute vitesse :

— Le rideau arc-en-ciel.

— Quelle idée superbe! C'est fou de ne pas y avoir pensé plus tôt.

Alexis Dubourg, l'antiquaire, voudrait savoir quelle est sa vraie vocation :

— Écrire, encore écrire, toujours écrire, idiot!

Devant l'étonnement de l'assistance, l'antiquaire avoue qu'il possède des tiroirs déjà remplis de pièces de théâtre et de romans qu'il n'a jamais osé présenter à personne.

Un apprenti comédien demande s'il va faire une grande carrière :

— Tu ne feras jamais partie de notre famille. Tu seras de l'autre côté de la caméra.

L'apprenti acteur s'en trouve déconfit. Mais, quarante ans plus tard, il faut bien avouer qu'il aura fait une belle carrière de réalisateur à la télévision...

Une jeune femme émoustillée par le champagne pose une question piège :

— Laquelle d'entre nous te plaît le plus ce soir?

La réponse arrive, fulgurante :

— Je vous prendrais bien toutes, mesdames!

Du coup, toutes les femmes se sentent en beauté. Être aimée par un Jouvet fantôme, ne serait-ce qu'un soir...

Quelqu'un demande :

— Veux-tu que nous transmettions un message à quelqu'un?

— Non, à personne!

Bizarre! Jouvet veut-il que ses proches restent éloignés de cette « communication »?

Mais les meilleures choses ont une fin.

— Qu'est-ce qu'on pourrait bien boire? interroge quelqu'un à la cantonade.

Le verre, toujours effleuré par des doigts vigilants, se met en mouvement et annonce:

— Il y a encore du champagne dans le frigo!

Décidément, rien ne lui échappe à celui-là! Aussitôt on apporte du champagne, on remplit les coupes, on les lève. Une comédienne tend son verre en direction du guéridon.

— Tchin! Tchin!

Le verre épelle:

— C'est bon! Ça pique le nez!

Comme c'est vrai! Le champagne, ça picote le nez! On dit:

— Au revoir.

Le verre alors, comme saisi de frénésie, se met à bousculer tous les petits papiers et les fait tomber au sol. Fini pour ce soir. Louis Jouvet ne répondra plus. Quelle soirée excitante!

Le seul inconvénient c'est que, depuis ce jour-là, Arlette Dubourg est devenue extralucide et qu'elle empoisonne la vie de son cher Alexis en lui prédisant, chaque matin, tous les petits pépins, accrochages et contraventions qu'il va avoir dans la journée...

Source intarissable

— Le bon père est mort ! Le bon père est mort !

La nouvelle se répand comme une traînée de poudre, selon l'expression consacrée, dans Annaya, un petit village du Liban. Quel est ce bon père ? Simplement Youssel Maklouf, prêtre maronite connu en religion sous le nom de père Charbel.

— Alors, le bon père Charbel est mort ! Quelle tristesse ! Quel âge avait-il ?

— Soixante-dix-huit ans, il ne faut pas espérer de miracle. Dieu l'aura certainement accueilli dans son paradis. C'est un signe qu'Il ait choisi de le rappeler à Lui dans la nuit de Noël !

Sans doute, et même avec beaucoup plus d'honneurs que les autres si l'on en croit la suite de cette histoire qui n'est en fait qu'une longue liste de témoignages.

Le père Charbel avait depuis longtemps choisi de vivre en solitaire et de se consacrer à la prière dans un petit ermitage éloigné du village. Autour de lui, la montagne et les cèdres du Liban dont les ancêtres servirent, dit-on, à construire la charpente du temple de Salomon.

Le supérieur de la communauté donne donc les ordres qui s'imposent :

— Nous allons déposer la dépouille mortelle de notre cher père Charbel dans le tombeau de la communauté, juste à côté de l'église !

C'est ce qui est fait. Le tombeau est une pièce en contrebas de la chaussée. Les moines ont soigneusement rassemblé sur un côté les crânes et autres ossements, restes des moines morts avant le père Charbel. On pose le corps de celui-ci sur une sorte de marche. Puis on referme la tombe et on en obture l'entrée avec une grosse pierre que l'on recouvre de terre. Il ne reste plus qu'à le laisser en paix dans ce « pourrissoir » jusqu'à ce que la nature l'ait réduit à l'état de squelette...

Dans les jours qui suivent, le préfet de la région, Cheikh Mahmoud Hémadé, se voit contraint de réunir quelques hommes :

— Nous allons devoir faire une expédition du côté de la montagne et du monastère de Saint-Maron, à Annaya. J'ai reçu des renseignements selon lesquels la troupe de bandits qui a dévalisé plusieurs voitures s'est réfugiée dans le secteur. Nous opérerons cette nuit de manière à les surprendre !

Personne n'aurait dans l'idée de discuter les ordres du Cheikh Mahmoud Hémadé. Les hommes qui vont faire partie de l'expédition punitive se préparent. En espérant que tout se passera bien.

Quelques heures plus tard, ils se retrouvent sur leurs chevaux aux abords du monastère de Saint-Maron, progressant en silence pour surprendre les bandits qui pourraient traîner dans le secteur :

— Chef, vous voyez cette lumière ?

— Oui, ça vient du monastère. Je ne savais pas qu'ils avaient fait installer l'électricité !

— Mais non, ils s'éclairent toujours à la chandelle et avec des lampes à gaz. Mon cousin travaille pour eux ; il m'aurait certainement informé si les bons moines s'étaient équipés.

La petite troupe avance, contourne le monastère et se retrouve près de l'église : le mur oriental du monastère est éclairé comme en plein jour.

— Mais qu'est-ce que c'est que cette lumière ? On dirait qu'elle vient d'en face. C'est quoi, cette espèce de petit bâtiment ?

— C'est le tombeau où l'on dépose les moines à leur mort.

— Et c'est ça qui éclaire tout ? Il faut demander au supérieur du monastère si par hasard les brigands n'auraient pas pu trouver refuge dans le tombeau.

Le supérieur des maronites, le père Antoine El Michmichani, ne dissimule pas son étonnement devant cette histoire.

— Vous dites que vous avez vu de la lumière provenant du tombeau ? Impossible ! Tenez, venez d'ailleurs le constater vous-même.

Dès qu'on a fini de procéder à une fouille complète du monastère pour vérifier qu'aucun brigand ne s'y dissimulait, le père supérieur et le capitaine qui commande la troupe des militaires se retrouvent devant le tombeau. Pas la moindre lumière. Le père supérieur s'éclaire d'une lampe et fait constater que l'entrée de la tombe est hermétiquement close.

— Vous voyez, tout est exactement comme nous l'avons laissé après l'ensevelissement du père Charbel.

— Et c'était quand ?

— Il y a deux mois ! Vous constaterez que rien n'a été remué.

Dans les semaines qui suivent, le père El Michmichani a pourtant l'occasion de constater lui-même l'existence de cette mystérieuse lumière qui émane du tombeau :

— Mes frères, nous allons rouvrir la tombe et examiner si par hasard quelque chose d'insolite ou même de diabolique ne se passerait pas dans l'enceinte même de notre monastère.

Une fois la tombe ouverte, on constate que les pluies qui se sont abattues récemment dans la région ont semé un beau désordre dans le caveau.

— C'est rempli de boue. Le corps du père Charbel flotte quasiment. Et l'eau continue de tomber depuis la voûte.

— Le corps du père est couvert de moisissures ! Il faudrait l'en débarrasser.

C'est ce que font les frères maronites, avec respect. Une surprise les attend :

— Regardez le père. Son corps est aussi souple et lisse que le jour de sa mort !

316

– Pourtant cela fait trois mois et demi que nous l'avons enterré. Normalement il aurait dû commencer à se putréfier...

– Regardez : ses bras et ses jambes sont toujours aussi souples. Et ses cheveux, sa barbe : pas le moindre signe de décomposition ! C'est un miracle !

– Mon fils, mesurez vos paroles. Attendons un peu avant de parler de miracle.

– Mais regardez, mon père. On dirait... on dirait que du sang coule du côté droit du père. Comme celui de Notre-Seigneur Jésus quand il est mort sur la croix.

Du coup, les bons pères tombent à genoux dans la boue, pour une prière fervente.

Le père El Michmichani a décidé de ne pas refermer la tombe aux vertus étranges. Chaque jour, il vient désormais constater l'état de la dépouille mortelle du père Charbel :

– Toujours la même fraîcheur et la même souplesse. Et toujours ce suintement sanguinolent. Il faut avertir notre évêque.

Le suintement sanguinolent devient si abondant qu'il faut changer les vêtements du père Charbel trois fois par jour. Que signifie ce saignement inexplicable ?

Le père El Michmichani décide alors de prendre une mesure logique. Il demande l'aide d'un embaumeur. Et celui-ci, non sans une certaine appréhension, porte un coup de bistouri impie dans le corps que toute la région considère désormais comme sacré. Il informe le père supérieur du résultat de son travail :

– J'ai prélevé tous les organes internes du père... Mais le suintement continue.

– Bon, nous allons procéder autrement. Je vais faire déposer le corps du père sur la terrasse du couvent. Quelques mois au soleil vont sans doute le momifier. Et je doute qu'il reste alors assez de liquide dans son pauvre corps pour alimenter le moindre suintement !

Mais toutes ces manipulations restent sans effet. En 1921, soit vingt-trois ans après sa mort, le père Charbel continue à fournir aux fidèles croyants la même quantité de sueur sanguinolente.

Les médecins qui l'examinent encore constatent qu'il semble transpirer comme tout un chacun. En 1927, on décide de donner le repos à la sainte dépouille :

– Nous allons l'installer dans un cercueil de bois recouvert de zinc. À ses côtés, nous déposerons un cylindre de zinc dans lequel sera glissé un rapport de tous les faits constatés. C'est le professeur Jouffroy de la faculté de médecine de Beyrouth qui rédigera ce document. Ensuite, les frères creuseront une excavation dans le mur de la crypte et le cercueil y sera déposé, isolé du sol par deux pierres. Nous l'inclinerons au cas où la sueur sanglante continuerait à se manifester. Et nous refermerons cette nouvelle tombe hermétiquement.

Ces instructions sont suivies à la lettre. Le mur qui bouche la tombe fait 1,50 mètre d'épaisseur. Désormais, nul n'est plus admis à s'émerveiller devant la sainte sueur. Jusqu'en 1950. Comme d'habitude, un groupe de pèlerins se presse devant le mur derrière lequel le père Charbel repose depuis cinquante-deux ans...

– Regardez, on dirait que du liquide suinte du mur !

On appelle en hâte le supérieur du couvent. Le père El Michmichani a depuis longtemps rejoint l'âme du père Charbel. Aujourd'hui, le supérieur est le père Younès qui arrive en courant :

– On dirait un liquide rosé. J'espère qu'à l'intérieur le cercueil est encore en bon état. Nous allons ouvrir la tombe pour constater ce qu'il en est.

À l'intérieur, la situation est troublante : cinquante-deux ans après la mort du père Charbel, son cercueil continue à laisser sourdre un liquide qui ressemble à du sang. On ouvre ce cercueil et on procède à l'état des lieux :

« La sueur continue à couler. Les vêtements du père sont en partie pourris. Le fond du cercueil en bois est lui aussi pourri. Le cercueil de zinc est en partie fendu. Tous les vêtements sont imbibés de cette sueur qui a un aspect séreux. Cette sueur s'est solidifiée sur différentes parties du corps. Le corps du père est toujours aussi souple. »

On met le saint père (comment l'appeler autrement ?) dans un nouveau cercueil. Deux ans plus tard, en 1952, sous la pression de la ferveur populaire, on le ramène à la lumière pour une exposition publique pendant dix-huit jours... De nouveaux médecins examinent la dépouille incorruptible et... y perdent leur latin. Dans leurs rapports, ils avouent avoir constaté là un phénomène inexplicable et, disons-le, miraculeux. Ils se livrent à des calculs :

— En supposant que la dépouille du père Charbel ne produise qu'un seul gramme de sueur par jour, en comptant le nombre de jours depuis sa mort, etc.

Bref, ils arrivent à calculer que le père Charbel aurait, au minimum, produit près de vingt kilos de sueur depuis sa mort. Or, il doit bien en exsuder plus d'un gramme. D'où provient cette centaine de kilos de sueur sainte ?

Sueur sainte : on arrive au point crucial de l'histoire. Certains fabriquent déjà des médailles.

Mais voilà qu'une Libanaise, torturée par des convulsions et des pertes de connaissance tombe dans le coma. Quand elle reprend connaissance, elle dit avoir vu le père Charbel qui lui a recommandé, « si elle est croyante », de se frotter la nuque avec l'huile qui va suinter d'une des médailles fabriquées par les marchands du temple. La malheureuse, condamnée par les médecins, obéit. Et elle guérit. La médaille miraculeuse, désormais, ne cesse de produire une huile que les Libanais se disputent.

Après plus de cinquante ans d'examens et de procès, le père Charbel est devenu, en octobre 1977, le premier saint libanais. Il avait prédit au siècle dernier que « les prières de ses fils sauveraient le Liban qui serait progressivement libéré des invasions étrangères ».

Meuble à céder

« À céder gratuitement, très belle commode de style indo-
chinois, pour personne rationaliste ne croyant pas à l'au-delà.
Fantôme joint. Tél. Mme Agatha Cornwall au... »

Cette petite annonce particulièrement alléchante est suivie
d'un numéro qui indique que la propriétaire du meuble indo-
chinois demeure à Maisons-Laffitte. Immédiatement après la
parution de l'annonce, Mme Agatha Cornwall est assaillie de
coups de téléphone. Les premiers proviennent, logiquement,
d'un certain nombre de brocanteurs plus ou moins honnêtes.
Aucun d'entre eux n'ose croire à ce qu'il a lu :

– Vous cédez votre commode gratuitement ? Vraiment ?

Certains vont jusqu'à demander si Mme Cornwall serait
prête à débourser quelque argent pour qu'on la débarrasse de sa
commode orientale. Mais Agatha Cornwall est très ferme :

– Je ne veux absolument pas céder ma commode à un
commerçant. Ce meuble est hanté et il est bien évident que ce
que je veux, c'est trouver un nouveau foyer pour la commode et
son fantôme. Pas question que celui-ci aille s'ennuyer dans un
entrepôt en attendant un client. D'ailleurs, la personne qui va
emporter ma commode indochinoise devra être consciente de
ce qu'elle emmène : un très beau meuble incrusté d'ivoire et de
nacre d'une part, une âme en peine d'autre part.

Les brocanteurs sont souvent superstitieux et cette histoire de
meuble hanté les rebute. Allez donc savoir de quoi serait
capable un acheteur éventuel. Inutile d'aller se mettre dans des

histoires bizarres qui pourraient bien déboucher... sur un contrôle fiscal ou quelque chose du genre. Bien pis qu'un fantôme.

Au bout du compte, c'est un certain Jean-Patrice Dumesnil, un peintre un peu navigateur doublé d'un amateur d'orientalisme, qui finit par obtenir un rendez-vous de Mme Cornwall. La vieille dame le reçoit très aimablement et l'introduit dans un salon cossu. La commode indochinoise orne le mur principal. Tout le décor du salon évoque l'Orient. Potiches en cloisonné décorées de dragons, ivoires délicats enfermés dans des vitrines. Au sol, des tapis chinois. Sur les murs, des estampes et un immense paravent de laque japonais qui représente le bord d'une mer dorée et des cyprès tordus.

— Entrez, cher monsieur, et asseyez-vous. Voudriez-vous prendre une tasse de thé?

Devant la moue de Jean-Patrice Dumesnil, Mme Cornwall comprend :

— Je vois! Vous n'êtes pas très amateur de thé. J'ai gardé de mon défunt mari une bouteille de fine champagne qui serait peut-être davantage dans vos goûts.

C'est ainsi que Jean-Patrice Dumesnil, un verre d'alcool en main, écoute l'histoire de la commode hantée :

— C'est une commode que mon mari a reçue en cadeau d'un notable alors que nous étions en poste en Cochinchine. En remerciement pour avoir sauvé la vie de son fils unique qui se noyait dans un bras du Mékong. Mon époux l'avait installée dans sa chambre mais, depuis sa mort, je l'avais placée dans une de nos chambres d'amis. Cependant, les quelques amis qui ont eu l'occasion de dormir ici n'ont pas tardé à se plaindre de ne pas trouver le sommeil. Selon eux, les tiroirs s'ouvrent et se ferment spontanément et surtout bruyamment...

Jean-Patrice admire la beauté du meuble. Il s'agit d'une de ces commodes typiquement orientales constituées d'une multitude de petits tiroirs. Chacun représente un décor de fleurs fait de nacre, d'ivoire et de pierres dures multicolores. Les boutons des tiroirs sont formés par des petits dragons de bronze doré.

— Vous avez là, chère madame, un meuble de toute beauté. De quelle époque peut-il bien être?

— Mon Dieu, pas très ancien. Disons le début du XIXe siècle au maximum!

— Presque deux cents ans, cela vous semble peu?

Mme Cornwall se met à rire :

— Quand vous aurez mon âge! Cette commode vous plaît-elle?

— Si elle me plaît? Mais c'est un meuble splendide! Je ne parviens pas à croire que vous vouliez la céder gratuitement. J'aurais honte d'accepter. Si vous voulez bien me la confier, je ne pourrais faire moins que de vous offrir quelque chose pour vous remercier...

— N'oubliez pas que vous emporterez le fantôme en même temps que la commode... Attendez un peu! Il faut voir si le fantôme se plaira chez vous...

Jean-Patrice Dumesnil se met d'accord avec Mme Cornwall. Mais en la quittant il ne peut s'empêcher de penser : « La pauvre vieille a un grain. La mort de son cher époux lui a tapé sur la cafetière... En tous les cas, je viens de faire une affaire du tonnerre. Une chance comme ça, ça n'arrive pas deux fois dans une vie. »

Chance ou malchance? C'est à voir! Quelques jours plus tard, la magnifique commode au décor de fleurs devient le meuble principal de l'atelier-chambre à coucher de Jean-Patrice Dumesnil.

Les quelques premières nuits se passent sans incident puis, au bout d'une semaine, vers minuit, Jean-Patrice est réveillé par un coup sec... Il a du mal à réaliser d'où vient ce bruit... Un second coup suit le premier. Puis un troisième, un quatrième. Dans la pénombre, il finit par en déterminer l'origine :

— Nom d'une pipe! La commode! Alors c'est vrai, il y a bien un fantôme...

Pas de doute : les tiroirs du beau meuble s'ouvrent et se referment. Avec force. Jean-Patrice quitte son lit et va les examiner.

322

Au moment où il se penche, il manque recevoir un de ces tiroirs fleuris en plein visage. Il le retire du meuble et l'examine. Joli travail d'ébénisterie. Lourd et parfaitement ajusté :

— C'est à n'y rien comprendre. Pas de mécanique... Bigre, bigre !

Désormais, très régulièrement, Jean-Patrice est réveillé par la sarabande des tiroirs fleuris. Au bout de quelques minutes, tout rentre dans l'ordre. Une nuit, il fait une constatation :

— Une chose est sûre, les tiroirs bougent toujours dans le même ordre ! Sauf celui du bas à gauche.

Depuis qu'il est propriétaire de la commode, Jean-Patrice n'a jamais pu ouvrir ce tiroir. Il a pensé que le bois avait joué et s'est réservé de faire intervenir un ébéniste de ses amis pour ouvrir le tiroir rebelle sans endommager la commode.

Au cours d'une des nuits suivantes, une nouvelle émotion l'attend.

— Qui c'est, celle-là ?

« Celle-là », c'est une forme fantomatique qui semble sortir de la commode comme une fumée légère. Justement, cette forme provient du tiroir qui reste obstinément fermé...

Elle évoque vaguement la silhouette d'une femme vêtue d'une tunique blanchâtre. On dirait que cette femme se penche sur la commode, à la manière de quelqu'un qui cherche quelque chose.

— Bon, dès demain matin, j'appelle le père Ferrari. Il faut qu'il m'ouvre ce tiroir. Que je voie s'il y a quelque chose dedans.

Le père Ferrari, un vieil ébéniste italien, a quelque mal à ouvrir le tiroir récalcitrant mais il finit par y parvenir :

— Tenez, ça y est. On dirait qu'il y a un paquet à l'intérieur.

Jean-Patrice Dumesnil se penche au-dessus du tiroir : à l'intérieur, un paquet allongé, un morceau de soie serré par un ruban. Il pose l'objet sur une table et, très délicatement, dénoue le ruban.

— Mais dites donc, monsieur Dumesnil, en voilà un drôle d'objet !

L'objet en question est, de toute évidence, une main. Momifiée. Comme celle d'un pharaon. Elle est accompagnée d'un parchemin. Illisible puisqu'il s'agit d'un document en caractères orientaux. Jean-Patrice Dumesnil marmonne :

— C'est bizarre que la vieille Mme Cornwall ne m'ait rien dit de cette main. Est-ce qu'elle était au courant? Il faut que je sache ce que dit le parchemin!

Ce n'est que trois mois plus tard que Jean-Patrice aura la solution. Un professeur de l'École des langues orientales, à Paris, lui fait parvenir la traduction du texte calligraphié sur le parchemin. Ce texte dit :

« Voici la main de Dourghama. Celui qui la détient peut tout obtenir à condition de la serrer très fort dans sa main en formulant un vœu. Mais attention, si cette main vous accorde ce que vous souhaitez, sachez qu'à chaque fois il faudra en payer le prix : la mort d'un être humain. »

Jean-Patrice, en lisant ces mots, ne peut s'empêcher de frissonner. Tout à la fois de peur et d'excitation. Il relit trois fois de suite la traduction du parchemin.

« Est-ce vraiment ce que signifie ce texte? Est-ce que le professeur des Langues O ne se paie pas ma tête...?

Dumesnil a remis la main dans la commode. Et il attend. Il dort de moins en moins bien car, chaque nuit, il attend le moment où les tiroirs vont entamer leur sarabande infernale. Mais plus rien ne se passe. Ni ouverture des tiroirs, ni apparition de la forme fantomatique... Pendant les semaines qui suivent, il a du mal à travailler sur les toiles qui attendent sur les chevalets. Et pourtant, il doit participer à une exposition très importante à New York. Sa galerie lui téléphone chaque jour pour savoir où il en est car la date fatidique approche irrévocablement...

Jean-Patrice sort la main momifiée du tiroir. Il la dépose sur la commode, bien visible et, à tout hasard, allume des bâtonnets d'encens...

Quand, trois semaines plus tard, les toiles sont présentées à la

Biennale de New York, il cède à la tentation. Il saisit la main momifiée et la serre très fort entre les siennes. Puis, avec un léger tremblement, il lance d'une voix ferme :

— Je veux obtenir le Grand Prix de la Biennale!

Le Grand Prix, ce n'est pas rien. C'est la cote qui fait un saut. Le prix du « point » qui se multiplie par trois, quatre, cinq, par dix peut-être... C'est la sécurité pour des années...

— Jean-Patrice! Ça y est! C'est toi!

À l'autre bout du fil, Jean-Patrice entend la voix de François-Marie de Vergnes, le directeur artistique de sa galerie :

— Je l'ai... quoi?

— Le Grand Prix de la Biennale. Ç'a été dur, il a fallu que j'en fasse des blablas, mais j'y suis arrivé. Je rentre par le prochain avion pour te ramener à New York.

— Tu sais, François-Marie, il faut que je te dise quelque chose...

Jean-Patrice Dumesnil s'interrompt. Il préfère attendre le retour de François-Marie pour lui raconter l'aventure incroyable de la main momifiée.

Mais il n'en aura pas l'occasion. L'avion de François-Marie s'écrase au cours d'une escale à Londres et le directeur artistique est au nombre des victimes. Sans doute, le tribut demandé par la main...

Malédiction

En ce froid matin de 1912, les habitants de la petite ville de Sommerhall, près de Cardiff, sont intrigués par l'arrivée du fourgon noir de la police locale. Le fourgon s'arrête devant la maison des Dumfries, une jolie maison blanche, cossue, entourée d'un jardin fleuri. Une maison habitée par une famille bourgeoise. Tandis que les chevaux du fourgon s'ébrouent dans la brume matinale, les policiers vont tirer la sonnette de la famille Dumfries. Un domestique à grands favoris blancs vient ouvrir. Les policiers le bousculent un peu en demandant :

— Mme Dumfries est là ?

Ils n'attendent même pas la réponse et s'engouffrent dans le grand hall dallé de blanc et noir. Le domestique reste interdit sur le seuil :

— Messieurs ! Je vous en prie ! Madame est encore dans sa chambre ! Elle ne peut vous recevoir à une heure aussi matinale !

Quelques minutes plus tard, les policiers dégringolent littéralement l'escalier qui les a menés au premier étage. Entre eux, solidement maintenue par les deux plus forts gaillards de l'escouade, Clarissa Dumfries se débat.

— Lâchez-moi ! Lâchez-moi ! Vous ne savez pas ce que vous faites. Je me plaindrai en haut lieu. Vous entendrez parler de moi !

Le petit groupe de villageois curieux qui s'est rassemblé, à tout hasard, devant la maison des Dumfries, la voit surgir,

326

écumante de rage, le cheveu en désordre. Elle se débat comme une vraie sorcière. Peut-être y a-t-il une bonne raison à ça...

Quand le fourgon s'éloigne, on voit le visage de Clarissa Dumfries qui apparaît derrière la vitre de la porte arrière. On la voit qui hurle mais on ne distingue pas un mot des paroles qu'elle profère. Les commentaires et les suppositions vont bon train :

– Il paraît que, dans sa cave...

Le reste se perd dans le brouhaha de la foule :

– Mais c'est incroyable, Clarissa Dumfries, une femme si distinguée, l'épouse du notaire, la mère de trois adorables enfants ! Je ne le croirai qu'en le voyant de mes propres yeux...

La dame qui doute de la culpabilité ne verra jamais de ses propres yeux les preuves des crimes qu'on impute à la charmante Clarissa Dumfries. Mais la police les voit, ces preuves, et la presse locale en parle abondamment, avec horreur : « Macabre découverte dans les caves de la maison du notaire Richard Dumfries. Une dizaine de cadavres de nouveau-nés, égorgés et complètement vidés de leur sang ! Clarissa Dumfries se livrait à des messes noires au milieu de tout un attirail de poupées maléfiques, de fioles de poison et de livres consacrés au satanisme... »

Des photographies montrent le cercle magique au milieu duquel, au cœur de la nuit, Clarissa Dumfries, autrefois jeune fille bourgeoise se transformait en suppôt de Satan.

À présent, pour les policiers, il est temps de procéder à l'interrogatoire de la suspecte. De lui faire avouer ses crimes. Mais Clarissa Dumfries n'avoue rien et adopte une attitude qui fait transpirer à grosses gouttes les représentants de l'ordre :

– Vous ne pouvez rien contre moi ! Je suis une fidèle servante du maître des Ténèbres ! Il me protège et grâce à lui je suis immortelle.

Il faut bien qu'elle se croie immortelle car la monstruosité des crimes qu'on lui reproche ne peut, en 1912, que la conduire directement sur l'échafaud, la corde au cou...

– Mais enfin, pourquoi avoir assassiné ces nouveau-nés, ces victimes innocentes ?

Clarissa Dumfries hurle, hystérique :

— C'est Satan, mon maître, qui exige, chaque jour, sa dose de sang frais !

Le commissaire qui dirige l'interrogatoire est un homme solide. Il a les pieds sur terre et, en sortant de cette pénible séance, il confie à son adjoint :

— Malheureusement, je crois qu'il s'agit bien d'un cas de folie meurtrière. Toutes ces histoires de Satan qui réclame ses pintes de sang chaque nuit ! Nous allons devoir incarcérer Mme Dumfries à la prison centrale du comté.

— Cela ne fera pas revenir tous ces innocents qu'elle semble avoir sacrifiés pour satisfaire sa folie.

— Espérons que nous sommes débarrassés de ces disparitions inexplicables de bébés enlevés en pleine rue dans leurs landaus. Qui aurait pu soupçonner que c'était Mme Dumfries qui venait de les glisser sous sa cape... ?

Quelques jours plus tard, Mme Clarissa Dumfries, un peu calmée, pénètre dans le quartier des femmes de la prison de Cardiff. À peine a-t-elle accompli les formalités d'écrou, à peine se retrouve-t-elle isolée dans une sombre cellule qu'un orage épouvantable s'abat sur la ville. Clarissa Dumfries, suspendue par les mains aux épais barreaux qui ferment l'étroite fenêtre au ras du plafond, éclate d'un rire dément et crie avec des râles d'amour dans la voix :

— Maître ! C'est moi ! Merci, tu ne m'as pas oubliée. Je t'attends ! Je sais que tu ne m'abandonneras pas. Je suis ta chose ! Ordonne et j'obéirai !

Le maître satanique répond-il à sa manière ? En tout cas les dégâts autour de la prison sont étonnants : un vrai cyclone déracine les arbres, arrache les toitures, fait déborder les cours d'eau. Et la foudre tue une pauvre femme qui vivait dans le creux d'un vallon :

— Vous vous rendez compte, dans le creux du vallon. C'est inouï ! D'habitude la foudre frappe les maisons en hauteur. Et savez-vous qui a été tué ?

— Non! Qui? Vous me faites peur.

— La victime, c'est la pauvre Lily Cameron, la nourrice du dernier enfant enlevé par la sorcière. On a retrouvé son pauvre petit corps dans la cave maudite.

Dans les semaines qui suivent Clarissa Dumfries, pour protester contre son sort, entame une sorte de grève de la faim. Dès qu'on lui fait passer son écuelle par le guichet de la porte de sa cellule, elle saisit le plat et en lance le contenu au visage de la prisonnière qui fait le service. Clarissa ne prend plus qu'un verre d'eau par jour.

— C'est extraordinaire! Elle devrait être exsangue. Elle devrait rester toute la journée sur son lit! Mais non, elle conserve une énergie diabolique, c'est bien le mot!

Les autorités ecclésiastiques, consultées par l'aumônier de la prison, décident de désenvoûter la sorcière. Deux jours plus tard, revêtu de son aube et d'une étole immaculée, l'aumônier entre dans la cellule de Clarissa Dumfries en brandissant la croix de métal sur laquelle Jésus est crucifié. En voyant ce symbole, Clarissa Dumfries est littéralement saisie d'une crise de rage qui la jette au sol. La bave aux lèvres, elle se roule sur le plancher, les yeux révulsés. L'aumônier, après l'avoir aspergée d'une eau bénite qui semble la brûler comme de l'acide, bat en retraite:

— Pas de doute, le démon est bien en elle.

Pour les autorités de justice, la présence du diable n'interrompt pas l'enquête. Maître Dumfries, le notaire et mari, est convoqué. Ses cheveux ont blanchi depuis l'arrestation de son épouse. En larmes, il répète devant le commissaire:

— Comment aurais-je pu penser une horreur semblable? Quand j'ai épousé Clarissa, il y a douze ans, c'était une jeune fille absolument parfaite. Notre vie conjugale a été très heureuse, enfin pour moi. Nos enfants représentent tout ce que des parents peuvent espérer. Je ne vois pas ce qui a pu la transformer à ce point...

Maître Dumfries semble hésiter, réfléchir. Il dit:

– Ah! si, pourtant, il y a cinq ans, mon épouse a fait la connaissance d'un homme, lors d'une fête de charité. Elle l'a invité à prendre le thé. C'était un étranger, un Roumain, je crois. Un homme intelligent, fascinant. Il avait des yeux verts très brillants. Ils me faisaient penser à ceux d'un serpent. Mais il possédait une conversation des plus intéressantes. Mon épouse lui a offert de se loger chez nous, dans un petit pavillon au fond du parc, derrière notre demeure. Ils passaient tous les deux de longues heures à bavarder. Et parfois tard dans la nuit. Quand il nous a quittés, il y a un an et demi, j'ai éprouvé une sorte de soulagement inexplicable. Pour nous remercier de notre hospitalité, il a laissé à mon épouse en cadeau une pleine malle de vieux livres et depuis nous n'avons plus jamais entendu parler de lui.

C'est peu après ces confidences que la ville est secouée par une nouvelle catastrophe : une épidémie de rubéole fait des ravages parmi les femmes enceintes. Une fois encore les nouveau-nés de Cardiff paient un lourd tribut à la Grande Faucheuse.

La justice suit son cours et Clarissa Dumfries, faute d'avoir d'autres arguments pour sa défense que l'emprise du Diable, se voit condamnée, après un procès retentissant, à la peine de mort. Les juges doivent avoir quelque inquiétude car ils décident non seulement de la mort de la sorcière, mais ils prévoient également une mesure *post mortem* :

– Après l'exécution de Clarissa Dumfries, le corps de celle-ci devra être immédiatement enfermé dans un cercueil de plomb !

Que craignent-ils? Ils l'ignorent eux-mêmes.

Clarissa Dumfries accueille le verdict avec un calme surprenant. Elle regagne sa cellule et ne se livre à aucune contorsion démoniaque. Le matin prévu pour l'exécution la trouve d'une tranquillité impressionnante. L'aumônier vient, à tout hasard, lui proposer les secours de la religion, mais Clarissa Dumfries se contente de le regarder sans rien dire et de lui cracher au visage. Puis elle murmure :

– Peu m'importe. Mon maître Satan m'attend. Je vais mourir et je resterai en terre pendant quatre-vingts ans. Puis je reviendrai me venger de cette ville et des descendants de ceux qui me font mourir aujourd'hui!

Quand maître Dumfries, qui n'est plus que l'ombre de lui-même, entreprend les démarches pour faire ensevelir la condamnée dans le caveau de famille, il se heurte à un refus formel de la municipalité. Il ne lui reste plus qu'à entreposer le cercueil de plomb de son épouse dans la cave où tous les nouveau-nés furent égorgés.

Au bout de quelques années, maître Dumfries vend tous ses biens et décide de partir pour l'Amérique du Sud, en compagnie de ses enfants. Et il emporte dans ses bagages le corps de sa chère Clarissa qui fut toujours pour lui une parfaite épouse. C'est pourquoi l'on retrouve quelques mois après une tombe de marbre noir portant le nom de la « sorcière » au milieu du cimetière de Quito, capitale de l'Équateur...

Les années passent, maître Dumfries part lui aussi pour l'au-delà. Est-il aujourd'hui informé des raisons réelles de ses malheurs? Nul ne le sait.

À Quito cependant, la sinistre réputation de Clarissa Dumfries a traversé l'Atlantique. Les habitants de la ville ont vu d'un mauvais œil cette inhumation de sorcière chez eux:

– Dans quatre-vingts ans, a-t-elle dit. Elle a été exécutée en 1913. En 1993, si c'est vraiment une sorcière, il devrait se passer quelque chose. Précisément le 28 juin, jour anniversaire de son exécution!

Le 28 juin 1993, la télévision de Quito dépêche à tout hasard une équipe pour monter la garde autour de la tombe de Clarissa Dumfries. Et soudain, à six heures du matin, on voit le marbre noir de la tombe se fendiller et se soulever légèrement. Comme si Clarissa Dumfries cherchait à rejoindre le monde des vivants. Pour mettre à exécution sa menace...

Peut-être est-elle en route pour rejoindre Cardiff?

Danger d'incendie

Ce soir-là, le théâtre Olympia est complet. Toute la ville s'est ruée pour assister au spectacle de « voyance » donné par le grand Christophe Sourmian. Nous sommes à Prague quelques années avant la Seconde Guerre mondiale. Christophe Sourmian n'est pas n'importe qui. C'est un personnage qui a des dons incontestables de voyance. Bien sûr certains pensent qu'il s'agit purement et simplement d'un illusionniste et les discussions à son sujet sont sans fin :

— Je vous assure qu'il s'agit simplement d'un numéro de music-hall de grande classe. Je l'ai vu au Wintergarten de Berlin...

— Mais absolument pas. La dernière fois que j'ai assisté à un de ses spectacles, il a fait des révélations incroyables à mon épouse concernant son père et ses cousins germains. Comment voulez-vous qu'il possède de tels renseignements ? Il a mentionné des conversations qui sont de véritables secrets de famille. D'ailleurs, vous allez voir, si ce soir vous faites vraiment appel à lui, je suis certain que vous allez être bouleversé...

Effectivement, le spectacle, ou disons plutôt la « consultation collective » que Christophe Sourmian donne devant cinq cents spectateurs fascinés trouble de nombreux esprits et ébranle bien des convictions rationalistes...

En rentrant dans les coulisses, Christophe Sourmian, comme à l'accoutumée, est très fatigué. Il claque littéralement des dents. Le régisseur s'inquiète un peu :

— Ça va, monsieur Sourmian ? Vous avez l'air éreinté ce soir ?

— Comme d'habitude. Mais ce soir ils m'ont complètement épuisé. Et puis, j'ai vu plusieurs morts prochaines, dans des conditions atroces. J'ai eu des visions de camps avec des milliers d'êtres mourant de faim... Des fours incandescents, des corps entassés. Je n'arrive pas à interpréter cela, mais j'ai l'impression que le monde court à une catastrophe imminente et planétaire... Mais dire quand cela arrivera, c'est difficile. En tout cas, je ne pouvais pas mentionner ces visions au public. Je n'en avais pas le droit.

Le régisseur reste interdit. Il connaît le talent mystérieux de Christophe Sourmian et il est immédiatement persuadé que les visions du « maître en voyance » sont un très mauvais présage pour l'humanité. Christophe Sourmian fait un effort pour changer de conversation :

— Bon, je vais vite rentrer chez moi et me mettre au lit. Après ces séances, il n'y a que le sommeil qui me remette d'aplomb.

Une demi-heure plus tard, dans son appartement cossu au cœur du vieux Prague, Christophe Sourmian s'endort du sommeil du juste. Mais le sommeil du juste peut, lui aussi, être traversé par des visions troublantes. Surtout si le juste possède pour les visions un don d'une dimension inouïe. Au réveil, Christophe Sourmian se sent à peine reposé. Ce n'est pas trop grave car, aujourd'hui, aucune séance de voyance n'est prévue. Quand Elsa, sa vieille nourrice, qui lui sert maintenant de bonne, lui apporte le plateau du petit déjeuner, il ne peut s'empêcher de lui raconter le rêve qu'il vient de faire :

— Écoute ça. Je suis dans une ville inconnue. Il pleut. Je marche sous la pluie. Partout il y a des enseignes lumineuses qui clignotent et soudain un autobus arrive et s'arrête. Je vois une jeune femme très élégante qui en descend. Elle porte un manteau long bordé d'écureuil et une très jolie toque, faite de la même fourrure, penchée sur l'oreille. Elle ouvre son parapluie. En la voyant j'ai la sensation de très bien la connaître, mais en même temps je ne sais ni comment elle se nomme, ni où j'ai pu la rencontrer... Elle traverse la rue et se dirige vers un grand bâtiment tout illuminé. Et elle y entre. Je me décide à la suivre, mais au moment où je vais me lancer sur la chaussée quelqu'un me frappe sur l'épaule... Devine qui, tu ne le croiras jamais...

Elsa répond avec résignation :

— Oh! avec toi, mon petit Christophe, je suis prête à tout croire. Tu m'en as tellement raconté et tu m'en as tellement fait voir de toutes les couleurs!

Christophe Sourmian n'entend pas le commentaire de la vieille Elsa, il poursuit le récit de son rêve :

— ... Eh bien, la personne qui me frappe sur l'épaule c'est Kalin Krombeck. Tu te souviens de Kalin Krombeck, Elsa?

— Oh! ce pauvre Kalin, il était si gentil. Dire que ça fait déjà vingt ans qu'il est mort. Quelle mort idiote, dans cet incendie, à cause de la foudre qui avait frappé sa maison.

— Bref, je me retourne et Kalin est là. Il a une grande brûlure qui lui mange la moitié du visage et le front. Exactement comme au moment où on l'a retiré de sa chambre. Mais moi, dans mon rêve, je n'ai qu'une idée : c'est de traverser la rue pour rejoindre la belle inconnue qui vient de pénétrer dans l'immeuble. Alors – j'ai un peu honte de l'avouer –, je m'élance en laissant ce pauvre Kalin en plan. Je la vois, de l'autre côté de la rue : elle est en train de monter un grand escalier recouvert d'un tapis rouge... mais Kalin me frappe alors violemment sur l'épaule... Et c'est à cet instant-là que tu m'as réveillé avec le plateau du petit déjeuner...

Elsa ne s'aventure pas à présager quoi que ce soit de bon dans le rêve de son cher Christophe, qui, durant les jours qui suivent, se laisse peu à peu obséder par son rêve. Est-ce à cause de la présence de Kalin, son vieil ami mort depuis tant d'années? Ou du mystère de la jeune femme inconnue et pourtant déjà rencontrée? Christophe Sourmian en parle même à son neveu qui commence une brillante carrière de psychiatre. Mais de cet entretien, il ne ressort rien de bien instructif. Le neveu dit :

— Je crois, mon cher oncle, que c'est la précision dans les détails de votre rêve qui vous impressionne. Vous arrivez à ne plus savoir exactement si vous avez rêvé ou vécu cette scène. À moins que vous ne soyez sur le point de la vivre. Avec vous, je m'attends à tout...

Il faudra patienter un an pour que Christophe Sourmian ait quelques éclaircissements sur la signification de son rêve. Sa tournée l'amène à Varsovie. C'est la première fois qu'il vient dans cette ville pittoresque. Le clergé de la ville a fait savoir qu'il désapprouvait nettement sa venue et les « voyances ». Mais cette interdiction a paradoxalement fait une publicité inattendue et déclenché un mouvement de curiosité pour le « voyant ».

Ce jour-là, Christophe Sourmian flâne dans les rues de la ville, admirant les monuments et se laissant aller au charme de la vieille cité. Mais soudain, il s'arrête figé d'étonnement. Au détour d'un boulevard très moderne, il aperçoit un bâtiment tout illuminé :

– Mon rêve! Ça y est! J'y suis! Je le reconnais! C'est le bâtiment où la jeune femme si élégante est entrée.

Soudain, la pluie commence à tomber. Christophe Sourmian remonte le col de son imperméable. Il est figé sur place et pense :

– Il faut que je voie ce qui va se passer. Il faut que je voie si mon rêve...

Il n'a pas le temps de terminer sa phrase. Un autobus vient de surgir du coin d'une avenue. Il s'arrête à l'endroit où quelques personnes attendent patiemment sous leurs parapluies. Sourmian écarquille les yeux pour voir les passagers qui descendent :

– La voilà!

En effet, il reconnaît au premier regard l'élégante jeune femme dont il a rêvé un an plus tôt. C'est bien elle, avec son long manteau bordé d'écureuil et la toque faite de la même fourrure. Elle ouvre un parapluie et attend au bord du trottoir pour traverser dès que le feu sera au vert. Sourmian se dit :

– Enfin, je vais savoir!

Il va pour s'élancer sur la chaussée, mais il ne parviendra jamais à rejoindre la belle inconnue.

Quand il se réveille quelques heures plus tard, il se retrouve dans une chambre immaculée de l'hôpital de Varsovie. Tant bien que mal, on lui explique qu'il a été victime d'un malaise et que la police l'a récupéré et fait transporter aux urgences :

— Vous souvenez-vous de quelque chose ? Avez-vous été heurté par un véhicule ?

— Non, mais maintenant je me souviens que j'ai eu un éblouissement, et puis j'ai senti comme un voile violet qui me tombait devant les yeux... Et c'est tout.

Le médecin-chef précise :

— Nous vous avons examiné sous toutes les coutures et nous n'avons rien trouvé d'anormal. Ni plaie ni ecchymose. Votre tension et votre rythme cardiaque sont parfaits. Rien d'anormal au niveau des yeux... Mais si j'étais vous, je resterais ici pendant un ou deux jours. Au cas où...

Le lendemain, une infirmière d'origine tchèque entre dans sa chambre et lui tend un journal en lui disant :

— Eh bien, monsieur Sourmian, on peut dire que vous êtes verni. Regardez les journaux !

Christophe Sourmian répond :

— Excusez-moi, mais si vous pouviez me traduire. Mes connaissances en polonais sont un peu rudimentaires.

— Vous avez dit que, au moment où vous vous êtes évanoui, vous vous apprêtiez à traverser pour pénétrer dans un bâtiment illuminé de l'autre côté de la rue. Je pense que ce bâtiment, c'est le Cercle de la Fondation Wolkonski. Il appartient à un ensemble consacré à la culture. Hier soir, il y avait un grand gala de charité.

— Et alors, que dit le journal ?

— « Cinquante morts dans un incendie gigantesque au gala de la Fondation Wolkonski ! »

C'est ainsi que Christophe Sourmian apprend que l'incendie s'est déclaré presque immédiatement après son arrivée à l'hôpital, dans le bâtiment où il avait vu entrer l'inconnue élégante de son rêve.

— Si je ne m'étais pas évanoui, j'aurais sans doute, moi aussi, été victime de l'incendie. L'évanouissement correspond exactement au moment où, dans mon rêve, ce pauvre Kalin était venu me frapper sur l'épaule...

Quelques jours plus tard, sorti de l'hôpital de Varsovie, Christophe Sourmian continue à chercher dans les journaux polonais d'autres détails concernant l'incendie auquel il a miraculeusement échappé. Il recherche aussi, sans se l'avouer, des traces de la belle inconnue qui l'a tellement intrigué, aussi bien dans son rêve que dans la réalité. Ce jour-là, un quotidien publie une pleine page de photographies des victimes. Et Christophe Sourmian ne peut s'empêcher de sursauter. La belle jeune femme est là. De toute évidence, c'est une photographie d'identité. Le journal explique qu'elle a été retrouvée dans un sac à main féminin à moitié carbonisé. On ignore l'identité de la propriétaire au sac.

Deux jours plus tard, Christophe Sourmian se rend au siège du journal pour obtenir des précisions sur l'inconnue à la toque en écureuil. Ces précisions ne font que renforcer le mystère. Le rédacteur en chef explique :

— À la suite d'une erreur, nous avons compté cette jeune femme au nombre des victimes. En fait, seuls les restes de son sac à main ont été retrouvés sur les lieux du désastre. Mais plusieurs témoins l'auraient vue quittant le gala de la Fondation Wolkonski juste avant le drame.

Christophe Sourmian n'en saura jamais plus.

Coïncidences

Nous sommes à Paris, dans les années soixante, et le célèbre auteur américain Grégoire T. est chez lui, dans sa bibliothèque. Il jette un regard sur les étagères chargées de livres rares. Grégoire attend la visite d'un autre homme de lettres, le philosophe Victorien M. Cet intellectuel de quatre-vingt-cinq ans passés, spécialiste de saint Thomas et catholique exigeant, est l'auteur d'un ouvrage remarquable concernant l'humanisme. En attendant cette visite, le regard de Grégoire se pose soudain sur une étagère de la bibliothèque :

— Tiens, ma collection de bibles, il faudrait que je la remette en ordre.

Et voilà Grégoire qui monte sur un escabeau d'acajou afin d'atteindre l'étagère. Car Grégoire a longtemps collectionné les bibles, de toutes les époques, écrites en toutes les langues. En français, en allemand, en anglais, en hébreu, en grec...

— Mais j'y pense soudain, j'avais acheté, quelques années après la guerre de 14, une bible grecque. Et je me souviens que je l'avais offerte environ un an plus tard à ce cher Victorien. C'était une jolie édition du XIXᵉ siècle. Reliée en maroquin vert. L'a-t-il encore ? Il faudra que lui pose la question. Se souviendra-t-il de ce cadeau presque un demi-siècle après l'avoir reçu... ?

Bientôt seize heures sonnent à la pendule et Grégoire se dit :

— Victorien a toujours été très ponctuel. Je vais descendre

338

pour l'accueillir quand il arrivera en taxi. C'est la moindre des politesses vis-à-vis d'un ami de cet âge qui veut bien se déplacer jusque chez moi...

Grégoire descend jusqu'au seuil de son immeuble, sur le boulevard Saint-Germain. Grégoire s'avance car un taxi vient de se garer près de chez lui et, à l'intérieur du taxi, il reconnaît de loin la silhouette un peu voûtée de son cher Victorien.

— Monsieur, excusez-moi, mais n'êtes-vous pas M. Grégoire T., l'écrivain ?

Grégoire sursaute en entendant la voix d'une inconnue qui l'interpelle avec amabilité. Il n'est pas du genre à mentir :

— Mais oui, mademoiselle, puisque vous m'avez reconnu, je dois bien l'avouer, c'est moi. Que puis-je pour vous ?

— Je vais vous poser une question qui va vous étonner. Mais n'avez-vous pas, en 1923, acheté une bible grecque ?

Grégoire ouvre des yeux un peu effarés. Comment est-il possible que cette inconnue vienne lui poser cette question stupéfiante quelques minutes seulement après que la petite bible lui est revenue en mémoire ?

— Mon Dieu, c'est incroyable. Figurez-vous qu'il y a à peine un quart d'heure, j'ai repensé à cette petite bible. Je l'avais complètement oubliée depuis si longtemps. Comment pouvez-vous connaître l'existence de ce livre ?

— Oh ! c'est très simple. C'est moi qui en suis la propriétaire... Je l'ai achetée dans les années cinquante, chez un bouquiniste, sur les quais. J'étais étudiante en grec et elle a attiré mon regard. C'est en l'ouvrant que j'ai lu sur la page de garde votre prénom et votre nom, avec une date, en anglais : « Août 1923. » Le hasard a fait que je passe par ici. Je pourrais volontiers venir dans quelques jours déposer votre bible chez le concierge.

— Mais, chère mademoiselle, je serai infiniment heureux de récupérer mon précieux volume. Cependant, puis-je vous demander de me téléphoner pour que nous puissions prendre une tasse de thé à cette occasion ? Mon numéro est Danton 21 34. Mais je dois vous quitter car voici un de mes très vieux amis qui vient me rendre visite. Et d'ailleurs, vous serez étonnée d'apprendre que lui aussi fait partie de l'histoire de cette bible vagabonde.

L'inconnue s'éloigne en promettant :

— Comptez sur moi, dès la semaine prochaine je vous appelle et nous prendrons rendez-vous.

Puis elle disparaît au tournant de la rue.

Pendant cet échange très court, Victorien M., le vieil ami philosophe, arrive à côté de Grégoire qui l'aide à franchir le seuil de l'immeuble :

— Mon cher Victorien, il va vous falloir un peu de souffle. Vous savez que j'habite au quatrième étage, sans ascenseur.

— Mais mon cher Grégoire, malgré mon grand âge, je ne suis pas encore tout à fait mort. Vous verrez que vos quatre étages ne me font pas peur. Nous mettrons le temps qu'il faut.

Et les deux vieux amis s'engagent dans la montée des marches. Une fois arrivés dans le confortable appartement de Grégoire, après avoir repris son souffle, ce dernier dit :

— Mon cher Victorien, vous qui explorez les confins du visible et de l'invisible, du sacré et du profane depuis des dizaines d'années, laissez-moi vous raconter l'incident stupéfiant qui vient d'avoir lieu.

Quelques minutes plus tard, Grégoire a tout raconté de cette incroyable coïncidence, de cette conjonction fantastique entre la bible grecque offerte, la visite de Victorien et la rencontre, à la seconde près, avec cette inconnue qui passe sur le boulevard :

— N'est-ce pas inconcevable ? Le simple fait qu'elle soit la détentrice de cette bible, le fait qu'elle soit en mesure de me reconnaître ? Je ne suis pas à ce point un homme public. On ne me voit que sur la couverture de mes livres. Ou bien, furtivement, lors des séances de l'Académie française. Qu'en pensez-vous ?

Victorien pousse un soupir :

— Vous devez vous demander comment j'ai pu me séparer d'un si précieux cadeau venant de vous. Je ne l'ai pas égarée. Je ne l'ai pas vendue. Jamais je n'aurais fait une chose pareille. Elle était là, en permanence et bien en évidence sur mon bureau, à portée de ma main. Mais j'ai dû quitter Paris très précipitamment en 1942. Et puis... vous connaissez la suite...

La suite est en effet connue de Grégoire. La guerre, les vexations dont Victorien a été l'objet. Sa fuite aux États-Unis. Sa demeure pillée sans vergogne, ses collections, sa bibliothèque mises à sac. Grégoire avance :

— C'est sans doute quand la Milice est venue tout saccager que la petite bible grecque a disparu. Elle a sans doute tenté un de ces vandales, plus cultivé que les autres.

Victorien soupire :

— Oh ! Il n'y avait pas que des brutes incultes parmi eux...

Après le départ de son vieil ami Victorien, Grégoire passe plusieurs jours dans une sorte d'angoisse. Comment est-il possible que cette petite bible qui était complètement sortie de son esprit redevienne si présente ? Grégoire sent qu'il faut absolument qu'il la récupère. Il ne se dit d'ailleurs même pas : « Elle appartient à Victorien. Je la lui ai offerte il y a quarante ans. Elle n'est plus à moi. Comme dit la sagesse populaire : reprendre ce qui est donné, c'est voler. » Non, il piaffe d'impatience dans l'attente du retour problématique de « sa » petite bible reliée en maroquin. Comme s'il attendait le retour de quelque enfant prodigue : « Et si l'inconnue n'allait plus se manifester ? Et s'il lui arrivait quelque chose. Ou simplement si elle était du genre à oublier sa promesse ? »

Mais non, l'inconnue est une femme de parole. Quelques jours plus tard, elle appelle et prend rendez-vous avec Grégoire. Qui la reçoit avec émotion. La visiteuse, qui se nomme Jacqueline de B., ouvre son sac en lézard et tend un petit paquet entouré d'un petit ruban :

— Tenez, voici votre bible. C'est avec un immense plaisir que je vous la remets. Mais, au fait, y teniez-vous vraiment ? Peut-être vous en étiez-vous débarrassé ? Peut-être l'aviez-vous vendue ? À moins que vous n'en ayez fait cadeau à quelqu'un. Si je ne suis pas trop indiscrète.

Grégoire ne peut faire moins que de raconter l'histoire du

don de la petite bible grecque à Victorien, le philosophe. Puis l'épisode de la mise à sac de la bibliothèque et la disparition... À présent, il tremble un peu en ouvrant le petit livre. Jacqueline dit :

— J'ai remarqué toutes ces notes manuscrites dans les marges. Je suppose qu'elles sont de vous. Ainsi vous devez être un helléniste fervent. Pour être capable de lire cette version de la « Septante » dans le texte !...

Grégoire sourit :

— Vous savez ; si vous aviez gardé ce petit volume, avec mon nom en page de garde et toutes ces notes manuscrites en marge, vous auriez pu sans doute en tirer un bon prix chez un marchand d'autographes ou en salle des ventes. En me rendant cette bible, vous vous dépouillez un peu...

La visiteuse se met à rire :

— Ne vous inquiétez pas, je ne suis pas dans le besoin et j'ai trop de plaisir à faire votre connaissance. Car, en dehors du grec, j'adore la lecture de vos livres et vos évocations du Sud américain.

Grégoire remarque :

— Tiens, je reconnais le signet que j'avais placé là, en 1924, lorsque j'ai offert ce volume à mon ami Victorien. Il est toujours au livre d'Esther. J'avais marqué cette page car elle concernait un petit différend qui nous séparait. Le signet n'a pas bougé !

La visiteuse précise :

— J'ai découvert votre bible dans la boîte d'un bouquiniste qui est pratiquement en face de l'Institut. Si cela se trouve, pendant des années, votre bible était là, à quelques dizaines de mètres de vous, quand vous alliez assister aux séances de l'Académie.

— Oui, mais c'est vous qui l'avez découverte. D'ailleurs, je me souviens maintenant : c'est pratiquement à cet endroit-là que je l'avais achetée en 1923. Mais ce n'est sans doute plus le même marchand.

Après avoir reçu cette bible de la main de celle qui l'avait longtemps possédée, Grégoire se fait un devoir de l'offrir à nouveau à son ami Victorien. Mais celui-ci, après l'avoir gardée quelques jours, la léguera à nouveau à son vieil ami Grégoire, qui en redeviendra désormais le propriétaire définitif. Jusqu'à ce que sa mort à son tour la fasse parvenir aux mains d'un nouveau propriétaire. Peut-être est-ce quelqu'un que vous connaissez ou que vous côtoyez chaque jour? Il paraît que la Bible a tous les pouvoirs...

Aurait-elle celui de choisir son détenteur... provisoire?

Farandole

Cette histoire s'est déroulée dans une famille mondialement connue. Il s'agit de princes originaires de l'Europe centrale. À notre époque, leur nom, célèbre depuis plusieurs siècles, a franchi l'Atlantique et apparaît continuellement dans les chroniques mondaines américaines. Il y a peu de cérémonies à Washington sans qu'ils soient mentionnés comme des proches de la présidence.

Mais, pour l'instant, nous sommes chez la branche suisse de cette illustre famille, juste avant la Seconde Guerre mondiale. Chloé, la fille unique du prince, passe ses vacances dans le château de ses ancêtres. C'est une immense bâtisse grise. Bien plus faite pour affronter les canons des ennemis que pour servir de terrain de jeux à une petite fille de sept ans.

— Chloé, viens me rejoindre dans le salon des batailles !

La voix du prince retentit dans la cour intérieure. Seul le croassement des corbeaux perchés sur les toits de tuiles multicolores répond.

— Chloé, tu m'entends ? Viens vite me rejoindre dans la grande galerie. Tadeus ? Avez-vous vu Mlle Chloé ?

Du fond de la cour, la voix du domestique résonne :

— Oui, Votre Altesse, la princesse est dans le petit salon de musique !

Le prince sait que Chloé ne peut pas ignorer son appel. Sa voix est puissante. Et Chloé sait que son père n'aime pas attendre.

— Chloé, je vous attends!

Quand le prince se met à vouvoyer sa petite princesse, cela signifie que les choses se gâtent. Il n'est plus temps de rire. Chloé se montre enfin au balcon de la deuxième galerie. Elle dépasse à peine la hauteur de la balustrade de grès rose :

— Père, que voulez-vous?

— Je veux que vous veniez immédiatement me rejoindre ici, dans le salon des batailles.

— Je descends et je vous rejoins sur la terrasse, père!

— Chloé, je vous ai dit « dans le salon des batailles » et je vous attends dans le « salon des batailles »!

— Mais, père, je ne veux pas passer par la chambre de la Pythie. J'ai peur!

Le prince est accoudé à la balustrade de la galerie. Chloé est de l'autre côté de la cour du château. Une cour profonde et sombre, humide comme un puits glacé. Leurs voix résonnent dans le silence de la montagne. Le prince, bel homme moustachu, le monocle vissé dans l'orbite droite se tait maintenant. Son silence est plus menaçant que sa voix à l'accent rugueux. Chloé, toute tremblante, glisse lentement sur le sol de marbre vert de la galerie. Elle se décide à obéir et à rejoindre son père.

— Alors, ma princesse, tu vois, tu as réussi. Tu n'es pas morte. Même après avoir traversé la chambre de la Pythie, toute seule, comme une grande!

Le prince a repris le tutoiement. Sa colère naissante s'est apaisée :

— Mais père, j'ai peur quand je traverse la chambre de la Pythie. J'ai l'impression que je vais mourir.

— Allons, ta nourrice t'a trop raconté d'histoires de croquemitaines. La Pythie, qu'est-ce que c'est après tout? Un grand tableau suspendu au-dessus de la porte. Rien de plus. On ne sait même pas qui a pu peindre ce grand bazar. Les experts disent qu'il s'agit peut-être d'un « Michel-Ange ». Ou du moins d'un de ses élèves...

Le prince prend Chloé par la main :

— Allons, viens avec moi, nous allons lui dire un petit bonjour à la Pythie.

345

Chloé frissonne, mais elle ne peut résister à la poigne puissante de son père. D'ailleurs, quand il est avec elle rien ne peut lui arriver. Dans la chambre décorée par la Pythie, le prince et sa fille s'arrêtent un instant devant le tableau. Une œuvre du XVIe siècle.

— Tu te souviens de ce que t'a appris le professeur Maziek. La Pythie était une femme grecque qui pouvait prédire l'avenir. Elle était assise sur un trépied et respirait des vapeurs d'encens qui la mettait en transe...

Chloé lève un regard peu rassuré vers la Pythie. Heureusement que son père lui affirme qu'il s'agit d'une femme car cette Pythie au regard féroce possède des muscles de lutteur. Chloé voudrait éviter son regard, mais on dirait que la Pythie la fixe. On peut se réfugier dans n'importe quel angle de la chambre, le regard de la Pythie, sous d'épais sourcils froncés, suit le visiteur. De toute évidence le peintre l'a saisie au moment où elle annonçait une catastrophe aussi épouvantable qu'inévitable. La bouche est grande ouverte dans un rictus qui découvre des dents de loup. Chloé se décide et dit :

— Père, je voudrais changer de chambre. Pour arriver dans la mienne il faut que je traverse la chambre de la Pythie. Soir et matin. Et, quand je me couche, je fais des cauchemars après l'avoir vue. Même si je ferme les yeux quand je traverse la pièce.

— Ma petite Chloé, la vie n'est pas simplement un chemin semé de roses. Tu dois triompher de ta peur. Un tableau n'est rien d'autre qu'un morceau de toile peinte, dans un cadre doré.

— Et si vous mettiez la Pythie dans une autre partie du château ?

— Impossible, elle a été peinte pour être ici, juste au-dessus de la porte sud. Tout va ensemble, le cadre et les boiseries. Si je l'ôtais, il faudrait que je la remplace par une autre peinture. Cela dépareillerait un ensemble que l'on dit unique en Suisse. Il n'en est pas question, mon enfant.

Chloé n'insiste pas. Mais elle ne peut se défaire de cette panique qui la saisit. Désormais, les séjours au château sont continuellement gâchés par l'idée qu'il faut affronter plusieurs fois par jour le regard de la Pythie. Un regard chargé de haine.

Elle se persuade peu à peu que la Pythie lui en veut. Qu'elle n'est là que pour lui annoncer un destin tragique. Le prince n'est pas un méchant homme. Un jour il annonce, l'air de rien, une nouvelle d'importance :

— Ma chère Chloé, j'ai décidé de faire quelques aménagements au château. J'ai l'intention de faire percer une petite porte dans ta chambre. Ce sera plus commode pour rejoindre la salle à manger. Plus besoin de traverser la chambre de la Pythie. Et cela fera des économies de chauffage. Par les temps qui courent...

— Mais alors, je n'aurai plus besoin d'affronter cette horrible femme tous les jours ? Je pourrais passer par la galerie des porcelaines chinoises ?

— Eh oui, plus de Pythie pour effrayer ma Chloé. Tu es heureuse ?

— Je ne serai heureuse qu'en quittant ce château. Oh, pardon, père, ce n'est pas ce que je voulais dire ! Je ne serai heureuse qu'en m'éloignant définitivement de cette horrible peinture. Ou en l'éloignant de moi...

Alors qu'elle vient d'atteindre ses dix-huit ans, Chloé est demandée en mariage par un des officiers de la garde personnelle du prince. Celui-ci se réjouit de cette union car il apprécie le jeune baron Gerhardt de Thornweld et voit en lui un officier au brillant avenir. Chloé, quant à elle, est devenue une des plus jolies femmes de la noblesse helvétique.

— Pour célébrer ton mariage, il faut que la cérémonie ait lieu au château. C'est le seul cadre convenable pour cet événement.

Chloé est tout à fait d'accord. Depuis que le prince a fait, cinq ans plus tôt, les aménagements des appartements privés, Chloé a oublié l'horrible Pythie et sa bouche grande ouverte pour annoncer le malheur.

Le prince et Chloé organisent une fête brillante. Après la cérémonie dans la chapelle du château, pavée, depuis plus de cinq cents ans, par les dalles funéraires familiales, vient la fête. Qui se déroule dans les salons et les jardins du château. Le prince a réservé une surprise à sa chère Chloé. Sur les bassins du château une féerie nautique apparaît dans les lumières et les feux d'artifice. Puis les habitants du domaine viennent exécuter des danses traditionnelles dans les costumes d'autrefois.

– Et maintenant, une farandole ?

Xavier de Thornweld, le frère du marié, vient de lancer cette proposition. Aussitôt toute la jeunesse qui assiste à la fête se lève et une chaîne se forme. Deux violons mènent la danse et la file des danseurs s'élance. Les rires et la musique résonnent dans la cour intérieure. Après avoir parcouru les grandes salles du rez-de-chaussée, Xavier et la troupe s'élancent dans l'escalier de marbre orné d'armures centenaires. Main dans la main, danseurs et danseuses gravissent les marches construites pour d'autres ambiances.

Chloé est là, au milieu de la farandole. Elle est entraînée, solidement tenue par les mains de deux officiers du régiment de Gerhardt. Elle est un peu essoufflée et, sans se rendre compte de rien, elle suit le mouvement échevelé des joyeux danseurs. Chloé ne voit plus très bien où elle se trouve. Le château est si grand, il comporte tant de salons et de galeries. Chloé appelle son tout nouvel époux :

– Gerhardt ! Où es-tu ? Gerhardt !

Mais sa voix se perd parmi les rires et la musique qui résonne sous les voûtes. Soudain, Chloé sent que les mains qui l'entraînaient viennent de la libérer. Son voile blanc qui flottait derrière elle s'est rabattu sur son visage. Elle a du mal à s'en défaire. Quand elle y parvient, elle voit la farandole qui s'éloigne et redescend le grand escalier de marbre. On dirait que toute la noce l'abandonne.

C'est alors que Chloé de Thornweld réalise où elle se trouve. Elle est dans la chambre de la Pythie. Cela fait des années qu'elle n'y a plus mis les pieds. La pièce n'a pas été incluse dans les festivités. Aucun lustre n'est allumé, aucune bougie dans les candélabres. Est-ce pour cela que la noce a reculé ? A-t-elle été repoussée par quelque horrible malédiction millénaire ? Chloé réalise qu'elle est seule face à l'effrayant tableau. Malgré la pénombre, elle distingue parfaitement les sourcils froncés, le faciès masculin, les muscles énormes de la voyante mythologique. Il lui semble que la bouche et les dents de loup du tableau sont encore plus énormes que dans son souvenir.

348

Chloé n'a pas le temps de réfléchir. Soudain, les lourds battants de la porte de chêne qui mènent vers l'escalier se referment. Chloé est prisonnière de la Pythie. Elle se précipite vers la porte et commence à frapper frénétiquement sur les gros panneaux de chêne.

– Ouvrez-moi! Ouvrez-moi! Au secours!

Mais, de l'autre côté de la porte, elle n'entend que les rires de la noce. Plusieurs jeunes officiers s'appuient de toutes leurs forces sur les battants sculptés pour empêcher Chloé de sortir. Quelle bonne farce! Faire un peu peur à une jeune mariée ne peut que lui faire du bien. Elle sera plus frissonnante tout à l'heure dans le grand lit à colonnes qui l'attend dans un autre château. D'un côté Chloé de Thornweld, épouvantée, de l'autre des jeunes gens et jeunes filles enchantés de leur plaisanterie. Mais le prince surgit. Il comprend d'un seul regard.

– Vous avez enfermé Chloé dans la chambre de la Pythie! Libérez-la immédiatement!

C'est à ce moment que retentit un fracas impressionnant de l'autre côté de la porte. On ouvre en toute hâte. Hélas, il est trop tard. Chloé de Thornweld gît à terre, morte. Sa tête ensanglantée a été fracassée par l'énorme cadre de bois doré de la Pythie. Le tableau s'est décroché, Dieu sait pourquoi, après être resté quatre cents ans en place.

Camarades

— Jean-Marie, où étais-tu encore passé? Ça fait une heure que je hurle pour te faire revenir!

— Nulle part, j'étais là...

— Encore fourré avec ce voyou de Samuel, je parie! Mais vous ne pouvez donc pas vous décoller l'un de l'autre cinq minutes? Qu'est-ce qu'il a de plus que les autres? Il n'est pas tellement intelligent, il a une tête impossible et il n'est pas drôle!

Voilà ce pauvre Samuel Gruber habillé pour le compte. Dame! la mère de Jean-Marie Drolling ne fait pas dans le genre aimable. Mais que peut-elle comprendre à l'amitié de deux gamins de dix ans? Peut-être ont-ils simplement tous les deux des mères à la main leste...

En tout cas, contre vents et marées, l'amitié de Samuel et de Jean-Marie se révèle en acier. Au moment de l'adolescence, ils tombent amoureux des mêmes filles, mais restent liés comme deux doigts de la main. Et puis, vient le moment du service militaire. Pour eux, les choses s'aggravent car Samuel et Jean-Marie sont alsaciens. Ils font partie des « malgré nous » et se retrouvent, bon gré, mal gré, sous l'uniforme allemand...

— Samuel, je viens de recevoir mon affectation. Je suis envoyé au 13e régiment d'infanterie de la Wehrmacht! Troisième compagnie.

— Formidable, Jean-Marie !

— Ah bon, c'est tout l'effet que ça te fait ! J'ai bien envie de prendre mes cliques et mes claques et de filer en zone libre.

— Tu es fou. Et ta famille ? Tu y penses, à ta famille ? Ton père, ta mère, ton frère et ta sœur Christelle, tu sais ce que les chleuhs leur feront si tu te défiles ? Non, si je dis « formidable », c'est parce que moi aussi je viens de recevoir mon bulletin d'affectation. Et devine ! Moi aussi, je suis affecté au 13ᵉ régiment d'infanterie. Et moi aussi, je pars pour la troisième compagnie. On va être ensemble. À deux, on se débrouillera mieux...

Jean-Marie est un peu consolé. Et puis, cette foutue guerre, peut-être qu'elle ne va pas durer si longtemps après tout. Et peut-être qu'ils arriveront à ne pas tirer un seul coup de fusil.

Ce que Samuel et Jean-Marie n'ont pas prévu, c'est qu'ils vont se retrouver loin de chez eux. Très loin, sur le front russe. En plein dans cet hiver qui fait que les hommes morts restent debout, congelés sur place...

— Jean-Marie ! Ça va ? Tu m'entends ? On ne va pas tenir longtemps ! Il faut se replier. Tu m'entends ?

Dans l'obscurité déchirée par les balles traçantes, au milieu des rafales de mitrailleuse, des explosions qui ébranlent la terre russe gelée, Samuel appelle son copain Jean-Marie. Mais personne ne répond :

— Pourtant, il est là ! J'en suis certain. Il y a trois minutes, je l'ai encore aperçu.

Samuel rampe dans la neige, sur les coudes. Au moins, le froid empêche qu'il ne patauge dans la boue. Un gémissement attire son attention :

— Jean-Marie, c'est toi ? Qu'est-ce que tu as ? Tu es touché ?

Jean-Marie est là, à moitié empêtré dans des fils de fer barbelé qui lui déchirent le visage... Il parvient à gémir :

— Je suis foutu, Samuel, c'est trop tard, j'ai mon compte.

351

Occupe-toi de ma petite Christelle. Épouse-la et pensez à moi pour votre premier fils.

— Tu dérailles... Attends une seconde, je vais te sortir de là. Je vais de porter jusqu'à l'ambulance...

Samuel commence à s'activer. Avec son poignard, il cisaille les fils de fer barbelé qui s'accrochent à sa capote vert-de-gris. Jean-Marie ne bouge plus, il a fermé les yeux. Samuel crie :

— Jean-Marie, ne t'endors pas ! Avec ce froid, il faut que tu restes éveillé. Réponds-moi !

Samuel n'entendra jamais la réponse de Jean-Marie. Une énorme explosion le projette dans l'inconscient. Quand il se réveille, il est couché sur un lit de camp. Des médecins allemands s'affairent autour de lui. Sans enthousiasme. Ils savent que ces soldats alsaciens ne font pas preuve d'une fidélité à toute épreuve envers le Führer.

Samuel a cependant la force de demander ce qui lui est arrivé :

— Tu as de la chance d'être encore vivant, camarade. Dans le trou d'obus où on t'a trouvé, tu étais le seul à être encore entier. Tous les autres étaient suspendus dans les arbres, et chacun dans plusieurs arbres !

— Jean-Marie ! A-t-on des nouvelles de Jean-Marie Drolling ? Mon copain ! On ne s'est pas quittés depuis quinze ans !

L'infirmier fait une moue dubitative :

— Jean-Marie Drolling ? Inconnu au bataillon. En tout cas, nous n'avons eu personne de ce nom-là ici. S'il était encore vivant, il n'aurait pas pu aller ailleurs !

Alors, c'est donc vrai, Jean-Marie est mort ! Que va devenir Samuel sans Jean-Marie ?

Jamais, il en est certain, il ne pourra retrouver un aussi bon copain, jamais il ne connaîtra une telle amitié.

La guerre est terminée quand Samuel sort de l'hôpital. Mais il est « libéré », si l'on peut dire, par les Russes. Et ce sont quatre nouvelles années de souffrance. Samuel se retrouve expédié en Ukraine, comme « prisonnier de guerre ». Les Russes, qui ont beaucoup à reprocher aux soldats du Reich, ne font guère la différence entre les Alsaciens enrôlés de force et les Allemands, plus ou moins enthousiasmés par le Troisième Reich. Samuel se retrouve dans un village perdu, affecté à la garde des cochons. Les habitants ne le traitent guère mieux que ses bêtes. Et puis, un jour les choses changent :

– Samuel, tu me plais beaucoup !

À présent, Samuel parle assez de russe pour comprendre ce que vient de lui dire Natacha, une forte fille aux joues roses. C'est un peu de tendresse dans un monde très hostile. Jusqu'au moment où Natacha lui annonce, les larmes aux yeux :

– Samuel, tu vas repartir chez toi, en Allemagne.

– Mais je ne suis pas allemand ! Je suis français ! Alsacien ! Ça fait quatre ans que je te le répète. Alsacien ! Tu m'as fait peur ! J'ai cru que tu allais me dire que tu étais enceinte !

Natacha baisse la tête.

– Mais aussi ça, Samuel, j'attends un bébé !

Bébé ou pas bébé, Natacha ou pas Natacha, personne ne demande l'avis de Samuel pour le réexpédier vers la France... Il rentre au pays mais avec une joie largement teintée de mélancolie :

« Mon pauvre Jean-Marie, tu devrais être avec moi ! Ma pauvre Natacha, te reverrai-je un jour ? Et cet enfant ? Me revoilà, éclopé, sans copain, sans amour, et loin du seul enfant que j'aie jamais eu... Quelle saloperie, la guerre ! »

Après de nombreuses étapes, de tris, de papiers scrutés à la loupe, de contrôles sanitaires à n'en plus finir, Samuel se retrouve enfin dans le train qui va le déposer dans son village d'Alsace. Voilà huit ans qu'il n'y est pas revenu. Sont-ils prévenus de son retour ? Quelqu'un de la Croix-Rouge lui a affirmé que oui. Mais allez savoir. Quand on se nomme Samuel Gruber, qui sait si quelqu'un n'a pas commis une erreur d'aiguillage... Samuel laisse son esprit vagabonder :

« Et si Jean-Marie était là ? S'il n'était pas mort, après tout ? Peut-être qu'il sera sur le quai de la gare quand je descendrai du train. Et il me fera sa petite grimace habituelle, celle qui signifiait : " Je t'ai bien eu, petite tête de quetsche ! " »

Samuel en est là de ses rêveries quand ses yeux s'agrandissent :

– Jean-Marie ! Par sainte Odile ! Jean-Marie !

C'est bien Jean-Marie Drolling qui est là, dans le couloir, de l'autre côté de la vitre. Samuel en a les jambes coupées. Il n'a pas la force de se lever.

Dans le couloir, Jean-Marie le regarde fixement. Samuel remarque qu'il porte encore la capote vert-de-gris des troupes allemandes.

« Pauvre Jean-Marie ! Il n'a pas trouvé de quoi se changer pendant toutes ces années. Dieu sait où il a pu les passer. Moi au moins, ils ont réussi à m'habiller presque comme un être humain. »

– Ne bouge pas, Jean-Marie, j'arrive !

Mais, avec le bruit du train en marche, Jean-Marie ne semble pas avoir entendu ce que Samuel lui crie. Samuel qui a du mal à se frayer un passage entre les autres voyageurs du compartiment. Tout le monde se déplace avec un maximum de bagages. Tout un capharnaüm de valises ficelées, de paquets et autres ballots.

Jean-Marie regarde Samuel et il lui fait un petit geste du menton. Samuel reconnaît aussitôt cette mimique-là, elle signifie : « Je passe devant, suis-moi ! »

« Bougre de Jean-Marie ! Ça te ferait mal d'attendre que je sorte au moins de ce foutu compartiment ! Tu ne changeras donc jamais ! »

Quand Samuel se retrouve enfin dans le couloir, Jean-Marie, à sa grande surprise, est déjà au bout du wagon.

« Mais comment il s'y prend, le bougre ! Comment est-ce qu'il arrive à passer si vite parmi tous ces gens et leurs enfants, leurs valises ? Pourtant, il n'a pas maigri depuis le front russe. »

Jean-Marie disparaît et s'engage dans le soufflet. Quand

Samuel parvient à l'accordéon bruyant qui relie les deux wagons, Jean-Marie est au milieu du couloir du wagon suivant. Partout entre eux la même foule, les mêmes gens aux visages fatigués assis sur leurs valises. Samuel bouscule tout le monde. Il ne s'excuse même plus. Il bougonne :

« Mais qu'est-ce qu'il a ? Il pourrait quand même m'attendre. Jean-Marie, sacrée bourrique ! À quoi tu joues ? »

Enfin, Samuel parvient au bout du train. Mais Jean-Marie a disparu. Complètement. Le dernier soufflet, avant la locomotive, est hermétiquement fermé. Samuel crie en dialecte alsacien :

– Jean-Marie ! Où te caches-tu ?

Il frappe sur la porte des toilettes les plus proches. La porte s'entrouvre. À l'intérieur, une brave mère de famille est installée avec deux mioches sur les genoux. C'est le seul endroit libre qu'elle ait trouvé pour voyager... Samuel revient sur ses pas. Devant chaque compartiment, il s'arrête un moment pour dévisager chaque voyageur. Parfois, il croit reconnaître un visage. Mais personne, en tout cas, n'est habillé en soldat de la Wehrmacht :

« Quelle drôle d'idée ! remarque à ce moment Samuel. C'est un coup à se faire lyncher ! »

Quand, complètement désespéré, il retrouve son wagon, il parle à haute voix, mais personne ne semble y prêter attention :

– Non, ce n'est pas vrai. Jean-Marie ! Tu ne vas pas me faire ça ! Pas maintenant !

Un train, sur l'autre voie, passe à grande vitesse. Puis un choc énorme jette tous les voyageurs pêle-mêle les uns sur les autres. Dans un enchevêtrement de valises et d'enfants qui braillent. Le train est arrêté. La panique s'installe. Samuel met près de trois quarts d'heure pour rejoindre le compartiment où il voyageait. Un groupe compact en bouche l'entrée. Et quand il parvient enfin jusqu'à la place qu'il occupait, il comprend soudain la raison de l'apparition de son cher Jean-Marie.

Si le train s'est arrêté, c'est qu'il y a eu un accident. Le convoi qui voyageait en sens inverse était chargé de poutres de béton. Pour une raison inconnue, son chargement s'est déstabilisé et une poutre est venue éventrer la place que Samuel Gruber occupait. Il y a deux morts dans le compartiment. Si Jean-Marie Drolling n'était pas apparu de l'au-delà pour faire un signe à son copain, Samuel serait mort aussi.

L'inspecteur prend l'air

Il est presque 10 heures. L'inspecteur Johann Swenberg ne se sent pas très en forme. Il vient d'arriver dans son service, en plein centre de Vienne, et il contemple son bureau sur lequel d'épais dossiers s'accumulent. Il est vrai que nous sommes dans les années trente et que l'informatique est un rêve encore très lointain. Johann Swenberg soupire :

– Il faudrait pourtant que je me décide. Comme c'est curieux! Je me suis levé en pleine forme et tout d'un coup je me sens tout mou. Bon, je vais aller prendre l'air sur le Prater et boire un petit café. Et même manger un croissant. Ça me remettra d'aplomb. Si l'on me demande quelque chose, je dirai que j'ai rendez-vous avec un informateur...

Et, presque sans s'en rendre compte, l'inspecteur Johann Swenberg se met à descendre l'escalier de marbre du palais qui abrite le poste de police de Vienne. Trois étages plus bas, il est sur le perron monumental. Au moment où il va se mêler à la foule, il jette un coup d'œil à la pendule en bronze. Il est exactement 10 h 34. Il hésite un peu sur la direction à prendre. Va-t-il se laisser guider vers le Graben? ou bien vers le Kohlmarkt? En définitive, sans trop savoir pourquoi, il choisit de se mêler aux Viennois qui arpentent le Ring.

Tout en marchant, Johann Swenberg se sent la proie d'une impression bizarre. « Pourquoi vais-je par là? se demande-t-il. On dirait que quelqu'un m'appelle. J'ai l'impression d'obéir à un ordre. Je n'aime pas ça du tout. Des ordres, j'en subis toute la journée... Si en plus j'en reçois d'autres qui viennent de Dieu sait où ! »

C'est au moment où Johann Swenberg va passer devant le palais de la Hofburg que l'événement a lieu. Le bruit d'une explosion. Quelque chose de formidable. La foule s'arrête instantanément. Les voitures freinent dans des crissements de pneus... Johann Swenberg jette un regard à sa montre : 10 h 44 exactement. Il réagit :

— Ça vient du bâtiment de la police ! J'en suis certain.

Et voilà l'inspecteur qui se met à courir et refait son parcours dans l'autre sens. D'autres passants l'imitent et tout le monde se dirige vers le centre de la police... De temps en temps, Johann Swenberg doit se frayer un chemin en criant :

— Dégagez, je suis inspecteur de police ! Laissez-moi passer !

Quand il arrive devant l'immeuble qu'il a quitté quelques minutes plus tôt, il sent une sueur froide lui couler le long du dos. La façade du palais est gravement endommagée. On voit l'intérieur des bureaux à ciel ouvert. Dans certains d'entre eux, des fonctionnaires, ahuris et couverts de poussière, essaient de recouvrer leurs esprits. Des secrétaires, les vêtements déchirés et le visage maculé de poussière, appellent pour qu'on vienne les chercher. En effet, le couloir qui relie les bureaux s'est écroulé. Quant au bureau où Johann Swenberg se trouvait quelques minutes plus tôt, il n'en reste rien qu'un tas de décombres, dans la rue, trois étages plus bas...

— C'est sûrement un attentat des bolcheviks, murmure-t-on dans la foule.

La journée est rude pour Swenberg. Il lui faut aider les secours. Puis participer à l'opération qui consiste à récupérer ce qu'il peut des dossiers qui encombraient son bureau. Les victimes sont peu nombreuses : trois morts, mais il y a une quarantaine de blessés. Ce n'est qu'à une heure du matin que Johann Swenberg peut enfin mettre la clef dans la serrure de son appartement. Une fois au lit, il ne peut s'empêcher de laisser vagabonder son esprit :

358

« C'est quand même inouï! Si je n'avais pas eu cette impulsion inexplicable, si je n'avais éprouvé cette envie irrésistible de partir pour me promener, je serais certainement parmi les morts... C'est sans doute cela qu'on appelle l'intuition. Serais-je donc un « intuitif »? Il est vrai que grand-mère Gastenach, à Klagenfurt, passait pour sorcière. Et rebouteuse aussi. Est-ce qu'elle m'aurait transmis un peu de ses dons? »

Après une nuit agitée, Johann Swenberg se retrouve dans les restes du bureau central de la police viennoise. Il lui faut maintenant se reloger dans un autre local, reconstituer les dossiers perdus ou endommagés concernant les affaires dont il s'occupait. Le temps passe et la routine reprend ses droits.

L'année suivante, une nouvelle affaire vient atterrir sur le bureau de l'inspecteur Swenberg. Son chef de service, l'inspecteur principal Dietmar Parkula, annonce :

– Voici l'affaire de la disparition de la baronne von Grefeltch. C'est une histoire mystérieuse sur laquelle on n'avance pas d'un pouce! Personnellement, je suis persuadé qu'il s'agit d'un meurtre, mais nous n'avons pas le moindre indice.

– Et si l'on faisait appel à la presse?

– Oui? Et qu'est-ce que cela pourrait nous apporter?

– Nous pourrions publier les photos de la propriété de la baronne. Avec un plan de la maison.

– Du château, vous voulez dire?

– Oui, du château. C'est un domaine qui se nomme « Le Grand Cerf gris », n'est-ce pas? Qui sait si cela ne pourrait pas évoquer quelque chose dans l'esprit d'un des lecteurs du *Wiener Zeitung*?

Une semaine plus tard, le *Wiener Zeitung* publie donc un reportage intitulé : « Où est la baronne? » Suivent un long article qui résume l'affaire et une interview de l'inspecteur principal Parkula. L'article se termine par cette question : « Savez-vous où se trouve la baronne? »

359

Un courrier très volumineux parvient au *Wiener Zeitung* et est aussitôt transmis à Johann Swenberg. Deux policiers sont chargés de lire chaque lettre, de faire une petite note qui en résume la teneur, et de classer la correspondance en trois piles différentes, l'une intitulée « À vérifier », une autre « Hypothèses diverses » et une dernière, la plus épaisse, étiquetée « Farfelus ».

Bizarrement, c'est par la pile des « Farfelus » que l'inspecteur Swenberg décide de commencer ses lectures. Ses deux adjoints ont bien fait leur travail, toutes ces lettres ne parlent que de pistes « magiques », « sataniques », « féeriques » ou encore « alchimiques ». Johann Swenberg les rassemble vite pour les remettre en place. À cet instant, il remarque une lettre écrite sur du papier mauve. Il a beau faire, cette feuille ne semble pas vouloir rentrer dans la pile. Elle persiste à rester un peu de travers. Elle dépasse toujours du paquet, une fois à droite, une fois en haut, une fois en bas. C'est comme si une force mystérieuse s'arc-boutait pour l'empêcher de disparaître dans la masse des autres lettres.

— Alors, qu'est-ce qu'il y a? Tu ne veux pas rester dans le tas? Tu as quelque chose de spécial? On va bien voir ça.

Johann Swenberg arrache la lettre mauve du tas dans lequel elle refuse à tout prix de se perdre. Un petit papillon attaché par un trombone indique : « Rêve de femme de chambre. Délirant ! »

Johann Swenberg ne peut se défendre, malgré tout, d'une certaine fascination. La couleur du papier est délicate et l'écriture est élégante. Un peu scolaire. Il lit :

« Messieurs, ayant eu entre les mains l'article du *Wiener Zeitung* concernant la mystérieuse disparition de la baronne von Grefeltch, je crois de mon devoir de vous informer d'un fait pour le moins étrange. En voyant les photographies du domaine de la baronne, j'ai reconnu un endroit que je connais bien. Pourtant, je n'y suis jamais allée, physiquement parlant. Mais, depuis trois mois, j'ai l'habitude de me rendre dans cette propriété... en rêve. Sur la photographie principale, vous pouvez apercevoir un petit pavillon de chasse. Tout à côté de ce pavillon, il y a un cèdre. Or, je peux vous affirmer qu'en traçant une ligne qui va de la fenêtre du pavillon au tronc du cèdre, exactement à mi-distance, il y a un cadavre enseveli. J'espère que vous voudrez bien tenir compte de cette modeste information. Après tout, la vérification ne devrait pas être trop compliquée. Je suis certaine de ce que j'affirme. »

La lettre est signée d'une certaine Martha Ensfeld qui précise : « Je suis femme de chambre chez maître Cornélius Abéma, 12 Franz-Josef Strasse. Si cela était possible, j'aimerais que mes employeurs soient tenus à l'écart de cette affaire car ils n'auraient que trop tendance à me prendre pour une vieille folle. Malgré les vingt-cinq ans que j'ai déjà passés à leur service. »

Johann Swenberg garde la lettre dans sa main un bon moment. Pas de doute, il s'agit d'une illuminée. Sans doute une vieille fille à qui le célibat aura un peu tourné la tête. Pourtant, il ne peut s'empêcher de trouver cette lettre sympathique. Il appuie sur la sonnette qui le relie au bureau de ses adjoints :

— Werner, convoquez-moi l'auteur de cette lettre. Vous trouverez l'adresse au bas. Et... essayez de le faire avec discrétion.

Le lendemain, Swenberg reçoit Fräulein Martha Ensfeld, une personne ronde et souriante, âgée d'une cinquantaine d'années. Elle est vêtue modestement mais avec soin. C'est sans difficulté qu'elle fait le récit de ses rêves.

— Connaissiez-vous la baronne von Grefeltch ?

— Absolument pas. Je ne sais pas de qui il peut s'agir. Mon seul contact avec elle, si l'on peut dire, c'est mon rêve. Je n'ai même aucune idée de l'endroit où peut se trouver son domaine. J'ai vu dans le journal que cela se nomme « Le Grand Cerf gris ».

— Mais qu'est-ce qui vous rend tellement certaine de la présence d'un corps dans un endroit précis du parc du Grand Cerf gris ?

Fräulein Ensfeld hésite un moment. Elle pousse un grand soupir et se lance :

— J'espère que vous n'allez pas me prendre pour une folle. Eh bien, je ne l'ai pas précisé dans ma lettre, mais il faut bien que je vous le dise. Dans un de mes rêves, j'étais en train de me promener dans le parc de ce domaine. Il faisait nuit. D'ailleurs, il fait toujours nuit quand je me promène là-bas. Donc, cette nuit-là, j'étais dans le parc du Grand Cerf gris quand j'ai aperçu un groupe d'hommes qui s'affairaient auprès du petit pavillon. Sous la lune, j'ai remarqué qu'ils transportaient quelque chose qui ressemblait à un corps enveloppé dans un tapis. Deux d'entre eux étaient occupés à creuser un trou et ils ont mis le tapis et son contenu dans le trou. Puis ils ont rebouché le trou et ils ont tassé la terre. Et ils ont recouvert le tout avec des feuilles mortes.

— Des feuilles mortes ? Alors, votre vision doit avoir eu lieu en automne ?

— Oui, c'est ça : dans mon rêve, c'était en automne. Je me souviens que j'avais un peu froid. Pourtant, quand j'ai fait ce rêve, c'était déjà le mois de mai. Je l'ai noté dans mon journal intime. Il faut vous dire que tous les soirs, depuis trente ans, je note les événements de la journée. Tenez, je l'ai apporté, lisez là : « 16 mai. Cette nuit j'ai encore rêvé de cette belle propriété. J'ai vu quatre hommes qui enterraient quelque chose ou quelqu'un. À un moment, ils se sont retournés vers moi comme s'ils m'avaient vue. J'ai cru qu'ils allaient me courir après. Mais à cet instant je me suis réveillée. »

Johann Swenberg lit effectivement ces lignes soigneusement calligraphiées dans le petit journal intime relié de cuir vert.

— Eh bien, quel est votre jour de congé ?

— Le dimanche.

— Pourriez-vous nous accompagner dimanche prochain ? La police viennoise vous invite à visiter le domaine de vos rêves, « Le Grand Cerf gris ».

Et c'est ainsi que Fräulein Martha Ensfeld a l'émotion de pénétrer dans son rêve. Et la satisfaction de voir qu'on la prend au sérieux puisque les policiers se mettent à creuser à l'endroit qu'elle a désigné comme le lieu de l'enterrement clandestin. On lui épargne la vision affreuse du corps décomposé de la baronne von Grefeltch qu'on y retrouve en effet.

On saura plus tard que la baronne a été assassinée par un de ses neveux, héritier impatient, et la suite de l'enquête confirmera que Fräulein Ensfeld n'avait jamais rencontré la baronne et qu'elle n'avait même jamais approché le « Grand Cerf gris ».

Partir en fumée

— Bonne nuit, maman, dors bien, je viendrai demain vers 16 heures. Si tu as besoin de quelque chose, n'hésite pas à m'appeler. Mais, de toute façon, Mme Lacroix est là pour t'aider.

C'est ainsi que le docteur Romaneix prend congé de sa mère, Adélia Romaneix, âgée de quatre-vingt-quatre ans. Adélia Romaneix, depuis quelques mois, n'est plus capable de vivre seule. Elle perd un peu la tête, comme on dit, et il a fallu envisager une solution à ses problèmes. Le plus simple a semblé de lui louer une chambre avec salle de bains chez les Lacroix. Ainsi, elle bénéficie d'un environnement familial tout en gardant une certaine indépendance. Son fils, le docteur Romaneix, est célibataire et trop souvent absent pour pouvoir veiller sur sa chère maman.

La « chère maman » n'a d'ailleurs pas un caractère facile. Avec les années, elle se montre de plus en plus difficile à vivre. Elle s'exprime haut et fort :

— Ah oui, cette Mme Lacroix, parlons-en ! Avec ses chats qui courent partout... Je l'intéresse moins que ses sales bestioles. Et cette manière de vouloir à tout prix m'appeler par mon prénom : Adélia par-ci, Adélia par-là. Et puis, le matin, elle me sert toujours du café au lait froid. Ça me tape sur le foie.

— Mais non, maman, tu as la fâcheuse manie de t'endormir en faisant tes mots croisés au lieu de prendre ton petit déjeuner. Bon, il faut que je file. À demain. Et j'aimerais tellement que tu perdes l'habitude de fumer, surtout quand tu es déjà étendue sur ton lit. Ça peut être très dangereux.

— J'ai commencé à fumer à quinze ans et c'est le seul petit plaisir qui me reste. Ça et la télé. Alors, si tu permets, laisse-moi vivre comme je l'entends. Bonsoir !

Adélia Romaneix se concentre sur le programme de la télévision. Pour elle, la cause est entendue. Pascal Romaneix hoche la tête, d'un air de dire : « Sacrée tête de mule ! Enfin, c'est ma mère, il faut la prendre comme elle est. »

Adélia Romaneix est étendue sur son lit, en chemise de nuit sous sa robe de chambre en laine des Pyrénées. Elle a les pieds nus dans des babouches rose et bleu que son fils lui a rapportées d'un voyage en Italie. À côté d'elle, sur le couvre-pied, son programme télé, la télécommande, son paquet de cigarettes blondes, son briquet et son cendrier... Pascal Romaneix se penche pour l'embrasser sans qu'elle daigne lui jeter un regard.

Il ignore qu'il embrasse sa mère pour la dernière fois.

Le lendemain matin, le soleil brille et Mme Lacroix s'approche de la chambre de Mme Romaneix. Elle porte un plateau de bois recouvert d'un joli napperon. Sur le plateau, un grand bol de café au lait, des petits pains, une jatte de confiture, un pot de porcelaine avec un supplément de lait, quelques morceaux de sucre dans un sucrier de verre et un vase soliflore avec une jolie rose. Mme Lacroix soupire :

— Espérons qu'elle sera de bonne humeur ce matin. Il va encore y avoir quelque chose qui va lui déplaire. Pas facile à contenter, cette pauvre Adélia !

Tout en tenant le plateau en équilibre, Rosette Lacroix frappe d'un doigt léger sur la porte de la chambre :

— Adélia, c'est l'heure du petit déjeuner !

Aucune réponse. Rosette Lacroix insiste :

— Adélia, vous êtes réveillée ? C'est moi, Rosette, vous m'entendez ? C'est l'heure !

Toujours aucune réponse. Rosette Lacroix coince le bord du plateau sur la serrure de la porte. Elle ressent une impression de forte chaleur en touchant le panneau de bois. Bizarre... Elle approche la main de la poignée de cuivre de la porte. Un cri de douleur lui échappe : la poignée semble chauffée à blanc. La brûlure est si vive qu'elle lui fait lâcher tout le petit déjeuner. Et voilà le bol, le café au lait et la rose par terre au milieu des débris de verre et de porcelaine. Déjà, la paume de sa main enfle : c'est une brûlure au deuxième degré. Rosette en reste muette d'étonnement. Elle appelle :

— Adélia, madame Romaneix, vous m'entendez ? Qu'est-ce qui se passe ?

Rosette enveloppe sa main brûlée dans le napperon qui recouvrait le plateau. À travers le tissu, elle ressent encore la chaleur de la poignée métallique. Mais la porte refuse de s'ouvrir. Et toujours cette chaleur intense dans le panneau de bois. Même le mur est brûlant. Comme si la chambre était un four...

Rosette Lacroix court dans le couloir et se précipite vers des ouvriers qui creusent une tranchée dans la rue. Juste devant son pavillon.

— Au secours, venez ! Vite, il y a le feu dans la maison ! J'ai peur ! Il y a une dame âgée qui est enfermée là !

Les ouvriers lâchent leurs outils et suivent Rosette. L'un d'eux lui conseille :

— Allez appeler les pompiers. C'est eux que ça regarde !

Mais Rosette veut savoir. Elle accompagne les ouvriers jusqu'à la chambre d'Adélia Romaneix. Les deux solides Maghrébins enfoncent la porte d'un coup d'épaule. Puis ils restent figés sur place devant le spectacle de la chambre d'Adélia Romaneix. De ce qui reste de la chambre d'Adélia Romaneix :

— Ben, madame, qu'est-ce qui a pu se passer là-dedans ?

Rosette Lacroix est incapable de donner une explication. Pourtant, il lui en vient une à l'idée :

— Quelle horreur ! Elle a dû s'endormir avec une cigarette allumée. Ce n'est pas faute de l'avoir prévenue. Son fils, qui est médecin, n'arrête pas de lui dire de ne pas fumer au lit.

Mais même pour quelqu'un qui ignore tout des lois du feu, la scène est étrange. Premier détail : la fenêtre de la chambre est grande ouverte. Rosette remarque :

— Mais, comment est-ce possible ? Il n'y a eu aucune fumée à l'extérieur. Personne n'a vu de flammes. Les voisins m'auraient avertie. À moins que la fenêtre ne se soit ouverte qu'à la fin, sous l'effet de la chaleur.

Les pompiers arrivent alors et constatent bien sûr qu'il est trop tard pour faire quoi que ce soit pour la pauvre Adélia. Elle est morte, et morte carbonisée.

— Mais enfin, madame, qu'est-ce qu'il y avait comme chauffage dans cette chambre ?

Rosette Lacroix répond au capitaine des pompiers :

— Un chauffage normal. Tenez, regardez vous-même, un radiateur branché sur la chaudière à fuel de la maison. Il est intact. Pas la moindre trace de brûlure. À mon avis, cette pauvre Mme Romaneix a plutôt mis le feu à sa robe de chambre en fumant. C'était son vice...

— Impossible ! Il s'est passé quelque chose d'anormal. Quelle était la taille de la victime ?

— Oh ! c'était une femme encore assez forte. Elle devait mesurer dans les un mètre soixante-dix-huit et pesait bien quatre-vingts kilos.

— Eh bien, vous voyez ce qu'il en reste : cinq ou six kilos de cendres au maximum. Savez-vous quelle température est nécessaire pour réduire quelqu'un à si peu de chose ? Au moins deux mille degrés. Voyez-vous chez vous quelque chose qui puisse développer cette énergie ?

Rosette Lacroix ne voit pas. Pas plus que la police d'ailleurs, lorsqu'elle arrive sur les lieux. L'inspecteur Hardissan qui prend l'enquête en main reste perplexe :

— Pensez-vous que la victime ait pu avoir des ennemis ? Pensez-vous que quelqu'un ait pu s'introduire dans sa chambre pour la faire brûler vive ?

— Brûlée vive ? C'est impossible ! Mais elle aurait crié, appelé à l'aide. Comme on dit, elle était du genre « forte en gueule » et je doute qu'elle se soit laissé faire sans rien dire.

Le capitaine des pompiers fait remarquer que la défunte Adélia Romaneix, ou du moins ce qu'il en reste, est dans la position classique d'une personne qui se relaxe devant la télévision. Aucune trace de lutte, ni même d'émotion.

— Mais enfin, qu'est-ce qui a pu la consumer si complètement? L'aurait-on arrosée d'essence?

— Si on l'avait arrosée d'essence, vous n'auriez pas pu dormir sur vos deux oreilles jusqu'à ce matin. Toute la maison aurait flambé en quelques minutes. Regardez, la télévision est encore allumée, et la télécommande est intacte sur le lit...

— Mais la pendule s'est arrêtée net sur une heure trente.

— Le matelas a brûlé, mais uniquement sous le corps.

— Ce qui reste du corps. C'est-à-dire bien peu de chose, un crâne réduit comme celui d'un Jivaro, le pied droit et quelques vertèbres. Tout le reste est réduit en cendres.

Le capitaine des pompiers fait remarquer que les murs de la chambre sont encore chauds :

— Comme c'est étrange, les murs sont noirs de suie mais seulement à partir d'un mètre du sol. Pourtant, la chaleur a fendu en trois le grand miroir de l'armoire à glace. Qui est à quatre mètres du lit.

— Cependant, le brasier ne semble pas s'être étendu au-delà d'un mètre cinquante autour du lit...

— Quoique les descentes de lit soient intactes.

— Pas tout à fait, regardez là : il y a une trace de brûlure d'un centimètre.

Rosette Lacroix affirme :

— Cette brûlure n'était pas là hier. Je surveillais Adélia de trop près et j'aurais saisi la moindre brûlure de cigarette comme prétexte pour lui interdire de fumer...

Après les pompiers et la police, ce sont les assurances qui reprennent l'enquête de zéro. Mais impossible de trouver la moindre explication rationnelle à cette mort. Tout ce qu'on peut affirmer, c'est qu'Adélia semble s'être consumée de l'intérieur, si soudainement qu'elle n'a pas pu réagir. On ne peut même pas affirmer qu'elle ait souffert. Adélia Romaneix semble simplement s'être mise à dégager une chaleur de deux mille degrés... On évoque alors d'autres cas de combustion spontanée enregistrés et analysés dans différents pays, notamment aux États-Unis et en Angleterre où les premiers cas recensés remontent à la première moitié du XIXᵉ siècle. Certains ont aussi été constatés en Inde. Parfois, la victime a entièrement brûlé sans que ses vêtements aient été roussis. Une autre a brûlé sur la chaise de sa cuisine. Une autre s'est enflammée sous les yeux de sa sœur, épouvantée par le phénomène.

Peut-être un jour trouvera-t-on le commun dénominateur entre ces morts étranges. Peut-être découvrira-t-on une raison physique pour que des êtres, la plupart du temps des femmes d'un certain âge, s'enflamment spontanément et se carbonisent instantanément sous l'effet d'une chaleur insoutenable qui épargne pourtant les objets même inflammables qui se trouvent à proximité...

Jusqu'à présent, le mystère reste entier.

Table

Le scoop 9
Petit frère 15
Neuvaine 21
La vie en double 27
La dame d'en face 33
L'échelle sociale 39
Tatouages 45
L'albatros 51
Le théâtre de l'angoisse 58
Le corté 64
L'inconnue 70
Le stylo 76
Désordre dans la pharmacie 82
Visites 88
Le billet 94
L'étrange visite 100
Rencontre en mer 106
Chansons mortelles 112
La vocation de Stéphanie 118
Odeurs 124
Cailloux volants 130

Voyage périlleux	136
La voyante de Palma	142
Voitures folles	149
L'abbaye aux pendus	155
Mariages	161
La maison déchirée	167
Jeux d'enfants	173
Conan Doyle vous surveille	179
En attendant l'aurore	185
Fantômes à l'hôpital	191
Jour d'orage	197
La bague	203
La Banshee	209
L'ascenseur	215
L'homme qui regarde	221
L'hôtesse	227
Qui est là?	233
Retour en arrière	238
Trompe-la-mort	244
Une mère inquiète	250
Le trésor des Templiers	256
Vengeance à Turin	262
Voyage posthume	268
Voir Naples et mourir	274
Une maison de rêve	280
Un bon Samaritain	286
Avis de décès	292
Une grand-mère attentionnée	298
La villa des monstres	304
Réveillon	309
Source intarissable	314

Meuble à céder. 320
Malédiction 326
Danger d'incendie. 332
Coïncidences 338
Farandole. 344
Camarades. 350
L'inspecteur prend l'air 357
Partir en fumée 364

Cet ouvrage a été réalisé par la
SOCIÉTÉ NOUVELLE FIRMIN-DIDOT
Mesnil-sur-l'Estrée
pour le compte des Éditions Albin Michel
en novembre 1997

Imprimé en France
Dépôt légal : novembre 1997
N° d'édition : 17152 - N° d'impression : 40861